NIKKEI BUNKO 日経文庫

# 組織デザイン

沼上 幹



日本経済新聞出版

# まえがき

本書は、組織を自ら設計しようと考えている人を主たる読者と想定して、組織デザインの基本論理を解説したものである。たとえば、ある調整方法をとると、どのような効果が期待できるのかとか、どのような問題が起こりそうかということを論理的に説明することに重点を置き、背後にある学説的な対立などは割愛してある。

また実際に組織を設計する人が言葉遊びに陥らないように、リアリティと概念の関連性にも留意したつもりである。組織に関する言説の世界は、しばしば流行語が登場する領域であり、実態としての問題が本当に想定されているのか否か怪しい議論も多い。そのような言葉遊びに堕することのないように、たとえば、「『不確実性』とは、事前に予想しておらず、それ故にマニュアルに書くなどの準備ができていない事態が発生すること」というような、リアリティのある概念の把握を常に心がけている。

概念がリアリティと対応するように気をつけて書いてはいるが、だからといって組織デザインの事例を多数掲載して見本集を作るというような努力は一切行っていない。本書に登場する例のほとんどは仮設例であり、基本的な組織設計の論理・原理原則を頭で理解するために理論的に単純化されたものである。その意味では、「成功している会社の事例を多数知りたい」と考えるような、組織の事情通を目指す人を読者に想定していない。

他社組織から学ぶことなどない、と主張しているのではない。残念ながら基本論理を学んだだけですぐに組織デザインのプロになれるわけではない。まだまだ学ぶことが大量に残されている。現実に存在する他社組織も、組織デザインに熟達していくうえで学ぶべきテキストの一種である。しかし、万人に万人の個性があるように、企業組織にはそれぞれの個性がある。他社組織をそのまま模倣してもうまくはいかない。

自社には自社の組織デザインをカスタマイズしていくしかない。しかしゼロベースから特注品を作り上げられるほど組織デザインは単純ではない。だから、事業部制や機能別組織等の基本型を学び、組織デザインの基本論理に習熟し、そのうえで既存の自社組織や優良な他社組織等の材料をうまく摂取しながら、独特のデザインを作り上げていかなければならない。

こういった煩雑で現実主義的な作業を行うには、基本原則の深い理解が是非とも必要である。その理解がなければ、非常に複雑な企業組織の中で自分自身が何をやっているのか分からない「迷子」になってしまうからである。変化の激しい世界において、複雑なシステムである企業組織をその都度多元的にバランスさせて舵取りをする作業は難しい。その困難な作業を志す人が、組織デザインの基本論理・原理原則を学ぶうえで本書が多少なりともお役に立てればと筆者は願ってやまない。
本書の出版にあたって日本経済新聞社出版局の堀口祐介さんには多大なるご迷惑をおかけした。出版日は決まっているのに、原稿の完成が一カ月も遅れたのである。堀口さんの超過労働に感謝の意を表したい。また、私事で恐縮ではあるが、いつもながら父のいない土日・休日を許してくれている耀一郎・理顕・凱顕の三人の子供たちと、そのしわ寄せで一週間フルに子育てに追われている志保に、心から感謝していることを記しておきたい。

二〇〇四年五月

沼上　幹

組織デザイン――【目次】

目次

## [Ⅳ]作業の流れ――処理プロセスのスムーズな連動

# 序章　組織デザインとは何か

## 1　「組織的」とはどういうことか

われわれのイメージする古代の戦闘は武士と武士の個人戦である。「やあやあ我こそは」と名乗りを上げ、美しい甲冑に身を包んだ武士が一対一の死闘を演じている、というイメージが脳裏に浮かぶ。もちろんそれが史実かどうか、筆者は専門外なので確言できない。しかし、少なくともわれわれのイメージの中における源氏と平家の戦いなどは、個人戦であって組織的な戦いではない。

これに対して近現代の戦闘はすぐれて「組織的」である。先の湾岸戦争でも、最近のイラク戦争でも、まずミサイルや航空戦力を用いて相手のレーダー等の防空システムを破壊し、しかる後に戦車や装甲車等を中心とした機動部隊が、ヘリコプターや航空機の支援を受けながら敵の防衛線を突破する。防衛線というのは、攻めてくる敵に対して効率的・効果的に火力を集中できるように構造化されているが、いったん突破されて形を崩されると大幅に戦力が低下する。各所で分断され、孤立させられた敵は、包囲殲滅されるか、あるいは無害であれば放置される。防衛側が戦線を突破されて、放置されるということは、自国の側から補給部隊が持ってくるはずの物資が届かなくなることを意味する。遅かれ早かれ食料も武器弾薬も尽き、戦闘不能の集団になってしまうはずである。

この例のように、近現代の軍隊は、①航空戦力や機動部隊、補給部隊などの役割を明確に分化させてそれぞれの専門性を活用し、②しかも、それらが互いに適切な場所とタイミングで活動を展開することで、個々人の戦闘力の単純集計以上に強力な戦闘力を発揮する。役割を分化させることを分業と呼び、それらの多様な役割の時間的・空間的連動を確保する努力のことを調整と呼ぶのであれば、近現代の軍隊は分業と調整が意識的に行われた戦闘集団だということができるだろう。そして、この分業と調整という特徴をもつ近現代の軍隊が行う戦闘を、われわれは「組織的」だと評する。

多数の人々が意識的に役割を分け、その分かれた役割が時間的・空間的に連動するように創られているものは、もちろん軍隊ばかりではない。近現代の大規模企業は、極めて多数の人々が分業し、その活動を互いに調整しあっている組織の典型である。

たとえばクロネコのマークで知られるヤマト運輸の宅急便を考えてみよう。二〇〇四年時点で、同社は十万人を超える従業員を雇用する巨大企業である。しかも今日コンビニに荷物を預ければ、明日には相手先に届けてくれるという大変優れたサービスを非常に安価に提供している。タテ・ヨコ・高さの合計が百センチ以内で、重さが十キロ以内であれば、東京から京都まで千二百六十円で翌日配送してもらえる。もし荷物を預かってから相手先に届けるまでを同一人物がすべて行うとしたら、このスピードでこの価格は達成できない。まさに組織であるが故に達成される成果なのである。

まず多様な分業が行われている。ヤマト運輸では荷物の収集と配送を担うセールス・ドライバーたちが多様な地域を担当している。単なる配送係ではなく、一人ひとりが営業活動を行うドライバーなので、同社ではセールス・ドライバーという独特の呼び方をしている。

セールス・ドライバーたちの収集した荷物は、配送センターやベースと呼ばれる集配拠点に送られる。この集配拠点間の運送を担当するドライバーもいる。また、集配拠点には送り先別に荷物を仕分ける機械と人が配置される。これらの多様な役割を担う人々は、仕事の基本について教育研修を受けていて、全国どこへ行ってもヤマト運輸のセールス・ドライバーは交通違反をしないばかりでなく、礼儀正しく、顧客第一に行動するように「しつけ」られている。

また集配拠点同士を結ぶトラックの便は何時にどこを出て、何時にどこにつくのか、というタイムテーブルが用意され、皆、そのタイムテーブルに沿って、荷物を集配拠点に届けたり、集配拠点から受け取ったりする。多様な役割を与えられた人々が、教育を受け、事前に決められた通りに行動することで、時間的・空間的に調整された活動を展開できるようになっている。

事前にしっかりとした教育を受け、決められた通りに行動していたつもりでも、残念ながら事故は時々起こる。無謀な運転のクルマに追突されるかもしれないし、配送センターでの仕分けが間違ってしまうこともあるかもしれない。極めて稀ではあるが、必要な時に顧客に荷物が届かない場合もあるだろう。こういう場合には、ヤマト運輸では顧客に三十万円までの保証を行う権限をセールス・ドライバーに与えている。逆に、その金額を超えた場合にはセールス・ドライバーが勝手に判断してはならない、ということでもある。この場合は彼（女）らの上司や、さらに上司の上司が判断を下すことになるのであろう。

いずれにせよ、事前に用意された取り決めでは解決できない場合、上司たちがその解決にあたるという調整メカニズムが用意されているのである。

簡単にまとめておこう。軍事組織であろうと、企業組織であろうと、組織と呼ばれるものの特徴は、基本的に分業と調整の二つである、と本書では考えている。

(1) **分業**　役割が分けられ、それぞれの役割を分けることで、たとえば専門性を発揮させるなど、何らかのメリットを追求している

(2) **調整**　分業の一部ずつを担っている人々の活動が、時間的・空間的に調整され、多数の

人々の活動が、あたかも一つの全体であるかのように連動して動くようになっている（あるいは、そうなろうと努力している）

どのような組織であろうと、合理的に運営しようと意図されているのであれば、基本的にはこれら二つの要素を備えようと努力しているはずである。ただし、本書は、このような二つの特徴をもつ組織のうち、企業組織に対象を限定して議論を展開していく。本書が主たる読者層として想定しているのは、現在すでに企業人であるか、もしくはすぐにでも企業人になろうとしている人かのいずれかである。その人たちが、組織を自分で設計しようと考える際に必要になるポイントをなるべく多く盛り込むことが、本書の目指すところである。

## 2　組織デザインの手順とポイント

「組織を設計する」という作業は、分業を設計し、人々の活動が時間的・空間的に調整されたものになるような工夫を施すことであり、そのようにして出来上がった分業と調整手段のパターンが組織デザインである。

もちろん組織デザインは、日常的なオペレーション（業務）を分業しながらも円滑に連携して進めるという機能以外の効果を生み出してしまう。たとえば組織デザインの工夫次第で人が育ったり、育たなかったりする。あるいは組織デザインの特徴によって、現場から優れた戦略が生み出されたり、生み出されなかったりする。組織デザインは人材育成効果とか、戦略創発効果をもつのである。

しかしながら、本書ではまず第一に日常的なオペレーションをスムーズに遂行するための組織デザインに焦点を絞って解説を加えていく。なぜなら、実際のところ、人材育成効果や戦略創発効果については体系的に原理原則を述べるほどには知識が蓄積されていないからである。だから、まず初めに日常的なオペレーションとその例外処理に関する組織デザインを考え、それをたたき台として、人材育成効果や戦略創発効果を考慮に入れて若干の補正を行う、という二段構えのプロセスを採用するのが適切だと本書は判断しているのである。

本書が想定している組織デザインのプロセスと、それに対応する本書の構成は図1に示されている。図1に見られるように、本書では、日常的なオペレーションとその例外処理に関する組織デザインについても、二段構えのプロセスを想定している。すなわち、まず初めに、(1)組織形態の基本型を出発点に置いて、(2)個々の企業の特徴に応じて、多様な分業や調整手段の特徴を理解して、多様な修正を基本型に加えていく、という二段階のプロセスである。

もともと組織デザインは、その組織の顧客や競争相手などの環境や、その組織が追求してい

図1　組織デザインのステップ

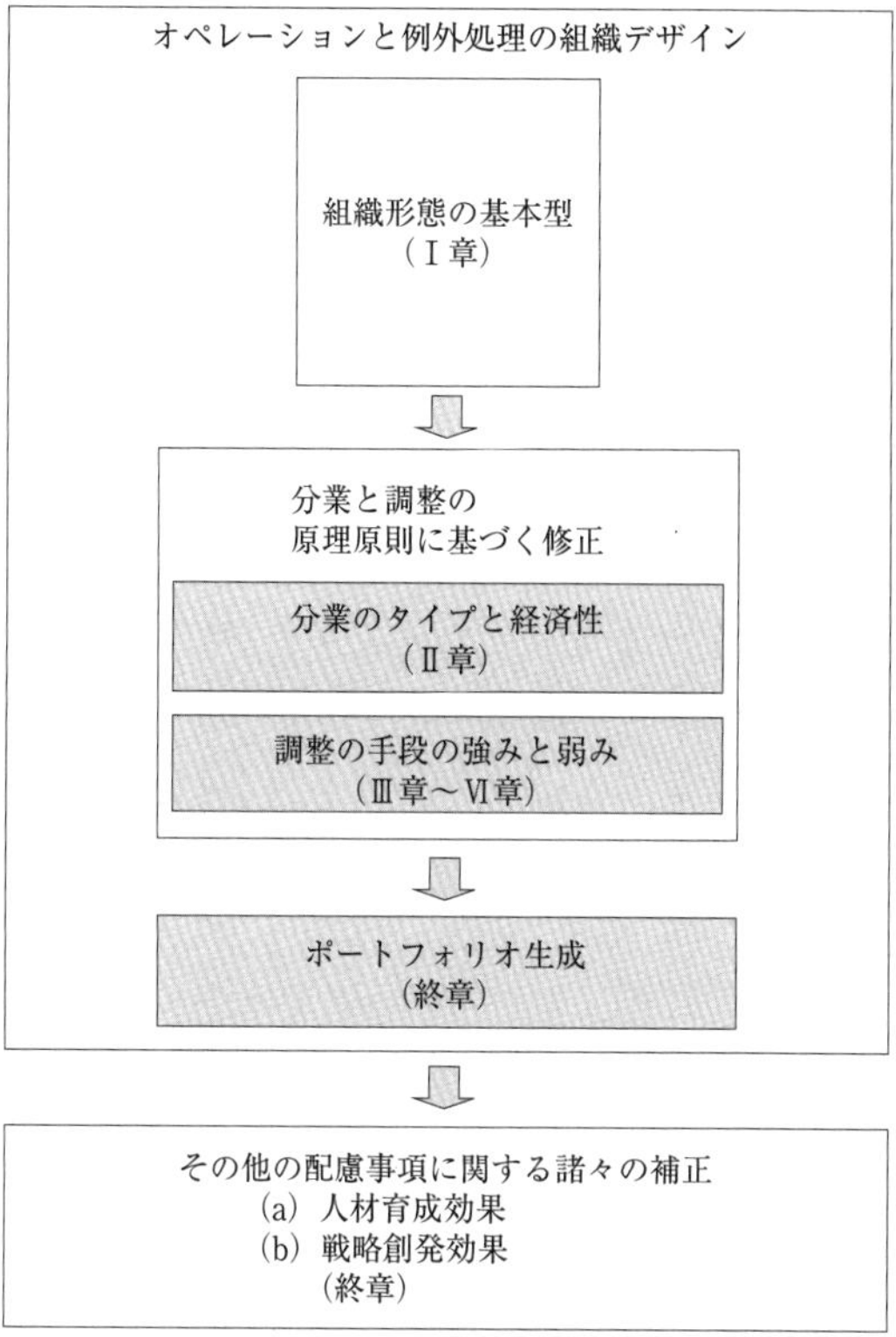


る戦略や、その組織で働いている組織メンバーの特徴などに応じて、多様な形をとりうる。環境・戦略・組織メンバーなどの点で、どの企業もそれぞれ独特の特徴をもっているのだから、組織デザインも既製品を用いるのではなく、個別企業ごとに特注品を作り上げるべきであろう。

しかし、完全に真

っ白なキャンバスに組織デザインを描く会社は通常存在しない。まず初めに組織形態の基本型を学び、「その基本型よりも少しだけ分権化を進める」とか、「基本型よりも水平方向のコミュニケーションを活発化するように工夫を付け加える」といったような修正・補正を加えていく作業が実際の組織デザインであると筆者は考えている。

それ故、本書でもまずI章で組織の基本形態を解説する。組織の基本形態とは、①機能別組織と②事業部制組織、③マトリクス組織の三つである。この三つの基本形態の解説が次章で行われる。

この基本形態が理解されたならば、各社の置かれている状況や保有している特徴に応じて、多様な修正を施す作業が行われる。この修正作業は、その都度、状況に応じて、組織デザイナーが自ら工夫しなければならないところである。この工夫にも、一応の基本型は存在するのだが、状況に応じて組織デザインを即興で工夫していくためには、組織デザインの原理原則に通じている方がよい。それ故に、II章では、まず分業にはどのようなタイプがあり、それぞれどのようなメリットがあるのかを解説する。その後に続くIII章からVI章では、組織デザイナーが利用する多様な調整手段を解説する作業が続く。これらの分業と調整手段の基本を学ぶことで、基本型から出発して自社の事情に合わせたカスタマイゼーションが適切に行えるようになると思われる。

「分業によって生産力が高まる」ということが現代では常識になってしまったが故に、どのようなタイプの分業が、なぜ、どのようにして、生産力を高めるのかという基本原理を忘れてしまった人も多い。しかし、その原理原則が分かっていないと、たとえば、「もっと専門性のメリットを追求したい」とか「もう少し現場の思考力を高めたい」と考えた場合に、何をどのように修正し、その結果として何が犠牲になり、何が新たな課題として浮かび上がってくるのかが体系的に分からなくなってしまう。そのために、やや長めに分業のタイプと、その特徴をⅡ章で解説している。

いったん分業されたものが全体としてまとまるように調整しないと、組織全体の成果は達成できない。この調整手段にも多様なものがあり、その組み合わせをうまく作り上げるためには、組織デザイナーは個々の調整手段そのものの特徴に通じていなければならない。

まずⅢ章では、事前の調整手段である標準化について解説を加えている。たとえばマニュアルを完璧に作り上げ、事前にそれを作業者に教育しておけば、一人ひとりが事前に決められた通りに、あるいは事前に教えられた通りに行動することで、「自然」に調整が達成されるはずである。標準化のうち、とりわけ作業のやり方と各自の目標設定のやり方などに関しては、近年の作業工程の設計の議論が組織設計にも重要な示唆を与えてくれる。標準化された作業の連結方法を工夫し、作業の流れをスムーズで、スピーディにする考え方がⅣ章で取り上げられる。

事前に予想された通りに実際の状況が推移すれば、事前に決められた標準化によって完全な調整を行うことも可能かもしれない。しかし、実際には不確実な事態が発生する。つまり、事前に予想して、対処法を決めておいたのではない例外事態が発生するのである。このような場合の事後的対処法・調整法として最も基本的なものは、ヒエラルキーである。例外事態を上司に報告して、上司が問題を解析し、対処法を考える、という方法である。一言でヒエラルキーといっても、実は、多様なヒエラルキーの組み方がありうる。V章では、そのヒエラルキーの組織化に関する多様な考え方を紹介する。

ヒエラルキーだけでは対処できないほど、多数の例外事態が発生したり、多様な部門にわたる調整が必要になる場合には、通常のヒエラルキーを経由しないコミュニケーションが多数必要になる。これを処理するために、直接的に当事者が話し合ったり、もう一つ別の補助的ヒエラルキーを構築して水平方向の調整を補強する必要が出てくる。これらの水平方向へのコミュニケーションを促進する手段がVI章で紹介される。また、これ以外にも、環境を選択したり、環境に影響力を行使して不確実性を削減する方法や、ギリギリの調整を諦めるという考え方なども、同じくVI章で紹介される。

これらの基本的な調整手段をまとめ、それらのポートフォリオとして組織デザインを構築していく、という考え方が終章で示される。またそこでは、いったん棚に上げられていた組織デザインの人材育成効果と戦略創発効果について簡単に触れ、それらを意図的に取り込むために行われる補正の考え方が簡単に紹介される。このように、まず基本型を押さえたうえで、オペレーションの効率的遂行を考えた修正を加え、さらに人材育成効果と戦略創発効果等を考えた補正を加えていく、というプロセスをすべて経ることで本書が締めくくられる。

組織デザインは、極めて多様なトレードオフ関係の中で、現実的なバランスをとっていく作業である。短期の効率を追求すれば、長期の蓄積が阻害される。第一線の人々の主体性を大切にすると、組織がバラバラな動きになることもある。各人の専門性を高めようとすれば、調整が困難になる等々、多数のトレードオフ関係がある。しかも、ステップを追っていくにつれて、単にトレードオフ関係にあるのではなく、長期的には相矛盾する関係にある問題も多数存在する。たとえば、事前に決められた手順を多くすると、それを記憶できる知的な従業員を必要とするようになり、それほど知的な従業員は手順が決められていることに反発するようになる、ということなどはその典型であろう。

これら多様なトレードオフ関係と矛盾関係が張りめぐらされた組織デザインの仕事は、単なる事情通に処理できるものではない。組織デザインの仕事は、一見、状況に応じて多様な手段を折衷主義的に活用する原理原則なき現実主義者のものであるように見えるかもしれない。しかし多くのトレードオフや矛盾が隠されているが故に、原理原則を知らない事情通は、思わぬトラップ（罠）にはまり込み、抜け出すことができなくなる可能性がある。

組織という非常に複雑なシステムを設計するためには、原理原則に通じた現実主義者にならなければならない。それ故にこそ、本書は分業や調整の基本にさかのぼった解説を行っているのである。基本的な論理・原理原則を確実に身につけるべく、ゆっくりと確実に読み進めていただきたい。

# Ⅰ　組織形態の基本型

組織をゼロベースで、白紙状態から設計する人は普通は存在しない。現状の組織形態や、モデルとなる他社の組織形態を出発点として、現在の自分たちが直面している問題に合わせて、修正・加工を加えていくという作業が通常の組織設計の作業プロセスである。

ここで加工・修正といっても組織設計には漸進的な変化しかあり得ず、革命的な変革は存在しないということを主張しているわけではない。ここで主張したいことは、どんなに革命的な組織変革であっても、新しい組織形態は旧来の組織形態との対比の中で設計され、運営されるということである。

組織形態を描くキャンバスに「白紙」は存在しない。人員の総入れ替えを行うのでない限り、人々の頭の中には旧組織形態のこと、したがって旧組織形態の下での各自の仕事の進め方のイメージが残っている。赤ん坊をメンバーにするのでない限り、何らかの組織経験を人々は保有し、その組織経験との対比によって初めて現行組織内での適切な行動を理解する。

新しい組織形態を設計し、その新しい形態の効果を十分に発揮させるためには、少なくとも中核的な役割を担うコア人材に対して、各自の頭の中に残る旧形態との対比で、新形態がどのように違うのかを示す必要がある。新しい組織形態は旧形態と比較してどのような点で本質的に異なるのか、またその新しい形態の下では、これまでとはどのように異なる仕事の進め方が期待されているのか、という認識が組織の中核メンバーに共有されない限り、組織形態は絵に描いた餅に過ぎない。だから、組織変革は、規模が大きかろうと小さかろうと、現状の組織形態という出発点をもち、それに加工・修正を加える仕事なのである。

組織の現状を認識するうえでも、またその現状から加工・修正する方向を見定めるうえでも、組織の基本型をまず整理して解説しておくことが重要であろう。以下で説明する組織の基本型がそのままの形でこの世の中に存在するわけではないが、いま自分たちが採用している組織形態がどのようなものであり、どのように位置づけられるものであるのかを理解するためには、何らかの地図が必要である。組織の基本型はその地図の役割を果たしてくれる。どの程度、どの基本型に近いものなのかを把握することが組織設計の第一歩である。

組織形態の基本型を示したうえで、各ユニットの独立性を高めたり、逆に各ユニット間の連携を高めたり、といった加工・修正を施していくのが通常の組織デザインの作業になる。詳しいことは本書全体を通じて解説していくが、自分たちの出発点とする組織形態から、分業の程度を高めたり、これまでとは異なるタイプの分業を組み込んだり、水平関係を増やしたり、自己充足性を高めたり、といった加工・修正を施していくのである。

だから、まず組織形態の基本型を簡単に理解することから本書の議論をスタートすることにしよう。

## 1　組織形態の基本型を学ぶ――機能別（職能制）組織・事業部制・マトリクス

最も単純な組織形態（organization form）は、職能制組織あるいは機能別組織（functional structureあるいはform）である。経営学の領域では「職能制組織」という言葉が伝統的に用いられてきたが、近年では機能別組織という呼び方も一般化してきている。原語の〝function-al〟の翻訳の仕方が変わっただけで、どちらも同じ意味である。個々のサブユニットが果たす〝function〟（機能）に応じて組織が分割されているものが機能別組織である。
図1―1に見られるように、機能別組織は、まず研究開発・生産・販売という機能に分かれている。製品の生産を生産部門が担当し、その販売を販売部門が担当し、次世代製品の開発を研究開発部門が担当する、というように、全体に対して果たす機能に応じて分けられた組織である。たとえばいま、パソコンとAV（オーディオ・ヴィジュアル）製品、冷蔵庫等の白物家

**図１－１　機能別組織**

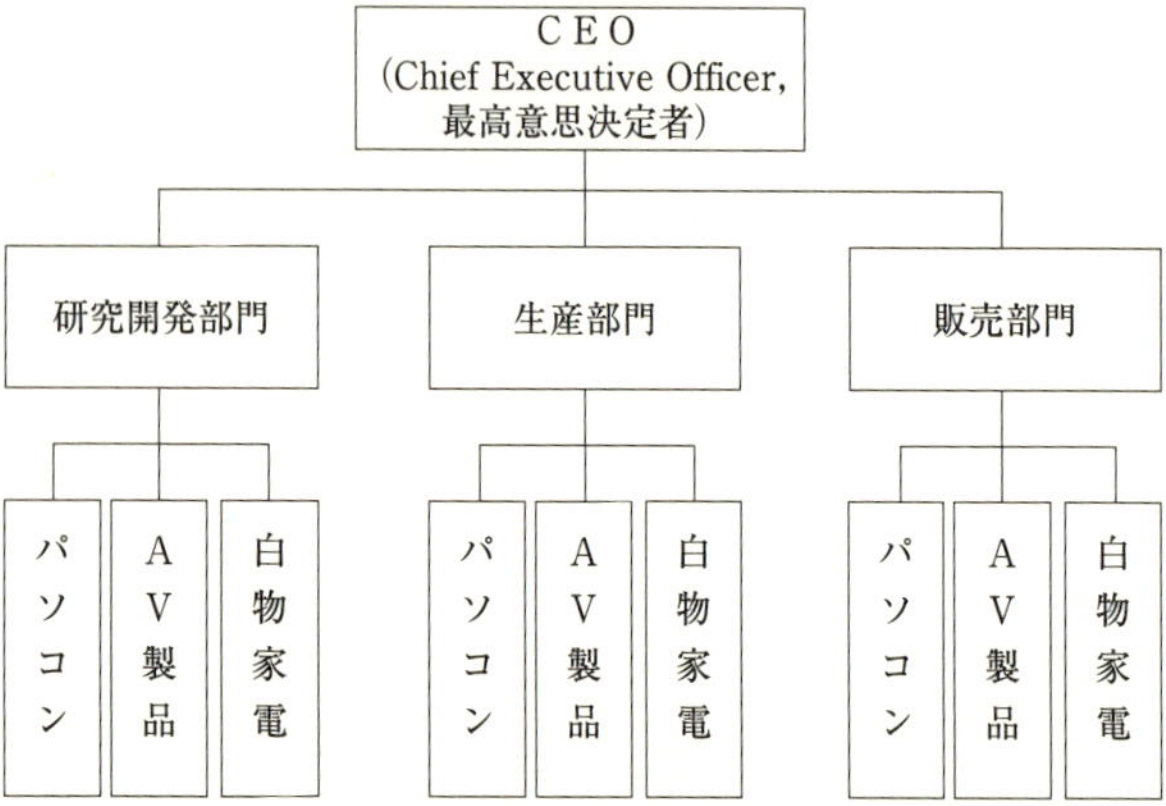


電製品を生産・販売している企業を思い浮かべて欲しい。機能別組織の場合には、各機能部門がこれらすべての製品を担当している。研究開発部門は、パソコンの研究開発を行う部署とＡＶ製品の研究開発を行う部署、白物家電製品の研究開発を行う部署等に更に細分化される。

機能別に分けられているのだから、研究開発部門や生産部門、販売部門といった個々の組織ユニットはそれぞれ一つずつでは存続しえない。人間を心臓と腎臓に分けてしまえば、個々の臓器がそれだけでは存続しえないのと類似の現象である。

これに対して、少なくとも短期的には個々の組織ユニットが自律的に存続できるように分割するのが事業部制組織（multi-divisional structureあるいはform）である。もともと軍事関係の領域では“division”を師団と訳す。師団とは、大隊や連隊とは異なり、自分たちだけで独立して戦争行動を遂行できるように工兵隊等の部隊も保有しているユニットである。同様に、ある程度の期間にわたって自律的に存続しうる、一つの小さな会社だといえるほどの機能を保有している組織ユニットが事業部なのである。なお、近年では事業部のことをＢＵ（Business Unitの略で、ビー・ユーと読む）と呼ぶ会社も多い。

ＢＵと呼ぼうと、事業部と呼ぼうと、「ある程度の期間にわたって自律的に存続しうる一つの会社のようなもの」を指していることには変わりはない。そしてそのような自律的な組織ユニットへと全体を分割する場合には、多様な軸が考えられる。たとえば製品・市場分野別に全社を分割したり、地域別に全社を分割するという方法が典型例であろう。前者を製品別事業部制、後者を地域別事業部制という。

ここでは、製品別事業部制を例として考えることにしよう。先のパソコンとＡＶ製品、白物家電製品を生産・販売している企業が製品別事業部制を採用する場合、図１―２に見られるように、パソコン事業部とＡＶ製品事業部と白物家電事業部という三つの事業部に全社を分割する。個々の事業部には、それぞれ研究開発・生産・販売という機能が備わっている。

たとえばパソコン事業部には、パソコンの研究開発を担う部門、パソコン生産を行っている部門、その販売を行っている部門が存在する。したがって事業部制を採用した場合、まず製品・市場別に組織が分割され、しかる後に機能部門別に組織が分割される。言い換えるなら、

**図１－２　事業部制組織**

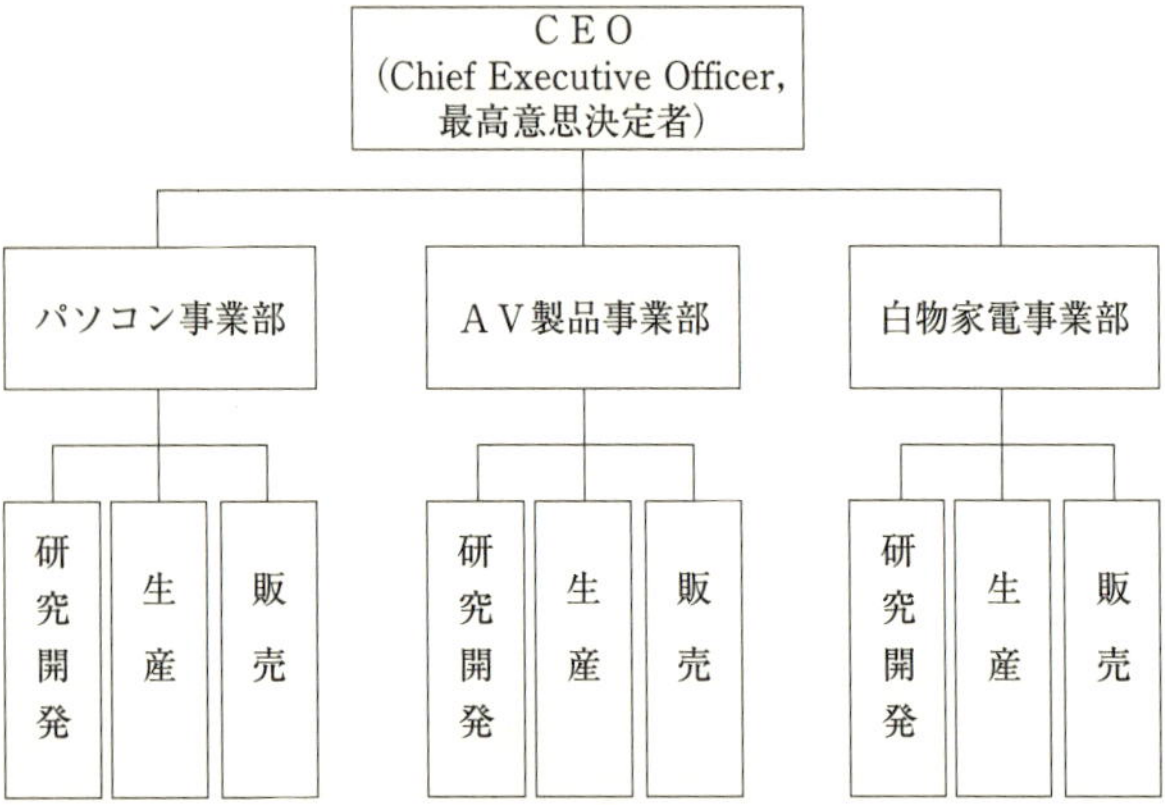


製品別事業部制とは、もともと大きかった機能別組織を、製品・市場別に小さな機能別組織へと分解したものなのである。

　機能別組織と事業部制組織のメリット・デメリットは、組織メンバーが何を共有し、何を重視して仕事をしていくことになるのかを考えれば容易に想像がつくはずである。たとえば機能別組織は製品・市場を共有するのではなく、まず何よりも研究開発や生産、販売といった機能を共有するように作られている。たとえば機能別組織の生産部門は、パソコンやＡＶ製品や白物家電等、異なる製品を生産しつつ、同じ工場や生産設備を共有したり、同じ生産技術者等を共有している。また研究開発部門であれば、パソコン事業部とＡＶ製品事業部で制御ソフトの開発スタッフを共有していたり、すべての開発プロセスで同じインダストリアル・デザイナーを共有していたりする。それ故、個々の組織メンバーは同じ専門の人間と対話しながら、自分たちの専門を通じて会社に貢献することを最大のテーマとして仕事を進めていくことになる。

これに対して、事業部制組織の場合には、まずメンバーが共有するのは個々の製品・市場である。生産設備の共有や開発スタッフの共有といった観点よりも、個々の製品・市場への適応が優先される。それ故、組織形態のねらい通りに組織メンバーが活動してくれるならば、各メンバーは、自分が研究開発担当であろうと、生産や販売担当であろうと、何よりもまず自分が担当している製品・市場での競争に最大の注意を向けるはずである。

このように考えれば、どのような場合に機能別組織を採用し、どのような場合に事業部制組織を採用するのか、という問いに対する最も単純な答えは簡単に出るはずである。すなわち、生産・開発・販売等の機能を集約することで得られるコストダウンや付加価値アップの効果よりも、個々の製品・市場への柔軟で迅速な適応によって得られる効果の方が大きければ、事業部制組織を採用するべきである。逆に、個々の機能をその内部で統合することから得られるメリットが大きく、製品・市場への柔軟で迅速な適応がそれほど重要でないのであれば、機能別組織を採用するべきである。

もちろんここで説明した両者の相違点以外にも、両者の差を際だたせる要因はいくつかある。たとえば、事業部制組織では本社機構が中長期の戦略を策定し、個々の事業部が日常のオペレーションを担当するという分業が行われているとか、事業部制組織では個々の事業を担当する人材が研究開発・生産・販売まですべてに関して意思決定を行うので企業経営者の育成に向いているといった点が、主要なポイントである。

それ故、短期の市場適応と中長期の経営戦略を分離する必要があるほど、また経営者人材を育成する必要が強いほど、事業部制を採用するのが適切になる。

しかし、これらの多面的な議論は本書を通じて徐々に明らかにしていくことにして、ここでは必要最低限の組織形態に関する知識を紹介することを優先することにしよう。それ故、〈製品・市場への適応〉と〈機能統合によるメリット〉の二つを秤《はかり》にかけて、どちらが重要かに応じて事業部制が採用されたり、機能別組織が採用されたりする、という最も単純な点だけ頭に入れておいて欲しい。

さて、この点まで理解された後で次に問題になるのは、〈製品・市場への適応〉と〈機能統合によるメリット〉のどちらを優先するべきかという問いに対して簡単には答えが出ない場合にはどうすればよいのか、ということであろう。〈製品・市場への適応〉も〈機能統合によるメリット〉もどちらも高度に重要であり、意思決定のたびに、どちらを優先するべきかじっくり考えながら仕事を進める必要がある、という場合である。

このような場合には、〈製品・市場への適応〉と〈機能統合によるメリット〉という二つの

**図1－3　マトリクス組織**

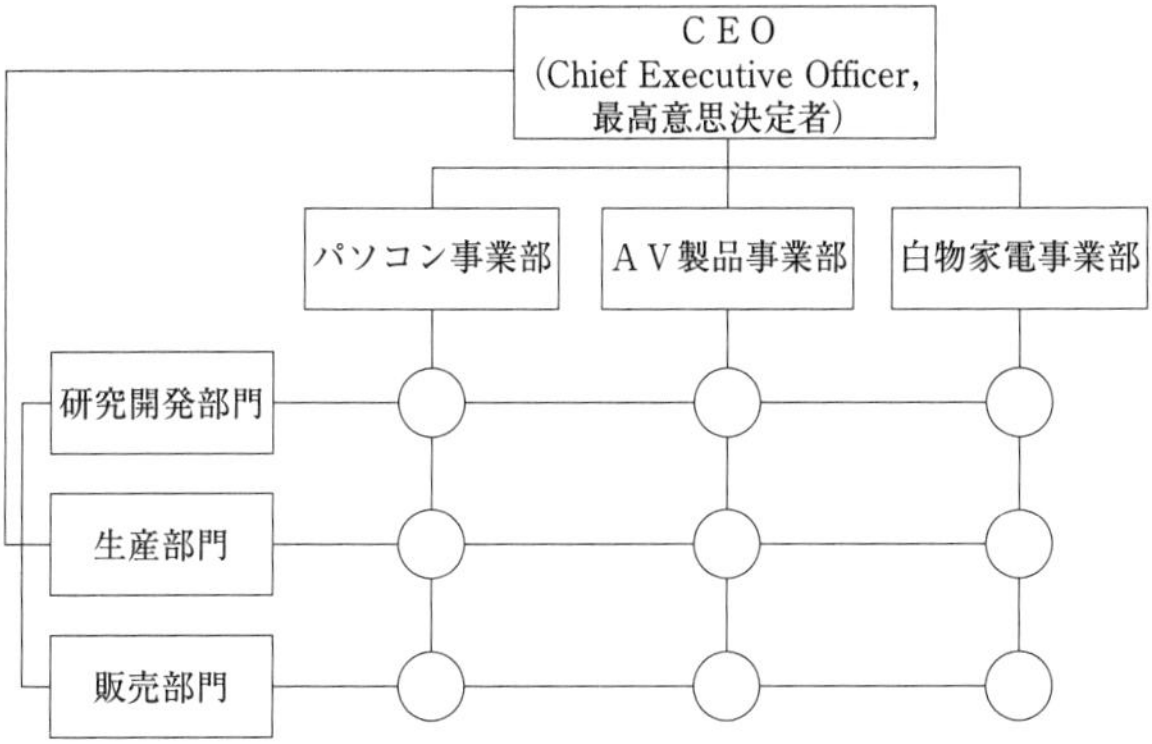


軸を両方盛り込んだ組織形態を作るという手がある。実際には様々な中間形態があるのだが、ここではその究極の典型例であるマトリクス組織（matrix organization form）を例に取り上げておこう。

マトリクス組織は、組織を分割する際の〈軸〉そのものを複数にした組織である。図1―3の例でいえば、最高意思決定者のすぐ下に各事業部長を置くと同時に、各機能部門長をも置くのである。図中の○印の人々は、一方では個々の製品・市場への迅速かつ柔軟な対応を目指す事業部長の管轄下に置かれると共に、他方では開発・生産・販売といった各機能別の資源共有や専門知識蓄積を重視する機能部門長の管轄下にも置かれる。

大きな意思決定のたびに、製品・市場の要求と機能部門の要求が対立するかもしれない。この対立を実際に組織内で表出させ、そのたびごとにトップがどちらの軸を優先するか意思決定を行い、ダイナミックに二つの要求をバランスさせていくという意図をもってマトリクス組織は採用される。なお、図中の○印の人から見ると上司（ボス）が二人いるから、これをツーボス・システムと呼ぶこともある。

## 2　基本型のバリエーションを理解する——一部事業部制・カンパニー制など

ここまでに記されてきた事業部制組織と機能別組織、マトリクス組織という三つの基本型は、頭の中だけに存在する「理想型」であって、世の中に実在する組織形態はこれらの「理想型」から多かれ少なかれ逸脱している。しかしこの三つの基本型さえ分かっていれば、現実の組織形態は、これらの基本型を出発点として理解することができる。また、自分で組織を設計する場合にも、この三つの基本型と自分の組織をしっかり対比して捉えられていれば、そこに新しい工夫を追加したり、不必要な組織ユニットを排除するなどの作業を行うことで、新しい組織形態を生み出していくことが可能になる。実際、世の中に実在する組織は、そういった多様な工夫を加えた後の「中間形態」ばかりなのである。

## (1)　一部事業部制は事業部制か、機能別組織か？

たとえば日本企業に多いといわれている一部事業部制を考えてみよう。図1―4にその典型的な姿が描かれている。この図は、三つの点で純粋な理想型としての事業部制とは異なっている。

まず第一に、各事業部の研究開発部門のうち、より基礎研究に近く、全社の事業に潜在的に関係がある研究活動を基礎研究所にまとめ、それをCEOに直属させている点である。基礎研究そのものを事業部から本社へ移しても、事業部そのものの製品開発活動が阻害されるということはないと思われるから、これ自体は事業部制そのものを大きく変えるものではない。

第二の変更点は、営業本部が置かれていることである。各事業部には販売機能を遂行する組織ユニットが存在しない。各事業部は製品の開発と生産と出荷業務を行うだけで、実際の販売活動やマーケティング活動はすべて営業本部が担う、ということを示す組織図である。各事業部は本来の機能部門すべてを持たないので、日々のオペレーションに必要な機能をすべて保有する事業部の理想型からは大きく外れることになる。しかも営業本部が他の事業部と同列に置かれていることを考えれば、この会社では営業本部長が他の事業部長と同等の発言力をもっていると考えられる。純粋な事業部制から機能別組織へと一歩近づいた組織であることが、見て取れるはずである。

図１－４　一部事業部制組織の典型例

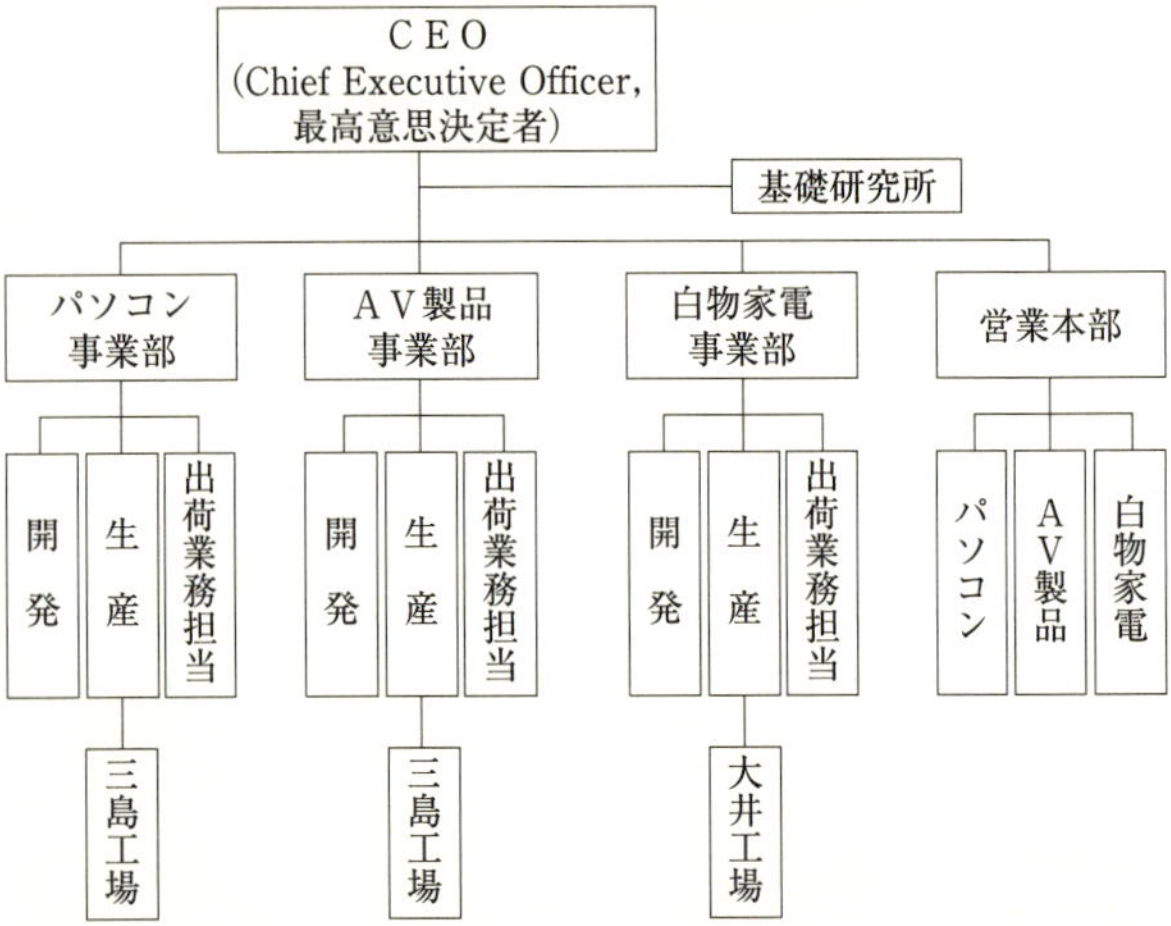


第三の変更点も、事業部制から機能別組織へと近づくものである。各事業部の生産部門と直結している工場に注目していただきたい。この会社には工場が二つしか存在せず、その一方（三島工場）にはパソコン事業部とＡＶ製品事業部が混住している。同じ敷地、同じ建家で、同じ労働者が生産活動に従事しており、工場のどこからどこまでをパソコン事業部のものと定義し、どこからどこまでをＡＶ製品事業部のものと定義するのかが分かりにくくなっている。

問題は分かりにくいという点にのみあるのではない。この種の一部事業制を採用している企業では、工場に工場長というポストが置かれている場合が多い点も組織形態上は非常に重要である。というのも、この例における三島工場長はパソコン事業部の生産機能とＡＶ製品事業部の生産機能の両方を掌握していることになり、各事業部の事業部長に肉薄する権限を保有してている可能性があるからである。

ここまで検討してくると、図1―4の一部事業部制組織は、事業部制のような、機能別組織のような非常に奇妙なものに見えてくるはずである。全社の共通研究課題は基礎研究所長の管轄下にあり、販売機能は非常に強力な営業本部長が掌握しており、生産機能の重要な部分を三島工場長が握っている。各事業部は目先の製品開発と工場との調整機能のみを果たしているという状況かもしれない。実際には各事業部長や営業本部長、研究所長、工場長の権限の大きさなどを具体的に調べないと明確に断言することはできないが、この図に表わされている組織は、事業部制という名称を使ってはいるものの、機能別組織と事業部制組織の中間形態であるということは明らかであろう。

ここで強調したいのは、この種の現実的な「中間形態」が中途半端でダメな組織だということではない。そもそも機能別組織や製品別事業部制組織などを「理想型」と呼んでいるのは、それらが「理想の組織」だと美化するためではなく、頭の中にしか存在しないようなものだという意味を伝えたかったためである。現実の組織は、そこにいる組織メンバーと、その顧客の要求、競争相手や技術変化の特徴等々といった多様な要因に適合させるべく、当初のひな形にいろいろ手を入れて「中間形態」として成立せざるを得ないものなのである。そして、その現実的な「中間形態」を理解するうえで、まず初めに機能別組織・事業部制組織・マトリクス組織といった基本型を理解しておくことが役に立つ。これがポイントである。

### (2) 事業本部とカンパニー制など

個々の事業部でも多角化が進み、その規模が大きくなると、かつて小さな機能別組織として成立した一つひとつの事業部が非常に巨大化してしまうことになる。この問題を解決するべく、事業部の規模を小さく維持し、しかも類似の製品・市場分野の事業部が相互に経営資源を共有していくように組織を組み立てているのが事業本部制である。類似の製品・市場に対応する事業部を複数集めてひとくくりにしたものをグループとかセクターと呼ぶ会社もあれば、事業本部と呼ぶ会社もある。簡便のため、ここでは事業本部と呼ぶことにしておこう。

図1−5には事業本部制の見本例を一つ示してある。ＣＥＯの下がまずＩＴ製品事業本部とＡＶ製品事業本部の二つに分かれ、さらにその下に三つずつの事業部が置かれている。この階層をさらに増やすことも可能である。つまり、この事業本部をさらに複数まとめ上げて新たな事業集合を一つの組織ユニットとして定義したり、逆に自動車用ＡＶ事業をカーナビとステレオに細分化するといった方法である。

こういった分割やグループ化の軸とは別に、個々の組織をコントロールする方法の違いにも

**図1－5　事業本部制・カンパニー制**

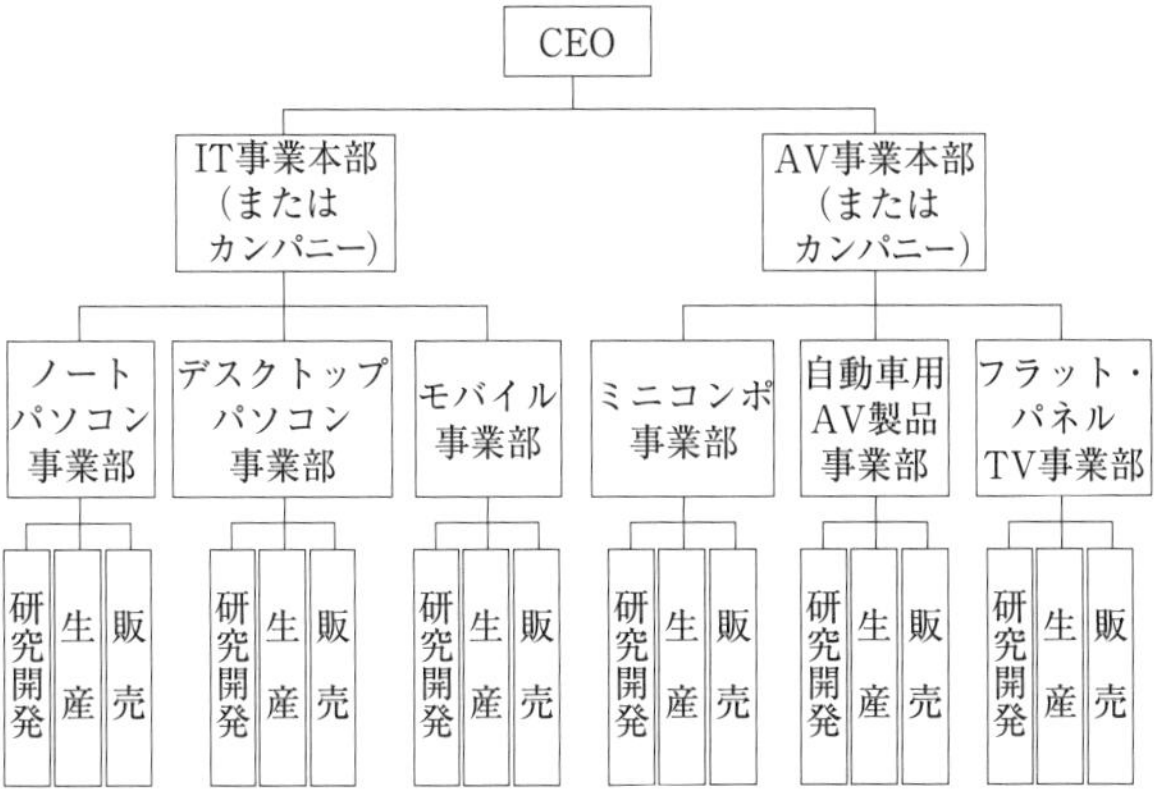


近年は注目が集まっている。かつて事業部制を運営する場合には、通常、投下資本収益率（Return on Investment：ROI）が用いられていたのに対し、近年では個々の組織ユニットに仮想的に資産を分割し、その資産をベースとして経済的付加価値を計算して各組織ユニットを評価し、コントロールするという方法が普及しつつある。いわゆるカンパニー制がそれである。

これまでは、多様な資産を多数の事業部が共有して事業部制組織が成立していた。だから事業部制組織は、「あたかも一つの独立した会社であるかのように」という方向を目指した組織形態ではあったが、互いに暗黙のうちに共有していた部分も多々存在していた。これに対して、その共有資産まで個々の組織ユニットに配分するカンパニー制は、事業部制よりもはるかに個々の組織ユニットの自律性・独立性・分離性を高める方向へ進んだ結果として成立する。カンパニー制とは、いついかなる時点でカンパニーを切り離して売却してもよいようなところまで組織ユニットの独立性を高め、まさに「一つの独立した会社である」かのように組織を分割して出来上がった組織形態なのである。

事業部制と事業本部制の主たる相違点は、事業部の規模とそのくくり方の違いであり、いわば組織ユニットの規模に関係しているのに対し、事業部制とカンパニー制の主たる相違点は分割した組織ユニットのコントロール方法に関する違いである。それ故、一つひとつの事業部をカンパニーとして設定することもできれば、事業本部を一つのカンパニーに設定したり、さらに複数の事業本部をひとまとめにして一つのカンパニーとすることもできる。

ただし、現段階の日本企業は、少なくとも、事業部よりも比較的大きなまとまりをカンパニーとしているのが一般的であろう。あまりにも小さな組織ユニットをカンパニーと定義すると、資産まで含めてカンパニー別に分けて計算する作業が面倒だからかもしれない。

ここでも強調するべき点は、事業本部制やカンパニー制といった組織形態も、基本的には事業部制の派生形態として考えると理解することが容易になる、という点である。組織形態については、頻繁に新しいカタカナ言葉が流行し、また社会的には同じものを各社で異なる呼び方をしているために、しばしば初学者に混乱が発生しがちだが、原理原則にまでさかのぼってみると、実はそれほど組織の基本型は多くはない。機能別組織と事業部制組織の二つを基本型とし、さらにその二つを複合しようとするマトリクス組織を記憶しておけば、他の組織形態はすべてそれらから派生してくるものとして理解することができるはずである。

まずはこれらの基本型をしっかり頭にたたき込み、そのうえで、どのような分業の仕方がどのような効果をもち、どのような調整の仕方がどのような効果をもつのかを、それぞれ原理原則に基づいて理解していけば、組織設計の主要なポイントを一応理解できるはずである。次章からは、これら分業と調整の多様な方法について原理原則に基づいた解説を加えていくことにしよう。

# Ⅱ　分業のタイプ

## 1　分業の種類——垂直分業・水平分業・機能別分業・並行分業

そもそも分業とはどのようなものなのだろうか。この最も基礎的な問いに答えるために、まず何らかの仕事全体を考えることにしよう。経営学の伝統に従って、やるべき仕事のことをタスク（課業）と呼んでおこう。

いま、たとえば、パン屋さんの仕事、つまりパンを作って販売するというタスク全体を考えてみることにしよう。パンを売って利益を上げるという最終目標に向かって、どういうパンを作れば売れるのか、どうやって作れば効率的か、どういう販売のやり方をするのが効果的か、等々考えるべきことは山ほどある。考えてばかりでもタスクは完了しない。実際に小麦粉をこね、成形し、焼き上げ、販売地点まで配送し、販売し、代金を回収するという一連の具体的な作業を実行する必要もある。

図２－１　垂直分業と水平分業

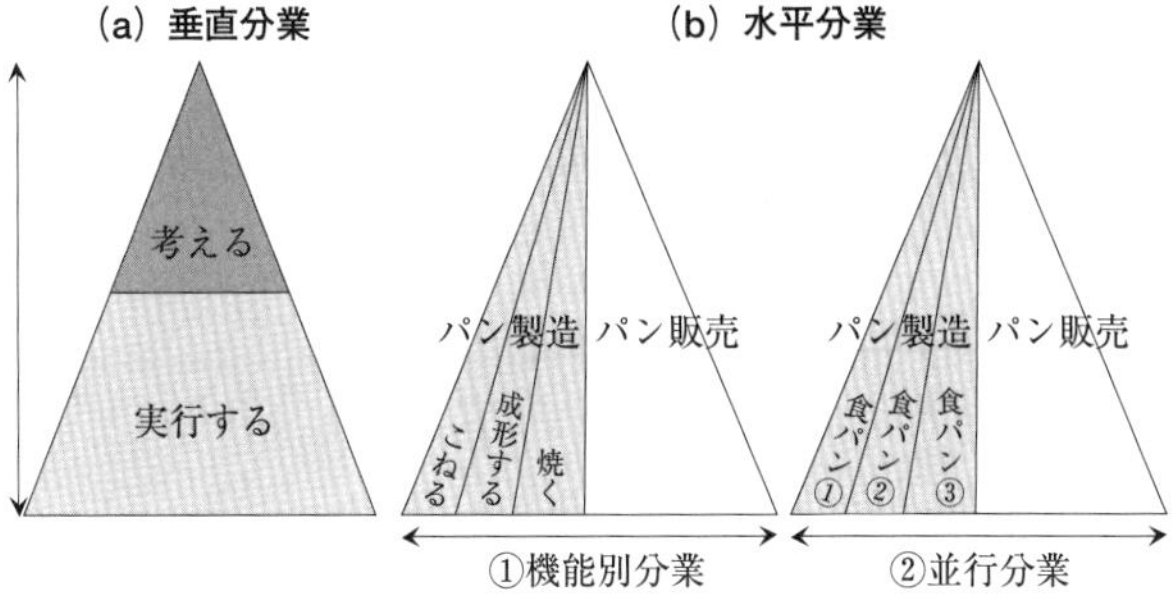


考えるタスクも実際に実行するタスクも、全部合わせて図２―１に示されているような三角形で表わせると考えておこう。この三角形の上の方は考える作業を、下の方は実行する作業を表わしているとしよう。

## (1)　垂直分業と水平分業

図２―１(a)には、パンの製造と販売をワンセットにして、考える仕事と実行する仕事が分離されている状況が描かれている。主人と奴隷の関係とか、厳しいパン職人と新米の徒弟との関係などを想定すればよい。どうやればよいかとか、何をすればよいかといったことを実行する人は考えず、ただひたすら言われた通りのことを実行する。逆に考える作業を担う人は、実行を他人に任せて、とにかく考える作業に集中する。一般に、考える作業と実行する作業を分割したり、長期戦略を策定するタスクと短期の現場適応を考えるタスクを分離することを垂直分業という。〈考える〉と〈実行する〉を

両極とした場合、考える側に軸足を置いたタスクと実行する側に重点を置くタスクに分割することを垂直分業と呼ぶのである。

図の右側(b)には、考える作業と実行する作業を分離することなく、パンを製造して販売するという仕事の流れに沿って分業が行われる場合が描かれている。つまり、まずパンを製造する作業と販売する作業に大きく二つにタスクが分けられ(①と②)、さらにそのうえでパンを製造する作業が〈こねる〉〈成形する〉〈焼く〉の三つのタスクに分割されているのである(①のみ)。このような分業のやり方を水平分業と呼ぶ。

## (2) 並行分業

垂直分業は〈考える〉と〈実行する〉の二分法しか無いが、水平分業には分割の軸が多様にありうる。たとえば、需要が増えたので三人の職人を雇い、その三人全員にそれぞれ食パン作りの全工程を任せるという仕事のやり方もある(図2—1(b)②)。作業台やオーブンを三人で共有しながら、パン生地をこねたり、成形したり、焼いたりするという作業を並行して行っているので、このタイプの分業を並行分業と呼ぶことにしよう。「同一」あるいは「類似」の作業プロセスを複製して、数量の分担を行うのが並行分業である。

この場合、食パンを担当する三人は同じ作業に従事しており、食パンを製造する工程全体を担っている。三人のうち一人を解雇して二人に減らしたり、二人を解雇して一人に減らすと、生産量は低下してしまうが、食パンの製造自体が成り立たなくなるわけではない。並行分業は、場所や設備等を共有して、生産量全体を分担しあう、というタスクの分割方法である。

同じものの数量だけ分担しあうだけでなく、地域別に、あるいは顧客別に分担を決めるという分業のやり方も並行分業の一種であると位置づけることができるであろう。たとえば地域別に支店を置いて、一つの支店に一名ずつのパン職人を配置すれば、これは地域別の並行分業である。顧客のタイプ別に並行分業することもできる。たとえば〈一般の消費者向け〉と〈学校給食向け〉〈大企業の食堂向け〉などに分けて、それぞれが異なる顧客別に同じ食パンを製造していれば、それを並行分業だと位置づけることができる。〈一般の消費者向け〉と〈学校給食向け〉〈大企業の食堂向け〉のそれぞれの要求が異なり、それ故に異なるタイプのパンを製造し始めると、複製される作業プロセスの類似性が徐々に低下していくが、この程度の違いであれば並行分業だと位置づけておいても問題ないであろう。

地域や顧客などの空間的な分割を行うのではなく、時間的な分割を行うことも考えられる。早朝と昼間、夜間という三つの時間帯に分けて仕事量を分配するシフト制は、時間的な並行分業だと位置づけることも可能であろう。

### (3) 機能別分業

全体に対して果たす機能に応じてタスクを分割することを、機能別分業と呼ぶことにしよう。並行分業によって成立したサブタスクの場合、互いに足し算すれば全体が出来上がるのに対し、どこかで機能的に統合しなければ全体が出来上がらないような分業のやり方を機能別分業と呼ぶ。一般に分業という場合、並行分業よりも、むしろこちらの機能別分業の方をイメージする人が多いはずである。

「機能別に分かれている」というのは、人体で考えると、イメージがつかみやすいはずだ。心臓は血液の循環という機能を果たし、肺は酸素の取り入れと二酸化炭素の排出という機能を、腎臓は老廃物の選択的排出という機能をそれぞれ果たしている。一つの生命体として存続するための機能を各臓器は担っており、臓器は機能別に分業しているともいえるだろう。心臓だけ取り出しても動き続けることは不可能であるし、肺だけ取り出しても動き続けるということはできない。だから、各機能を担う部分は、それだけでは不完全であり、それらが、たとえば脳によって機能的に統合されて初めて全体として生きていけるようになる。

図2―1(b)の二つの水平分業のうち、左側の①には機能別分業が描かれている。たとえばパンの製造工程で、〈こねる〉〈成形する〉〈焼く〉に分業するのは、パンを作るという全体の作業に対して、それぞれ異なる機能を果たす部分に分解した機能別分業の例である。

〈パンを作る〉というタスク全体を機能別に分割する方法は他にもある。たとえば、パンというモノ全体は、〈味〉や〈香り〉〈舌触り〉〈価格〉といった特徴の束だと考えることができる。だから、〈パンの香りに責任を負う人〉と〈パンの舌触りに責任を負う人〉〈パンの賞味期限の長期化に責任を負う人〉、といった分割の仕方を考えることが可能なはずである。

生産の場面では考えにくいだろうが、研究開発のような〈考える〉作業についてはこのような分業も十分想定できるであろう。この分業も〈香り〉だけや、〈舌触り〉だけといった機能単体では何も意味をなさない。すべてがそろって初めて意味のある全体になるから、これも機能別分業の一種である。

パンの例から離れると、もう一つの主要な機能別分業の例が見えてくる。たとえば自動車のエンジン製造とブレーキの製造、タイヤの製造などといった同一製品の異なる部品を製造するような機能別分業である。これらの部品は自動車という最終製品の中で機能的に相互依存する。あたかも人体の中で心臓と腎臓が相互依存するかのように、エンジンとブレーキとタイヤは同じ自動車の中で相互依存している。最終製品の中で相互依存している部品を分けて分業しているのだから、その作業もまたそれ自体では完結せず、皆の作業が完結することで初めて全体が完成する。この点で、エンジンとブレーキとタイヤを分けて開発・生産する分業は、並行分業とは異なり、機能別分業に分類するべきものである。

図2―2　多様な分業の組み合わせ

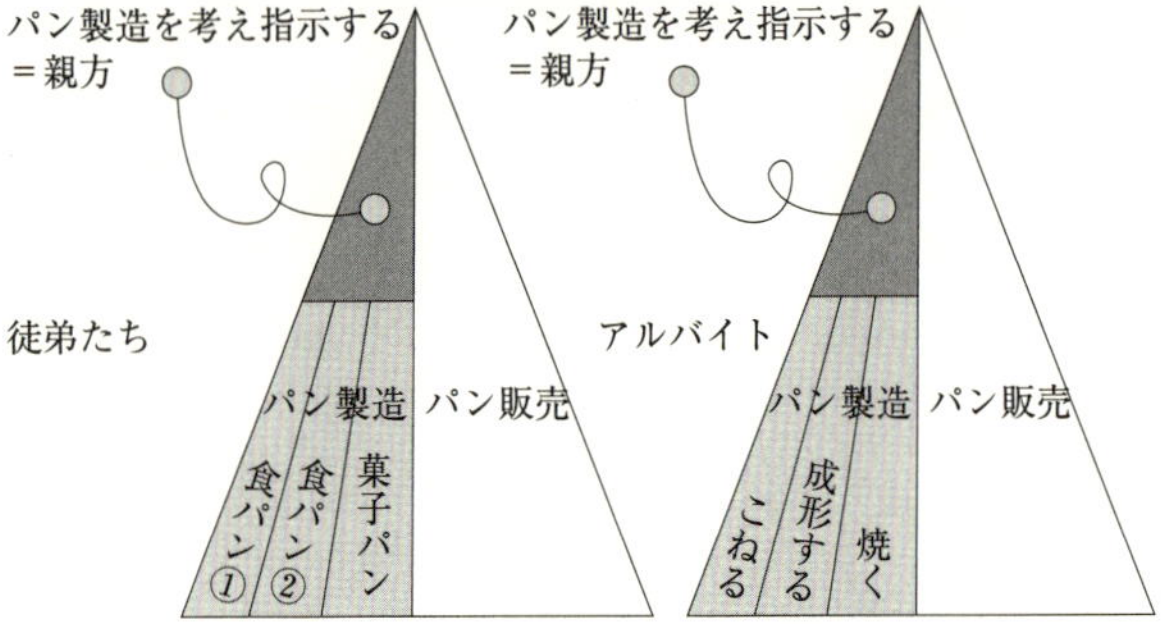


現実に存在する組織では、これら多様なタイプの分業が組み合わされているのが通常である。たとえば図2―2にはそのような組み合わせの例が示されている。図中の右側も左側も、まずパン作りとパン販売に水平分業が行われ、そのうえでパン作りの部分を考え・指示するタスクと、指示を受けて実行するタスクに垂直分業されている。この垂直分業された実行部分の分業方法が異なっている。左側は食パン作りを二名、菓子パン作りを一名という並行分業がとられているのに対し、右側は〈こねる〉→〈成形する〉→〈焼く〉という機能別分業がとられている。

## (4)　分業タイプの整理

分業のタイプをここで図式的に整理しておこう。図2―3に示されているように、ここまで紹介してきた分業タイプは、(a)各作業のアウトプットをまとめるための活動が、(イ)加算的集計（単なる足し算）のみで良いのか、それとも(ロ)機能的な

図２－３　分業のタイプ

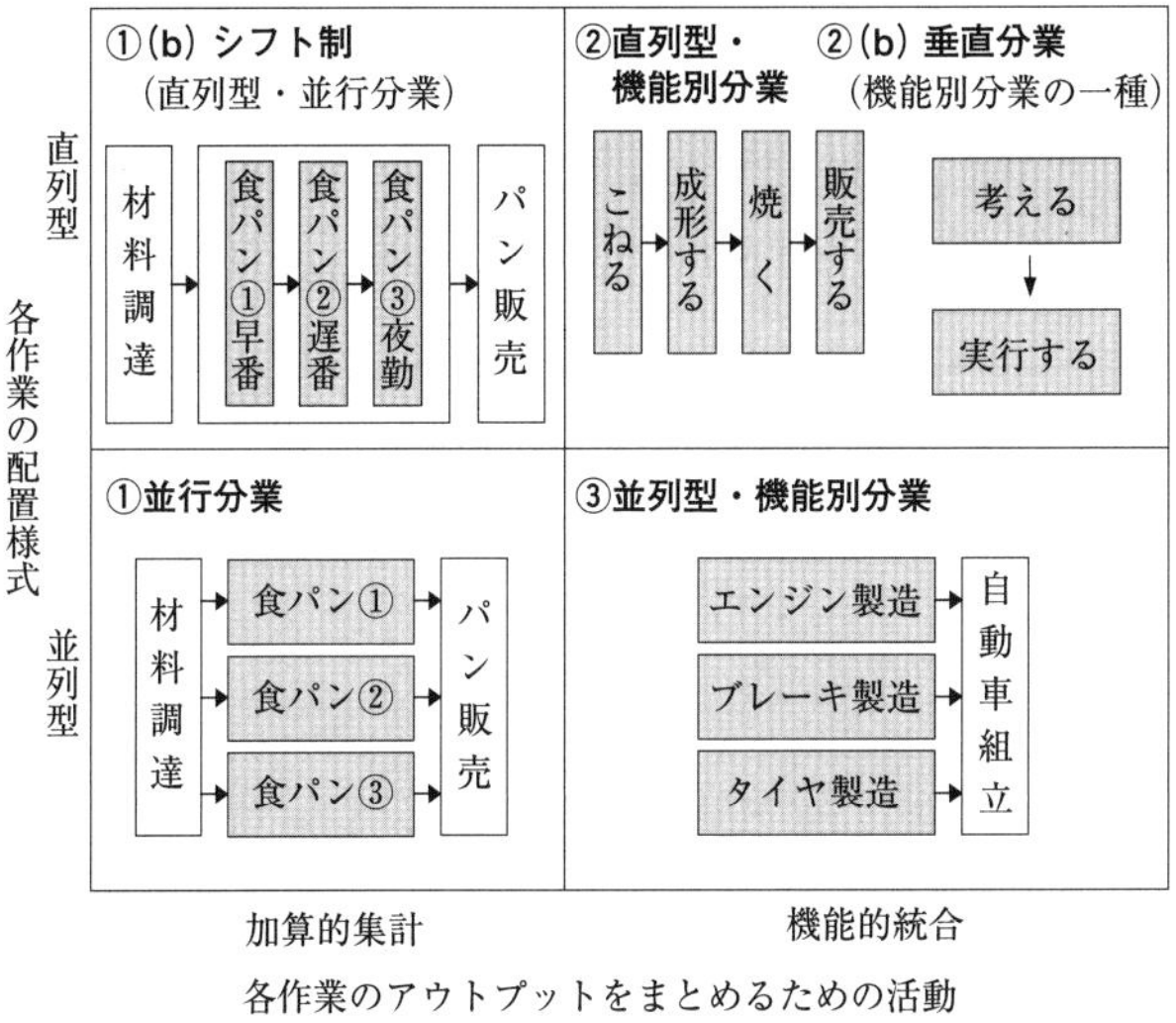


統合が必要なのかという軸と、(b)各作業の配置が(イ)並列型か(ロ)直列型かで分類可能である。

まず最も単純な並行分業は、皆がほぼ同じ作業を複製して行うものである。互いに数量を分担しあっているというイメージに近い。このタイプの分業が図２―３の左下（①）に描かれている。三人の職人が皆同じ食パンを製造しているようなケースを想定すればよいのである。三人の職人の作業は並行して置かれていて、しかも互いに生産物を足し算すれば組織全体のアウトプットになるのだから、他の職人の作業スピードに合わせないとならない、といった調整の必要性が少ない分業の方法である。

ただし並行分業の場合、たとえばパン販

売を行う女将さんの労働力を共有したり、材料費を節約するために材料の価格交渉努力を共有するなど、インプットの側かアウトプットの側の活動を共有している。それ故、あまりにも並行分業を担う人数を増やしてしまうと、どこかで材料調達が間に合わなくなったり、女将さんのパン販売の力量が追いつかなくなったりする。この点が、並行分業における調整の問題となる。

並行分業の関係にある作業を時系列に直列で並べると、いわゆるシフト制になる。早番・遅番・夜勤という三つのチームに分かれて同じ食パンを製造する場合を想定した例が図の左上(①—b)に描かれている(実際には「非番」がもう一チーム存在する)。これら三つのチームのアウトプットは、足し合わせるだけで全体にまとめ上げることができるので、チーム間の調整はそれほど面倒ではない。通常の並行分業と同様に、パン製造の設備やアウトプット側の活動、インプット側の活動などを共有しているので、その共有資源の活用に関する調整が必要なだけである。

各作業が並行して置かれている点では並行分業に類似しているものの、その並行している作業のアウトプットを機能的に統合しなければならないケースが右下(③)の並列型・機能別分業である。エンジン製造とブレーキ製造とタイヤ製造のそれぞれを並行して進め、最後に自動車という全体へと機能的に統合する、という場合が並列型の機能別分業の具体例である。

同じく機能的な統合を必要とする分業ではあっても、作業が並列的に配置されているのではなく、直列的に並べられているものもある。図の右上（②）に描かれているように、たとえば〈こねる〉→〈成形する〉→〈焼く〉→〈販売する〉という順番通りに作業を進めることで初めて売上が達成できるパン屋さんの分業が、直列的な機能別分業の具体例である。このような分業がとられた場合、一つの作業のアウトプットが次の作業のインプットになっているから、作業は並行して行われるのではなく、常に順番に従って行われることになる。考える仕事と実行する仕事を分業する垂直分業も、直列型・機能別分業の一種である（②―ⓑ）。

実際の組織形態に対応させていうならば、機能別組織は直列型・機能別分業を基本原理とする組織形態であり、事業部制は並行分業を基本原理とする組織形態である。機能別組織は、開発→生産→販売という順序関係をもつ活動が直列で結びつけられている。これに対して事業部制の場合、それを構成する各事業部は、①本社機構やコーポレート・ブランドなどの経営資源を共有し、②それぞれが生み出すキャッシュ・フローなどの経営成果を足し合わせることで全体の経営成果（キャッシュ・フロー）が得られるように分けられているのが通常である。

## (5)　分業タイプ間の特徴比較

分業のタイプに応じて、それぞれ独特の特徴が見られる。そのすべてをここで包括的に明ら

### 表2－1　分業タイプごとの特徴

| 項目 | 並行分業 | 機能別分業 | | |
|---|---|---|---|---|
| | | 直列 | 並列 | 垂直 |
| (a) 生産物（e.g. A=90単位，B=80単位，C=70単位） | 足し算（240） | 最小値（70） | 最小値（70） | 不明（最小値?） |
| (b) 歩留まり（e.g. 全員同一の生産量で，A＝90%，B=80%，C=70%） | 平均（80%） | 掛け算（0.9×0.8×0.7→50.4%） | 最小値（70%） | 不明（掛け算?） |
| (c) 部分の故障・怠業に対する全体の脆弱性 | 強い | 極めて弱い | 弱い | 極めて弱い |
| (d) 時間的連動（同期化）の必要性 | 弱い | 極めて強い（とりわけ重層的に直列した場合） | 強い | 弱い |
| (e) 作業者間の関係 | 競争 | リレー型協働 | チーム型協働 | 支配－非支配 |

かにすることはできないが、主要なポイントをいくつかピックアップして整理しておこう（表2―1）。

まず第一に、各作業の生産力・歩留まりが与えられたときに、それが結びつけられた全体がどの程度の生産力・歩留まりになるのかを考えてみよう。たとえばいま、AとBとCという三つの作業があり、それぞれ一人一日に90単位、80単位、70単位の生産能力をもつと考えよう。このA・B・Cが並行分業の関係にある場合、この三つの作業の生産力は各作業の生産力の単純集計、240単位となる。これに対してA・B・Cが直列型の機能別分業や並列型の機能別分業の関係にある場合、その組織の生産力はA・B・Cの最小値（70単位）で決定される。

生産力の場合、直列型と並列型の二つの機能別分業の間に差はなかったが、歩留まりの場合には相違が明確になる。いま、A・B・Cが同じ生産力をもち、それぞれの歩留まりが90％、80％、70％だと仮定しよう。このとき、並行分業の全体としての歩留まりは各歩留まりの平均値（この場合は80％）になる。直列型の機能別分業では、各作業のアウトプットが次の作業のインプットになっているから、全体の歩留まりはそれぞれの作業の歩留まりを掛け合わせていくことで求められる。いまの数値例では約50％になる。

これに対して並列型の機能別分業の場合、最終組立工程の直前に良品検査を入れて良品のみを最終組み立てに投入するようにすれば、全体としての歩留まりはA・B・Cの最小値（70％）に規定されることになる。

このような作業間の相互依存関係の特徴は、個々のタスクにおける事故や作業担当者の怠業が組織全体の成果に及ぼす影響の深刻さの違いを生み出すことになる。並行分業の場合、個々の作業者がサボったり、並行分業の一部が事故にあったりすれば、組織全体のアウトプットは量的に少なくなるが、組織全体の活動がストップしてしまうとか、組織からアウトプットがまったく出てこなくなるということはない。ところが、並列型の機能別分業でも直列型の機能別分業でも、どこか一つのタスク遂行が事故でストップしたり、その担当者がサボったりすれば、組織全体のアウトプットが出なくなる。

個々の工程が事故で動かなくなった場合に、全体に対して破滅的なダメージが与えられる、という点では並列型も直列型も同様であるように見えるが、実は直列型の方がより深刻になる可能性が高い。というのも、直列型の機能別分業で、しかも、より順序の早い段階の工程に問題が生じると、それよりも後の段階の作業者たちがまったく作業を遂行することができなくなってしまうからである。

これに対して並列型の機能別分業では、一つの工程が止まっても、それ以外の工程は生産活動を続けることができる。たしかに最終組立工程はすべてのコンポーネントがそろわないと作業を完了しないが、一つの工程が止まることで他の工程の作業も必然的に止めてしまうという影響の出現する範囲が少なくて済む。

時間的な連動が要求される強度、またそれを達成する難易度も、多くの場合、これらの分業タイプに応じて異なっている。並行分業は互いにアウトプットを量的に足し合わせればよいだけだから、各活動が同期化していなければならない可能性は大きくはない。ところが並列型機能別分業は、少なくとも最終工程へ各コンポーネントが受け渡されるところが同期化していないと機能的統合が行えない。直列型の場合にもアウトプット―インプットの交換を行う作業間で時間的な連動が必要であり、その連結部分が直列で何層にも存在するために、組織全体としての時間的連動・同期化が極めて重要な課題となる。

最後に、分業された個々のタスクを受け持つ作業者間の関係について考えてみよう。たとえば垂直分業は、考え、判断する上位者と、命令に従って実行する下位者に分けられている。それ故、両者の間には、「支配する側と支配される側という関係だ」という意識が発達しやすいかもしれない。

並行分業の場合、すべての作業者はほぼ自律的な作業に携わり、全体に対して数量の分担を行っているだけの関係であるから、協力関係にあるという意識は薄くなりがちであろう。むしろ、同じ数量という基準で並列的に比較される競争相手という関係が並行分業では発達しがちなのではなかろうか。実際、同じ顧客の財布を奪いあう企業間の競争は、顧客による消費という後工程を共有する並行分業であると考えることもできる。これらの企業間の競争は、産業全体の生産量を分担しあっているという並行分業なのである。

並行分業は競争促進的であり、その意味で「市場」的である。だから、「企業組織に市場的な要素を持ち込む」というタイプの変革が行われる時には、部門間の取引に擬似的な価格（振り替え価格）が設定されると共に、この種の並行分業が導入されるケースが多々見られる。

たとえば、同じ研究開発テーマを複数のプロジェクト・チームに与えて競わせる並行同時開発や、社外からのデバイス調達を自由化して社内デバイス事業部との価格競争を促進する場合などは、すべて並行分業の要素を組織に持ち込み、競争を促進しているのである。

直列型の機能別分業の場合、各作業者はリレーの走者のような協働関係にあり、並列型の機能別分業の場合はチーム競技における協働関係にある。ただし、これはうまくいっている場合であって、機能別分業を行えば「協働する意識が芽生える」ということは通常は起こりにくい。分業によって個々の作業者には全体が見えなくなり、その結果として、本来的には協働関係を築かなければ全体のパフォーマンスが高まらないにもかかわらず、自分たちの偏狭な利益やメンツにこだわって争いあう関係が発達してしまう可能性があるからである。

一般に、分業すると、その仕事の切れ目を境にして異なる組織文化が発達するといわれる。異なる仕事を任されると、異なる環境に日々直面するようになり、何を大事と思うかがその環境ごとに異なってくる。この日々の仕事環境に合わせて、人々の言葉遣いや時間感覚、仕事観などが異質なものになっていくのである。それ故、たとえもし本来は協働しあわなければならないとしても、分割したこと自体が逆に協働を阻害する側面をもつ。いったん分割したものを、機能的に統合しなければならないのだが、この統合を自然に達成することは難しそうだ。そこに調整の努力が必要になる理由がある。

## 2　各タイプの分業のメリット

「分業によってメリットがもたらされる」ということ自体はもはや当然だと思われているが、どのような分業からどのようなメリットがもたらされるのかが分かっている人はそれほど多くはない。ここでは、異なるタイプの分業にそれぞれどのようなメリットが対応しているのかを簡単にまとめていく作業を行うことにしよう。

## (1)　並行分業のメリット――共通費の配賦

並行分業は、基本的には類似の作業プロセスを複製したものであり、インプットやアウトプットなどを共有しているだけである。それ故、サブタスク間の相互依存関係が弱く、事故等の突発的な事態に対して強いのだが、その反面、得られる分業のメリットも大きくはない。並行分業から得られるメリットは、資源やインプット側工程、アウトプット側工程の共有から生み出されるものだけである。

より具体的には、施設・設備の共同利用、ノウハウ等の知識やコーポレート・ブランドの共同利用、巨大な石油化学プラントの共有、販売チャネルの共有などを考えればよい。これらの共通資源・共通工程にかかるコストを並行している作業（者）の数で割り、各作業（者）に配賦していくことで、最終的なアウトプット一単位当たりの共通費の節約が生まれる。

いま、需要量の伸びに応じて生産量を拡大するべく、同一作業を遂行する作業者の数を増やすことで対応していく場合を考えてみよう。つまり生産量の増大に、並行分業の進展によって対応するのである。横軸に生産量（＝並行分業の複製量）をとり、縦軸に単位当たりのコスト

図２－４　並行分業のメリット：共通費の配賦

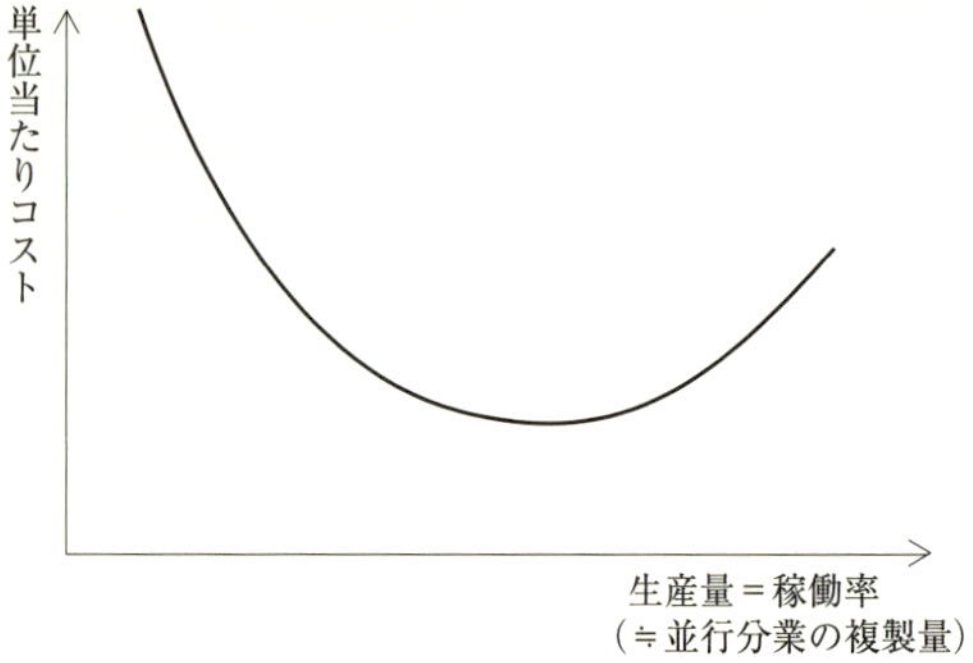


(unit cost) をとれば、図2－4のようなお馴染みの曲線が出現する。

共有資源に余裕があり、多数の作業者が共有していても混雑・混乱が生じない程度であれば、その間は単位当たりコストは低下していく。しかし、あまりにも多数の作業者が共有資源を共有し、混雑が生じてくるとかえって単位当たりのコストは増大していく。こうして経済学の教科書でよく見る短期平均費用曲線が出現することになる。

### (2) 機能別分業のメリット①――共通費の配賦

機能別分業を採用していても、コーポレート・ブランドなどの共通資源は活用しているので、「共通費の配賦」というメリットは機能別分業でも多少は発生する。しかし、機能別分業の場合、うまくすると「共通費の配賦」よりもずっと大きなメリットが手に入る可能性がある。そもそも近代社会が分業によって大きなメリットを獲得してきたという時の分業は、まさにこの機能別分業のことを指している。しかし、あまりにも当たり前になってしまったが故に、機能別分業が経済的メリットを生む理由について、改めて問われて答えられる人は少なくなっているように思われる。ここでは機能別分業（直列型・並列型の両方）がもたらすメリットを、大きく二つに分けて紹介してこう。

## (3) 機能別分業のメリット②——経済的スタッフィング

いま、表2−2(a)に見られるような難易度をもつ四種類のサブタスクが組み合わされて、一つのタスクが作られていると考えてみて欲しい。各サブタスクを遂行するには様々な知的な能力と物理的・肉体的な能力が必要である。たとえばサブタスクAは、知的能力が15点程度の低い人でも大丈夫だが、肉体的には90点の人でないと対応できない。サブタスクCは逆に知的能力が90点だが物理的な能力は15点の人でも対応できる。サブタスクBは、知的にも肉体的にも10点で十分。サブタスクDは両方とも70点以上の人が必要である。これらのサブタスクが労力の四分の一ずつを占めるタスク全体を考えてみよう。

もしこのタスク全体を分割することなしに、誰か一人で遂行するとすれば、知的能力と物理的能力がそれぞれ何点の人を雇用しなければならないだろうか。答えは明らかに「両方とも90点以上の人」である。どのような人も、短期的には、自分が達成できる最高点以下の仕事はこ

## 表2－2　経済的スタッフィング

(a)

| サブタスク | 知的難易度 | 物理的難易度 | 構成比(%) |
|---|---|---|---|
| A　こねる | 15 | 90 | 25 |
| B　成形する | 10 | 10 | 25 |
| C　焼く | 90 | 15 | 25 |
| D　販売する | 70 | 70 | 25 |
| トータル(Max) | 90 | 90 | 100 |

(b)

| 「販売する」のサブ・サブタスク | 知的難易度 | 肉体的難易度 |
|---|---|---|
| D-1　考え命令する | 70 | 10 |
| D-2　命令を聞き，実行する | 10 | 70 |

なせても、その点以上の仕事を遂行することはできない。だから、含まれているサブタスクのうち、最難関のものに能力を合わせておかなければならない。

一人でこのタスク全体を処理しなければならないのであれば、知的能力も物理的能力も90点以上の人で対応するしかないが、需要が拡大してきてもっと多くの人を雇えるようになれば話は別である。たとえばいままでの五倍の仕事量になったと仮定してみよう。いま雇用している熟練者以外に、四人分の仕事が増えた、という状況を想定するのである。

このとき、並行分業を行って、〈知的能力も物理的能力も90点以上の人〉を四人雇用するという対応方法もあるが、これはコスト高である。〈両方90点以上の人〉というのは多数存在するわけではないからだ。珍しいほどデキのいい人なのだから、非常に高い賃金を出さないと雇用できない。それを新たに四人もそろえるというのは得策ではない。

ここでタスク全体を四つのサブタスクに分割して、それぞれ別個の担当者に任せたらどうなるだろうか。こうすれば、〈両方90点以上の人〉という極めて珍しい人ではなく、普通の人にも各タスクを任せることができる。タスクAは〈15―90〉の人、タスクBは〈10―10〉の人、タスクCは〈90―15〉の人、タスクDは〈70―70〉の人を雇えばよい。

知的能力水準や肉体的能力水準がどちらか一方でも90点以上の人を見つけ出すのは、もちろん大変ではある。しかしそれでも、知的にも肉体的にも共に90点以上という人を探し出すのよりは相対的にずっと容易なはずである。だから、いま雇用している熟練者よりも安い賃金でタスクAやB、C、Dそれぞれの担当者を雇用することができるであろう。とりわけタスクBを担当する〈10―10〉の人は、おそらく有り余るほど存在しているに違いない。だからタスクBを担当する人の賃金はかなり安いはずである。

このようにして、新規に雇用される四人の賃金は、これまで一人の熟練者に支払っていた賃金の四倍よりもずっと少なくなるに違いない。

これが、分業を行う場合に極めて短期的に達成可能な経済的メリットである。なお、このメリットを指摘したのはコンピュータの父とも呼ばれるチャールズ・バベッジである。それ故、本書では、このメリットが発生するメカニズムをバベッジの原理と呼んでおこう。

バベッジの原理は、一見支払い賃金総額を節約するだけの「ケチ」を連想させるが、実は社会的に見て貴重な労働力という資源を効率的に節約しながら使っているという側面もあることを忘れてはならない。

いままでは〈90―90〉の人にタスクB（〈10―10〉）の仕事も遂行させてきた。これは社会的に見たらムダである。これほど能力の高い人に誰でもできる仕事をさせるというのは、この能力の高い人の労働時間の使い方としては、もったいないのである。むしろこういう人には今後、分業システムの管理の仕事やタスク全体の改善・革新活動などといった、タスク全体に関わる仕事についていてもらう方がよい。

また、新たに雇用される〈15―90〉の人も、〈10―10〉などという仕事に時間をとられるのはもったいない。タスクAに集中してもらうのが、社会的に見てムダのない人材活用法なのである。その意味では、ケチであることは社会的に見て稀少な資源をうまく使うというプラスの結果をもたらしてくれるのである。

逆に、〈10―10〉しか能力のない人は、それまで雇用されることはなかったのだが、このような分業が成されることで雇用機会を得ることになる。これまで雇用されていないということは、社会全体の生産力として活用されていなかった資源だったということである。眠っていた資源を有効活用するという意味でも、分業は悪い側面ばかりをもつわけではないのである。ただし、この種の原理が働くが故に、工業化社会成立の初期段階では児童が労働にかり出されるという問題も発生した点に一応言及しておこう。

さて、表2―2のタスクを分割するプロセスは、ここで終わるわけではない。たとえばサブタスクDは知的難易度も物理的難易度も共に70である。この両方を満たす人というのは、両方90点以上という人に較べれば多いであろうが、それでもまだ社会には多数存在しているわけではないだろう。だから、この部分を分解して、より多数の候補者が利用可能になるのであれば、支払い賃金総額は低く抑えることができるはずである。

サブタスクDを分析してみた結果、このタスクは〈考えて命令する作業〉と〈命令を受けて実行する作業〉の二つに分割すると、表2―2(b)に見られるように、〈70―10〉というサブ・サブタスクと〈10―70〉というサブ・サブタスクに分割できることが分かったとしよう。このような思考と実行の分割によって社会的に見て適材適所が図れるのであれば、このような垂直分業も進んでいくであろう。

ここでは便宜的に直列型の機能別分業を例にとって説明したが、並列型でも同じ効果が得られる。たとえばクルマを分解していって、一番難しいコンポーネントと比較的簡単なコンポーネントに分けることができる、という場合を考えればよい。簡単な部分と難しい部分に分けることができさえすれば、経済的スタッフィング、言い換えれば、安上がりで効果的な人材採用と配置が可能になるので、機能別分業にはメリットが発生する。

ただし、ここで紹介した分業のメリットはどちらかというと短期的なメリットである。このメリットを追求しすぎると長期的な成長が阻害される可能性があるからである。ここでは〈90－90〉という能力をもつ人の労働力を稀少なものとして考え、それを大切に活用するための分業を考えたが、これは明らかに現状の人材プールを前提にしている。人間が学習したり、成長したりしないのであれば、ここで紹介したような分業のメリットをひたすらに追求することも間違いではないのかもしれない。しかし、ここで示されたような分解を行い、〈10－10〉の仕事を短期のアルバイトでまかなうと、現時点で〈10－10〉の能力しかもたない若い人が〈90－90〉へと成長する機会がなくなってしまう可能性がある。それ故、現状の〈90－90〉を大切にして、将来の〈90－90〉への発展可能性が犠牲になっているかもしれないのである。〈90－90〉という能力をもつ人の労働力が稀少資源であるのか、それとも〈10－10〉の能力をもつ人材の成長可能性こそ稀少資源であるのか。真剣に考え抜くべき問題であろう。

## (4) 機能別分業のメリット③――熟練形成の効率化・知識の専門化

人は仕事を続けていくことで必ず仕事に慣れてくる。作業に習熟し、作業効率が上がってくる。分業は、この習熟期間の長さ、あるいは普通の人が達成できる水準の高さに影響を及ぼす。

表2―2で取り上げた例をもう一度思い返して欲しい。分解される前のタスクをひとまとまりとして考えるところから始めよう。この例では、もともとのタスク全体は知的にも肉体的にも90点以上の人しか遂行できなかった。生まれながらにして精神的にも肉体的にも90点以上という人は存在しないのだから、人は学習し、自己鍛錬しながら、〈90―90〉という人材になっていくのである。

これほど高度な能力に到達するには、十六歳から修業を始めて約十年かかると仮定しよう。二十六歳の頃からは徐々に肉体的な衰えが始まるだろうが、精神的な能力がそれを補うのに十分なほど高まっていくであろう。こうして、おそらく若い徒弟を使いながら七十歳過ぎまで現役生活を続けていくことになるだろう。この仕事全体の習熟を時の経過と共に描いた習熟曲線を、概念的に図2―5に示しておく。

しかし機能別に分業した場合には一つひとつのサブタスクに習熟する期間はずっと短くなるのが普通である。図2―5(b)は、分業した場合の習熟曲線を仮説的に描いたものである。実際に(b)の図をタテに足し合わせて(a)の図が作られている。もちろん仮説的ではあるが、これら細かいサブタスクの習熟パターンを合計して、(a)のようなゆっくりと成熟していくパターンが作り出されるのである。

このような異なる習熟曲線をもつサブタスクに分解できるのであれば、分業は、①習熟を早

図２－５　習熟曲線の分解

(a) 習熟曲線

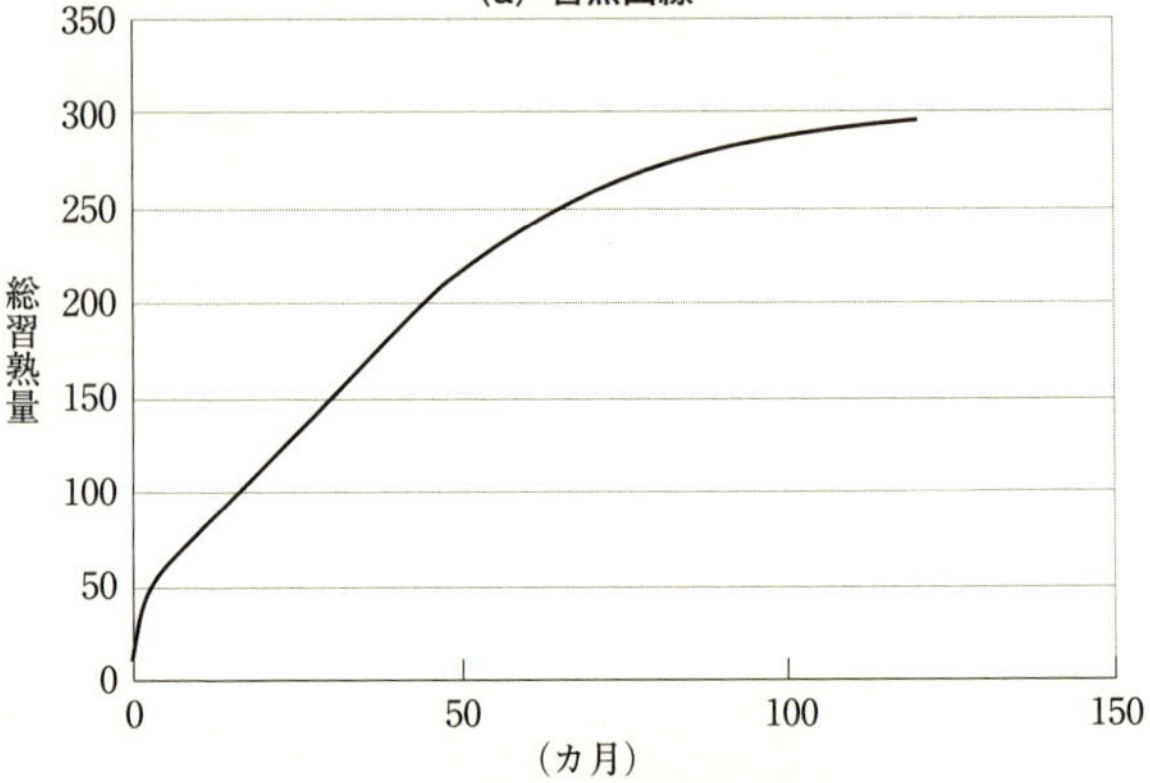


(b) 分解された習熟曲線

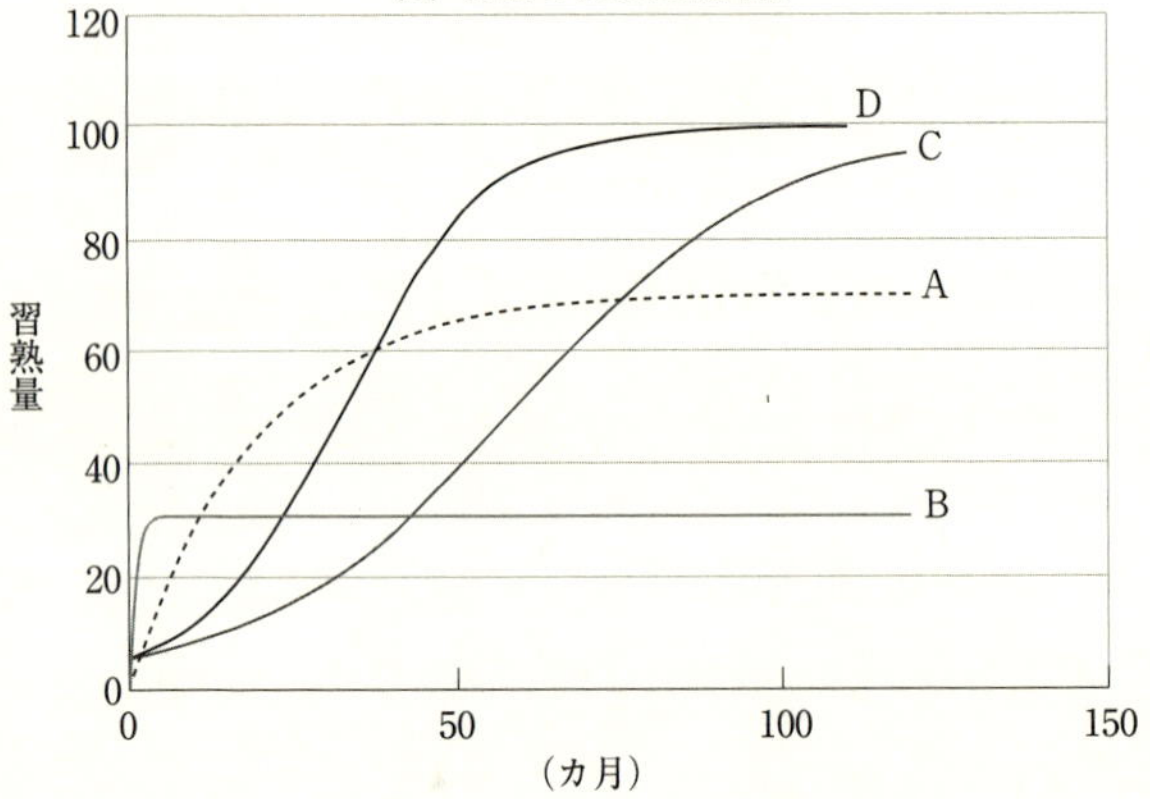

めさせる効果もしくは②達成レベルを高める効果をもつはずである。図の例でいえば、いままで十年かかっていた熟練形成のうち、本当に十年かかるのはサブタスクCのみであり、その他はもっと早いタイミングでほぼ完成の域に到達する。

もしCやDのようなタスクをさらに分解していってBのような習熟曲線をもつような部分に変換することができるのであれば、熟練形成という面倒なプロセスが一切必要なくなる。したがって仕事を大量に遂行しようと考えた時に、アルバイト学生のような不熟練工を雇ってきて、簡単なインストラクションを与えるだけで一気に量産に移行できる。その意味では極めてスピーディな量産立ち上げが可能になるのである。

ただし、この種の熟練形成の効率化というメリットが生み出せるか否かは、これらのサブタスクが学習者の目から見て基礎と応用のような関係にないことが必要である。たとえば、タスクBを学習した結果、タスクAがよりうまく学習でき、さらにタスクBとAを学習したからタスクCが容易に身につくようになる、というタイプの学習の順序関係が存在する場合には、ここまで述べてきたような分業による学習促進効果は、かえって全体としてマイナスである可能性もある。

習熟が早くなるばかりでなく到達レベルが上がるという側面も重要である。分業とは個人の目から見れば専門化である。分業が習熟期間の短縮を可能にするということは、逆から見れば、

図２－６　知識ベースの分割と重複

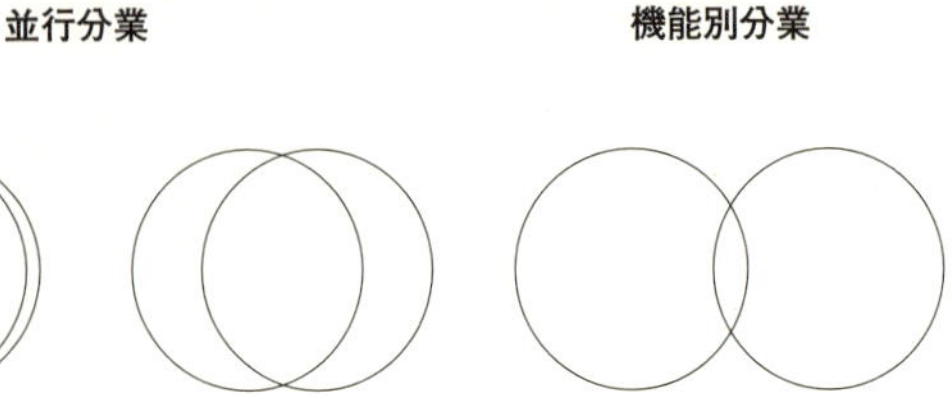


同じ寿命の中で生きている人間たちが、それぞれの達成レベルをはるかに高めることも可能になる、といったプラスの効果も出てくる。かつて才能のある匠のみに到達しえたレベルに、一部のタスクのみとはいえ、多くの人が到達可能になり、また才能に恵まれた人間はかつての匠を超えたレベルに到達できるようになるのである。

このようにして個々人のもつ知識ベースが高度化していくと、統合さえできれば、全体として達成できる成果の水準がずっと高くなるはずである。たとえばエンジンを専門に開発している人とブレーキを専門に開発している人という分業を行えば、それぞれが達成できる知識の量（幅と深さ）は大きく向上するに違いない。図２－６に見られるように、分業を進めるということは、各人の保有する知識ベースを専門化して分離することを意味する。個々人の獲得・活用可能な知識ベースを分離して専門化を進めることで、個々の知識ベースが高度化するならば、組織的な活動の背後に存在する知識ベースはより深く、より高度になる。だから、うまくこの知識ベースを統合し、まとまりのある全体へとまとめ上げていくことができさえすれば、これまでに達成できなかった高いレベルの成果が手に入るようになるはずである。

実際、いろいろ批判はあるものの、近代科学は研究分野を細分化し、理論と実験を分割し、といった分業を通じて極めて高いレベルの成果を達成していると評価できる側面もある。われわれがいま身近に何気なく使用している便利な新商品の中にも、そういった知識ベースの専門化によって初めて達成可能になったものが多数存在するに違いない。

## (5) 機能別分業のメリット④——機械の発明と機能的分業の強化

もともと複雑だったタスクが分割され、難しい部分と簡単な部分が明確に分かれてくると、その簡単な部分は自動化・機械化することが容易になっていく。要するに、アルバイト（学生）にもできるようなタスクは機械でも処理できるのが普通なのである。こうなると、どちらが安いかという判断基準に基づいて、機械が発明されたり、導入されたりすることになる。

近年の機械は、ある程度の判断能力まで備えるものが出現してきている。そのため、タスクが本当に簡略化されなくても機械が発明されるようになり、以前には人間が受け持っていたサブタスクを機械が取って代わるということも生じるようになっている。それでも、やはり、本当に高度な匠の業や、戦略的意思決定などの高度な判断作業はまだ機械化が難しい。その意味では、分業によってある程度のタスクの簡略化が行われているところで機械化が進むということは、現在でも成立する分業のメリットであろう。

いったん機械化が進むと、その部分の工程の生産力が非常に高まる。それ故に、今度はその工程にインプットを提供する前工程や、逆にその工程のアウトプットを処理する後工程の生産力が不足しがちになる。その結果、前工程や後工程の生産力を高めるべく、さらに細かい分業が進んだり、機械の発明が連鎖的に起こる、というようなダイナミックなプロセスが発生すると主張する人もいる。いったん分業が進むと、機械化が進み、その結果さらなる分業と機械化が進むという自己強化サイクルが作用する、というのである。もちろんどこかで分業のデメリットが強く作用するので、いつまでもこの自己強化サイクルが続くわけではないだろうが、一時的に制御できないほど急速にこの種のサイクルが回ることはあり得ないではない。

### (6) 機能別分業の経済的効果――規模の経済

これらすべてのメリットによって機能別分業がもたらす経済的なメリットは、並行分業とは比較にならないほど大きなものになりうる。経済的スタッフィングが可能になったり、人員の教育訓練にかかる期間が短くなったり、深い専門知識が動員できたり、多様な機械化・自動化が進む。並行分業の時には、基本的に作り方（技術）を変えずに、生産数量の増大に伴って共有資源のコストが幅広く配賦されるというメリットしか存在しなかった。だが、機能的分業の

**図2－7　規模の経済**（右下がりの長期平均費用曲線）

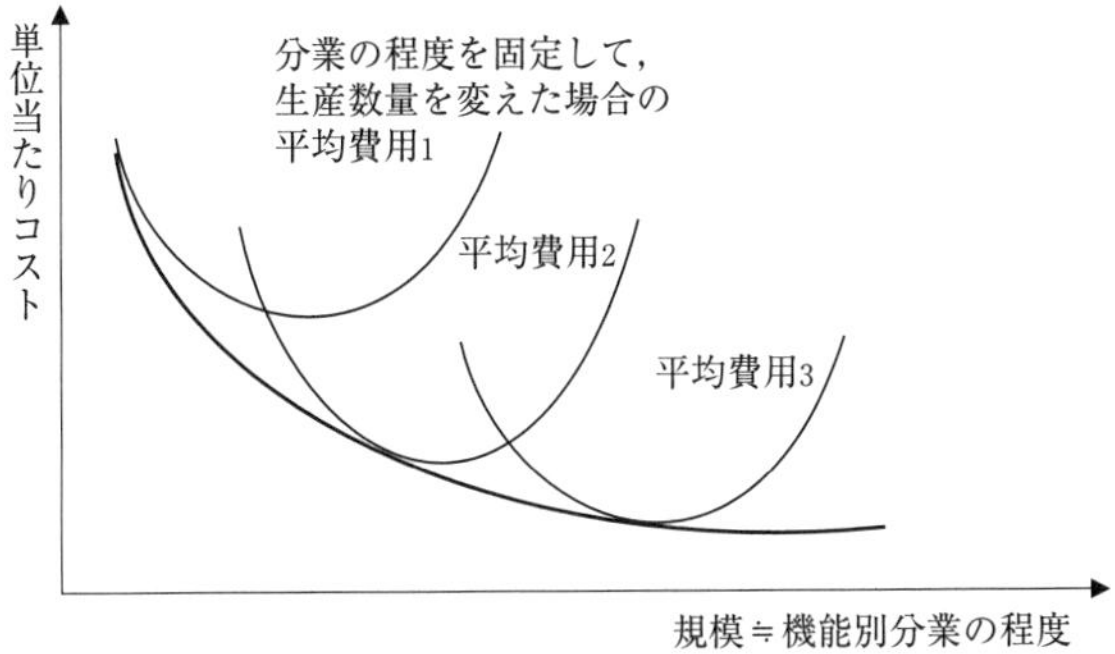


場合、生産数量・作業者数に応じて、生産方法（＝技術）そのものが変わることになる。そして、その規模を大きく設定することで、単位当たりのコストを低く抑えることが通常は可能である。

つまり、これから何年間か使う設備や分業のやり方をいろいろ構想して、その中で一番適切な規模で安く生産できる作り方を選ぶと、平均費用を格段に低くできる、ということが機能別分業によって可能になる。この現象を経済学の教科書と対応させていえば、図2－7に見られるように、長期平均費用曲線が規模の増大と共に右下がりの部分をもつということであり、いわゆる規模の経済（economies of scale）のことである。つまり、機能別分業の高度化は規模の経済を生み出すのである。

## (7) 分業のメリットに関する補足——「計画のグレシャムの法則」の回避

機能別分業に関しては、段取り替え時間の節約が可能になる場合も含めておく必要があるかもしれない。たとえば、パン屋であれば、食パンを〈こねる〉時に使用する器具と、〈成形する〉時に使用する器具は違うであろう。だから、〈こねる〉作業の後に〈成形する〉作業に移る場合には、身の回りの道具類ワンセットを異なるものに変えなければ仕事にならない。仕事の内容が替わる際に道具類や配置・姿勢・考え方等を転換する作業を、段取り替えという。段取り替えには時間がかかる。しかし、〈こねる〉人が〈こねる〉作業のみを行い、〈成形する〉人が〈成形する〉作業のみを行うのであれば、各人が段取り替えする必要がなくなり、時間短縮が可能になる。

このような段取り替え時間の節約は、直列型の機能別分業ばかりでなく、並列型の機能別分業でも発生する。エンジンを生産するための工具とブレーキを生産するための工具は当然異なるであろうから、もし一人で全部のコンポーネントを作らなければならないのだとすれば段取り替え時間が必要になる。これを分業して専門化すれば、段取り替え時間が短縮できる。

たしかに同じ作業現場で厳密に一品種・一アイテムのみを生産しているのであれば、機能別分業によって段取り替え時間の節約を見込めるだろう。しかし、今日のような多品種少量生産の時代には、「機能別分業によって段取り替え時間の節約が達成できる」と謳《うた》うことの意義はあまり大きいとは思われない。機能別分業が行われている作業現場でも、複数種類の製品を生産する場合には品種変更のたびに段取り替え時間がかかる。品種による段取り替えと工程別の段取り替えのどちらに時間がかかるのかは、チェックする必要があるだろう。

同じ機能別の分業でも、考えるタスクと実行するタスクを分けたり、長期を考えるタスクと短期の問題処理を行うタスクを分割する垂直分業の場合、これまでに議論してきた分業のメリットとは異なるものも実現できると指摘されている。ノーベル経済学賞を受賞したハーバート・A・サイモンのいう「計画のグレシャムの法則」が回避できる、というメリットである。「悪貨は良貨を駆逐する」というグレシャムの法則に倣ってサイモンが考えた「計画のグレシャムの法則」は、「ルーチンワークはノン・ルーチンワークを駆逐する」というものである。もう少し具体的にいうと、ルーチンワーク、すなわちいつも通りの定型的な仕事量が多いと、長期を想定したり、抜本的に仕事のやり方を変更したり、といった創造的な仕事・ノンルーチンの仕事が後回しにされる、ということである。毎日忙しいと言ってつまらない仕事に追われている人は、抜本的に仕事のやり方や戦略そのものを考え直すといった仕事を後回しにして、結局やらなくなる、というのである。本当はそういう時こそ、その種の根本にさかのぼった創造的思考が必要であるにもかかわらず、である。

個人であれば、「年に一回、正月休みには長期のキャリアを考える」といった習慣を形成するという程度しか解決策はないが、組織には垂直分業という手がある。つまりルーチン業務に特化する部署と、長期の戦略計画を考える部署を分け、後者（＝戦略担当部署）の命令通りに前者（ルーチン担当部署）が働けばよい、ということになる。現実には、戦略を考える人とそれを実行する人を厳密に二分してしまうと、現実を想定していない戦略が策定されたり、戦略を考慮に入れない現場対応が発生したりする可能性が高いから、この垂直分業はうまくいかないといわれるケースも数多い。しかしながら、たとえば研究開発に関しては、日々の製品改良は事業部が担当し、長期的な新製品開発は中央研究所が担当する、というタイプの垂直分業は数多く見られ、実際に機能している場面もあるから、この種の垂直分業は全面的に無意味だと片づけられるわけではない。

## (8)　分業タイプ間の比較

異なるタイプの分業ごとに、それぞれどのようなメリットが発生するのかを、ここで整理しておくことにしよう。表2－3には、これまでに説明してきた分業のメリットが分業のタイプごとに示されている。

様々な分業のメリットのうち並行分業によって得られるメリットは数少ない。基本的には共通費の配賦のみであると理解しておいて間違いはないのだが、若干の追加が得られる場合もあ

## 表2－3　分業タイプ別に見るメリット

| | 並行分業 | 機能別分業 | | |
|---|---|---|---|---|
| | | 直列 | 並列 | 垂直 |
| ① 共通費の配賦 | ○ | ○ | ○ | ○ |
| ② 経済的スタッフィング | △ （量を分割することで体力のない人を雇用する） | ○ | ○ | ○ |
| ③ 知識の専門化 | △ | ○ | ○ | △ （上位者のみ） |
| ④ 教育訓練の短期化 | × | ○ | ○ | △ （下位者は短期に） |
| ⑤ 機械の発明促進 | × | ○ | ○ | ○ |
| ⑥ 段取り替え時間の節約 | × | ○ | ○ | ○ |
| ⑦ 計画のグレシャムの法則への対処 | × | × | △ （後工程が考える仕事を遂行する可能性あり） | ○ |

る。たとえば、並行分業でも経済的スタッフィングのメリットを得られるケースもある。量を分担することで安価な労働力を利用できるようになる場合があるからである。大量の仕事を一人で処理できる有能な人間は少なく、いろいろな仕事に使えるため、非常に高価である。この場合、仕事量を小分けにすることで支払い賃金の合計を節約することが可能な場合もあるだろう。

また、知識の専門化によって得られるメリットが並行分業によって得られる場合もある。なぜなら並行分業の中には、たとえば食パンの生産と菓子パンの生産を分業したり、地域別に食パンの生産を分業したり、高価格の食パンと低価格の食パンを分担したり、といった場合も含まれるからである。

このような並行分業の場合、たとえば地域の違いや高価格品と低価格品の違いによって、生産技術や顧客に関する学習内容に違いが生じ、それぞれに適応した知識を分担して保有することで、組織全体としてより高いパフォーマンスを達成することが可能になるであろう。

機能別分業の直列型と並列型は、それほど大きな違いはない。機能別分業である限り、表の①共通費の配賦から⑥の段取り替え時間の節約まで、ほぼ同様に達成可能である。両者の唯一の相違は⑦「計画のグレシャムの法則への対処」という項目のみである。並列型の機能別分業では、その後工程に機能的に統合する作業が置かれることになる。この最後に置かれる工程とその人員配置次第では、個々の並列型機能別分業に携わっている人々のルーチン業務への没入を後工程が補う役割を果たせる可能性がある。個々の部品ではなく、システム全体を考えるという広い視野をもてる可能性があるからである。垂直分業以外の単純な直列型機能別分業の場合、最終工程の担当者がそのような広い視野をもてる可能性は非常に限られている。

同じ機能別分業でも垂直分業は他のものと少し異なる点がある。短期的な実行業務に近いものが必ずしも長期の計画業務よりも知的に劣っているとは限らないが、それでも垂直分業は基本的には下位者のタスクから知識的な側面を取り除き、上位者のタスクに集中するという傾向をもつ。それ故、上位者に〈思考・判断〉に優れた人材を配置できれば、計画のグレシャムの法則に対処でき、また知識の専門化によるメリットを大いに期待できる。

## 3　分業がもたらすデメリット

分業にはもちろんデメリットも多い。ここでは大きく分けて二つのデメリットを指摘しておこう。一つ目は分業によって個々の作業者たちの働く意欲が低下してしまう場合がある、という点である。二つ目は、分割されたタスクを調整し、それぞれのアウトプットを統合しなければ組織全体のアウトプットが完成しない、という問題である。まず第一のデメリットから議論を始めよう。

### (1)　働く人の意欲低下

多くの場合、作業者の意欲低下は、①作業の意味が分からなくなること、②作業者が独自に思考し、自分の工夫を生かす余地が少ないこと、③作業から学習できる内容が少ないこと、という三点から発生している。

#### ①タスクの意味

機能別分業で個々のタスクが細かくなりすぎると、作業者は自分の遂行していることが全体に対してどのような意味をもっているのか分からなくなる、という問題が発生する。自分たちの組織が全体として何を社会に提供しているのかを、言葉では知っていても、真に理解しているわけではないとか、自分の作業がその組織全体の中で、どのような位置づけにあるのか、どれほど重要であるのか、ということは分かっていない、という状況が発生する。自分でその意味を理解していない仕事を長年継続できる人はほとんどいないから、通常は徐々に作業者たちに無気力で無責任な態度が蔓延してくる。

**②思考余地**

思考・判断業務を上位者に、実行を下位者に任せるという垂直分業を行うと、下位者は自分の担当する仕事について思考することを期待されなくなる。だから、極端に厳格な垂直分業を行うと、下位者は自分の頭で考えて、自分の判断を下す余地をほとんど奪われることになる。この場合、もし自分の仕事について自分の頭で考えて、そのやり方を工夫したとしても、そのアイデアを導入するか否かの判断をするのは上位者である。このような状況が続けば、作業者が自分の作業に関する関心を失い、意欲を低下させてしまうとしても不思議ではない。

なお、作業の機能細分化によって個々の仕事の意味が分かりにくくなるという水平分業の細分化と、極端な垂直分業は実際には同時進行することが多い。なぜなら水平的に極度の機能細分化を施された作業は単純化が進められたものになる可能性が高く、それ故に決まりきったやり方が押しつけられ、作業者による判断の余地が少なくなるはずだからである。それ故、水平方向での機能別細分化によって個々の作業の意味が分かりにくくなるという傾向は、思考余地を与えられないという垂直分業の特徴によってさらに増幅される可能性が高い。

**③学習余地**

細かい機能別の水平分業と厳格な垂直分業を推し進め、あまりにも些末《さまつ》なサブタスクに分解してしまうと、一つひとつのタスクを遂行する作業者が非常に短い時間内に職務に慣れ、その後、その作業者が熟練形成する機会がない、という問題が出てくる。自分自身の成長にとってその作業が意義をもたなくなると、より有能な人材になろうという意欲や作業中に集中力を維持しようという気力が失われる。もし人間の学習する能力とか成長する潜在力こそ、この世で最も重要な稀少資源である、と考えるのであれば、このような学習余地の少ない些末な作業への分解は、短期的にコストダウンに貢献しても、長期的にはきわめて無駄の多いシステムをつくり出してしまう。

これらの問題への対処法としては①分業の程度を緩和すること、②ローテーション・人事異動を行うこと、③アルバイト等の短期雇用を活用すること、という三点をあげることができる。

まず第一に、分業の進める方向が間違っているとか、進める程度が行きすぎていたというの

## 図２－８　職務拡大と職務充実

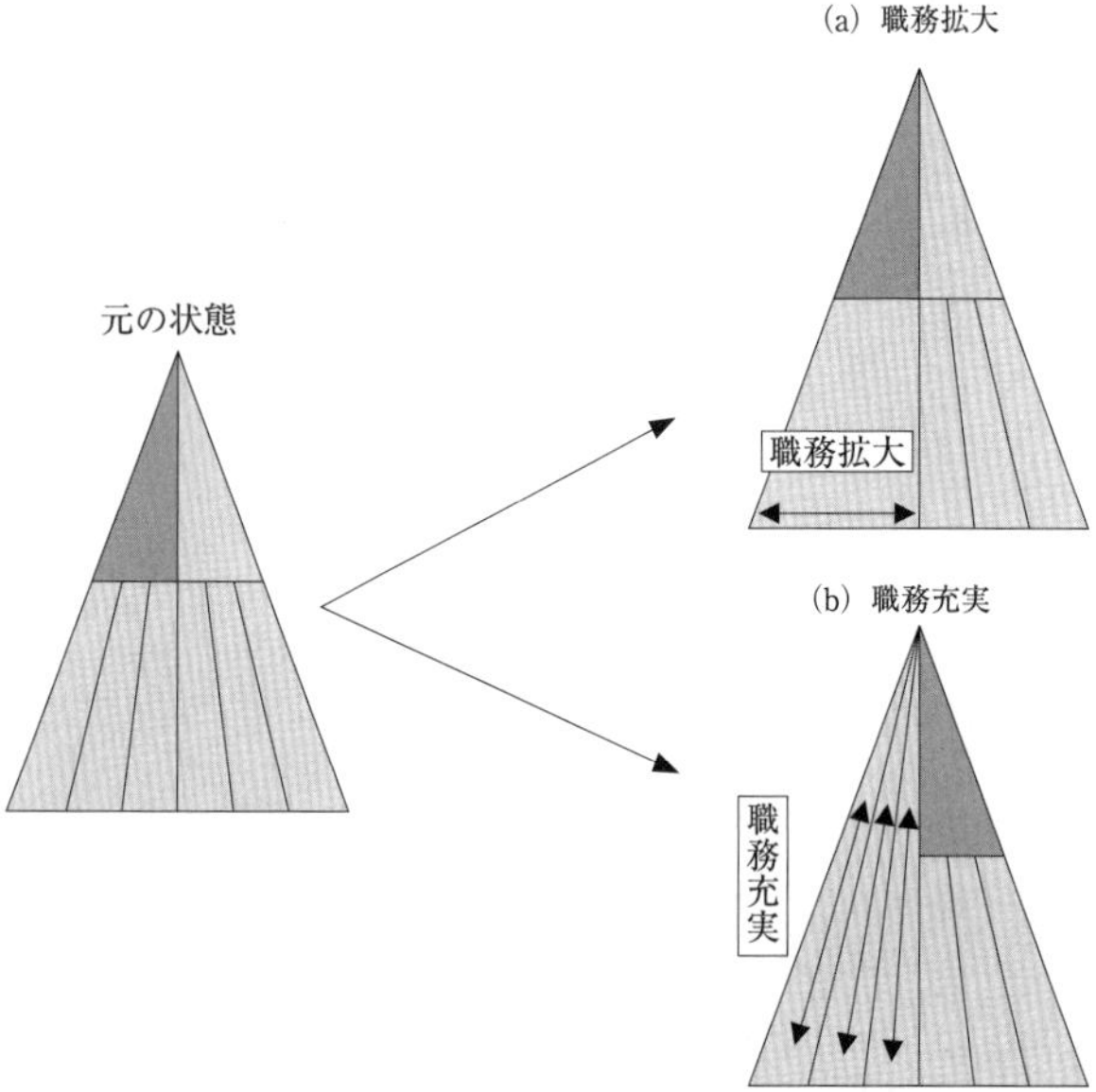


が問題なのだから、分業のやり方そのものを見直す作業が最もストレートな解決法であろう。図２－８(a)に見られるように、機能的に分割されたサブタスクを統合してより幅広いタスクを作り出し、作業者の受け持ち範囲を増やす施策を職務拡大（job enlargement）という。また同図(b)に見られるように、垂直分業されていた職務をもう一度統合し直し、作業者に考え、判断する課題を担わせるようにする施策を職務充実（job enrichment）という。近年の組織論でいう構造的エンパワーメント（structural empowerment）は、組織の末端全体に職務充実を進め、

その充実された職務を遂行するために従業員たちの能力開発を行うことを主張しており、ここでいう職務充実の拡大版だと考えることができる。

職務拡大と職務充実は、分業によって発生する問題を一時点で解消する方法であるのに対し、この問題を時間の経過の中で解消する方法もある。これが二つ目の解決策、すなわち、つながりのある仕事を次々と経験してもらうようにキャリア・パスを作って対応することである。ジョブ・ローテーションとか人事異動を行って、作業者に一時点での作業ばかりでなく、時と共に自分がたどっていくキャリア（多様な仕事のつながり）を意識してもらい、また実際にそのキャリアをたどらせることで組織の仕事全体を理解してもらい、学習余地を増やし、思考・判断の経験を蓄積させていくのである。

第三番目の解決策は、抜本的な解決策というよりも短期的な対処法である。すなわち、学生アルバイトやフリーター等の短期で流動する労働力を用い、「つまらない仕事」でも他よりも支払いが高い、という金銭的なインセンティブを与えることで対処する方法である。あるいはその種の「つまらない仕事」を下請け企業等に任せる（アウトソーシング）という手もあるが、問題の所在が下請け企業に投げられただけで、問題自体はそのまま残っている。この場合も、その下請け企業で、学生アルバイトやフリーター等、より好条件の雇用主を見つけられる可能性の低い人材を抱えて対処するということになると思われる。

判断の余地や学習の余地が少なくても、短期間しか仕事をしないのであれば労働意欲が著しく低下するということはないであろう。また全体に対する意味が分からなくても、現在の仕事が一番高い収入をもたらすというのであれば、少なくとも短期的には労働意欲を維持できるであろう。もちろんどちらか一方だけでは機能しない。給与や謝金を他社よりも高めに設定し、しかも短期で回す、という両方が必要である。

なぜなら、まず第一に、いくら高い給与をもらっていても意味のない仕事に長期間意欲を持ち続けられる人材は多いとは思われないからである。また第二に、あまりにも支払い金額を他社よりも高めてしまうのであれば、もともと経済的スタッフィングのために行った分業の意味が消えてしまうからである。短期志向の人材に、他社より若干高めのカネを支払う、という両方が必要なのだ。

こうして短期志向の、しかも金銭的インセンティブに敏感に反応する労働力を用いることで、とりあえずの問題解決は達成されるはずである。しかし、これは個々の企業が行う「短期的な対処法」であって、社会全体として見ると何も問題の解決にはなっていないという点に注意が必要である。実際には多くの企業が、社内の人材に対して「つまらない仕事」を押しつけることができず、後腐れのない短期雇用の人間に「つまらない仕事」を任せたり、下請け会社にアウトソースしたりする。こうして社内の融和は保たれるが、世の中には、通常の仕事よりも若干時給が高めに見えるアルバイト＆フリーター向けの仕事が作り出されることになる。

若い時期に学習余地の少ない仕事を短期で渡り歩く人々が多数出現する社会が長期的にも本当に豊かな社会として維持できるのか否か、よく考えないとならないだろう。

## (2) 調整・統合の難易度アップ

たびたび指摘しているように、一度分解したら、今度は組み立て直さなければならない。一度分けたものを組み立て直す作業がどの程度低コストで実行可能かという点が、分業のメリットをプラスにするかマイナスにするかの最も重要なポイントである。

あるプランに従って分割したのだから、そのプラン通りに組み立て直せばよい、と思われるかもしれないが、人間の作る組織はそれほど単純ではない。いったん組織的に分けることで、分かれた者たちの言葉遣い・行動様式・意識・考え方が変わってしまう可能性があるからである。組織内で分業を進め、既存の部署を分けて新しい複数の部署を作るということは、同時に、組織内に新しい「種族」を生み出すという覚悟をもって臨まなければならない。

機能的な分業を行うことで、個々の作業者が担当するタスクはそれぞれ異なるようになり、その結果、個々の作業者は異なる環境に直面することになる。どのような知識を必要とし、どのようなスキルを必要とするのか、またタスク遂行の際に何を重視しなければならないのか、という点でそれぞれ異なる作業環境に置かれることになる。異なる作業環境に置かれ、各自が自分に与えられたタスクをうまく遂行していく過程で、作業が分化していくばかりでなく、その作業に携わる人々の志向性も分化していく。

そもそも異なるタスクを遂行する人々は、それぞれが追求する目標が異なるものになる。たとえば機能部門間の分業で考えるのであれば、研究開発部門は新しい知識を生み出し、それを製品に具現化するという目標を追求しているのに対し、販売部門はスーパーマーケットにおけるシェルフ・スペースの確保や競争相手以上の市場シェア獲得を目標とする。生産部門はできるだけ極端な段取り替えを行わないように、そして日々の稼働率を高いレベルで一定に保ち、不良品をなるべく出さないように、という目標に従って行動しているであろう。

もともと組織全体のなすべきタスク全体を機能別に分けたのだから、各機能部門が異なる目標を追求することは当然である。しかし、それぞれに異なる具体的な目標を追求するが故に、互いに利害が対立し、統合が一層困難になるということはしばしば発生する。

環境も目標も異なるから、さらに人々の対人志向性も分化していく。顧客の人間関係が大事な販売部門では、自分たち同士でも人間関係を重視した関係が発達するかもしれない。しかし、日々安定した生産を目標にしている生産部門では、ミスを徹底して少なくするように仕事の完遂そのものに注目した仕事のやり方が発達し、人間関係についてはそれほど注意を払わないかもしれない。また研究開発部門では、商品開発の局面でチームワークが重んじられるものの、基礎研究寄りの作業では極端に人付き合いを回避する人間も高く評価される自由度があるかもしれない。これらの対人志向性の分化は、各部門内の作業を進めるうえではプラスになるかもしれないが、部門間のやりとりを行ううえでは障壁をつくり出す可能性がある。

同様に、時間に対する考え方も機能部門ごとに、あるいは部署ごとに異なるものになっていく。たとえば研究開発部門は五年先を考えて仕事を行い、生産部門は一カ月単位の生産計画に従って仕事を遂行し、販売部門は一週間単位のＰＯＳデータに反応して仕事をしているかもしれない。販売部門の人間から研究開発部門を見れば、「市場に適応するにはあまりにも遅い部門」であり、別世界で夢物語を語っている人々に見えるであろう。逆に生産部門や研究開発部門から販売部門を見ると、あまりにも目先の問題にとらわれすぎているように見え、「これほど短期の変動に適応していては本質的な対応を見失いかねない」と考えられるかもしれない。

入社時には同質的な人々でも、部署を分けられることで相手に対する偏見が発達してくるという問題もある。たとえば自分が属している集団は一人ひとり個性的な人物が多いが、よその集団は皆似たり寄ったりの人が集まっている、という認知が発達することがよく知られている。これを外集団均質化効果という。このような効果が出てくるのは、人間は自分が属している集団に関しては細かいレベルの情報を蓄積し、そうではない集団に関しては「十把一絡げ」的に情報を収集・蓄積していく傾向があることが原因だといわれている。部門を分けることで、いろいろな人々にとって内集団（自分の所属する集団）と外集団（自分の所属していない集団）が分けられ、それによって互いに相手集団のメンバーを「同質的で個性がない」などと思い込むようになっていく。こうして部門間の調整が自然発生する可能性が低くなっていくのである。

分業は単に仕事を分けるだけでなく、人々の心まで分けてしまう。だから、機械をいったん分解して、もう一度組み立て直すよりもずっと難しい問題が人間の組織では発生する。だからこそ、いったん分けられたタスクを調整するための仕組みが多様に発達してきたのである。この点については次章から詳しく検討していくことにしよう。

# Ⅲ　標準化を進める——事前の調整

## 1　調整の基本枠組

いったん分割したものを統合しなければ、組織全体のアウトプットは完成しない。そのためには個々の作業者の作業を調整し、そのアウトプットを統合しなければならない。以下ではこの調整と統合の仕掛けについてⅢ章からⅣ章で解説を加えていくことにする。調整・統合の基本的な仕掛けは、大きく分けると次の五種類である。

(1)標準化
(2)ヒエラルキー（階層制）
(3)環境マネジメント——環境への能動的働きかけによる調整の必要性削減
(4)スラック資源活用による組織内相互依存関係の緩和

## (5)水平関係の設定

標準化とは、各作業のアウトプットが相互に統合可能になるように事前に手順やスペック、使用機械等を決めておくことである。この事前の取り決め通りに物事が進めば、自然に統合されたアウトプットが生み出されるはずである。だが、実際には標準化によって事前に規定された通りにすべての物事が進むわけではない。顧客の要求が突然変わったり、作業者がミスをしたり、事故が起こるなど、不確実性が存在する。だから、事前に決められた通りでないことが発生した時に、その問題を解決する仕組みが必要になる。

その典型が、例外事象の生じるたびに判断を下す監督を置くことである。こうして作業者の上に管理階層が形成され、ヒエラルキーが作られていく。

事前の調整・統合手段である標準化と、事後的な調整・統合手段であるヒエラルキーの両方がそろって初めて組織の基本が出来上がる。決められた作業を決められた通りに遂行する標準化と、ヒエラルキーによる裁定が組み合わされたものを本来は官僚制と呼ぶ。しかし、世の中の多くの人が「官僚制」とか「官僚」という言葉に過剰に嫌悪感を抱くという問題がある。型にはまった責任逃れの答弁を行う「高級官僚」とか、ほとんど無意味な手続きに固執するが故に、目の前で困っている人を助けられないお役所の「官吏」というイメージが普及し、「ここは官僚的でダメだ」という批判が日常用語化してしまったために、本来合理的な組織の基本であったはずの「官僚制」という言葉にはあまりにもダーティなイメージが付随するようになってしまった。本来なら、このような間違った認識を変えることも学者の役割ではあろうが、嫌悪しているものを積極的に理解しようとすることは多くの人にとって難しい。だから、ここでは感情的にニュートラルな言葉として、〈基本モデル〉ということばを使うことにしよう。これが組織における調整・統合の基本であり、その他の調整・統合の仕掛けは、この基本を若干変更したり、基本に付加されていく、ということになる。

組織の基本モデルに対して、さらに調整・統合の努力を付加していく仕掛けとして、五番目の水平関係がある。水平関係には多様なバリエーションがある。関連しあった部署の担当者が互いに直接連絡をとりあって調整を行うという最も単純な水平関係から始まり、ブランド・マネジャーのような中間形態を経て、最も強い水平関係であるマトリクス組織に至る。ブランド・マネジャーやマトリクス組織は、実は既存のヒエラルキーにもう一つ別のヒエラルキーを追加するという形になっており、水平関係というよりも直接監督の一種だと位置づけた方がよいのかもしれない。しかし、ここでは慣例に従って水平関係として一括して説明を加えることにする。

標準化とヒエラルキーと水平関係は組織が分業を積極的に調整・統合しようとして用いる手

段であるのに対して、残りの二つ、すなわち(3)環境マネジメントと(4)スラック資源活用による組織内相互依存関係の緩和は、どちらも、ある意味では組織内における調整・統合努力の放棄・省略を目指すものである。その意味では、「調整・統合を進める手段」というよりも「調整・統合を考える際に考慮に入れるべき手段」と呼ぶべきであろう。

環境マネジメントは、適切な環境部分を選択したり、環境に対して積極的に働きかけることによって、組織が自ら調整しなければならない負担を負わないようにする努力とその手段のことである。スラック資源の活用とは、たとえば工程間在庫を許容して直列型機能別分業の作業間調整にゆとりをもたせ、互いの調整の必要性を減じることをいう。

なお、本書では簡単にしか触れないが、これらすべての調整と統合の仕組みとIT（情報技術）の活用は密接に関連している。たとえば標準化された書類処理作業がIT化され、販売担当者が売上伝票を一回入力するだけで販売分の補充依頼、生産計画へのデータ入力、部品発注等々のすべての作業が終了するということもITによって可能である。あるいは管理者が自らパソコン画面上で在庫の滞留状況をチェックし、部下が上司に売れ行き不振を報告する前に上司が自分で問題を発見するということもいまでは珍しいことではない。近年のイントラネットやインターネット、メール・システム等も、社外との取引を単純化してくれたり、直接折衝を容易にしてくれるようになっている。組織はそもそも情報処理システムとしての特徴をもつのだから、ＩＴの進歩は組織のあり方に様々な影響を及ぼすのである。

以下に続く各章では、まず本章で標準化を解説し、そのうえでその標準化されたタスクの連結方法あるいは作業フローについて基本的な考え方をⅣ章で紹介する。そのうえでヒエラルキーとその改良方法をⅤ章で説明する。この基本モデルの設計について一応の解説が終了したところで、残り三つの調整・統合の仕掛けについてⅥ章で説明を加えていく。

まず、標準化から議論をスタートさせよう。

## 2　標準化とは？

組織を構築する理由の一つは、時間・空間を超えて、一人の人間の努力では達成できないような目標を達成することである。分業・調整・統合の結果である組織のアウトプットが、時間を超えて何年、何十年にもわたって同じ品質を保ち、日本ばかりでなく海外でも同じ品質を保つ。時空を超えた調整・統合の手段があるが故に、組織はいつでもどこでも一定の質をもったアウトプットを生み出せるのである。

この時空を超えるという特徴を支える最も重要な要素が、本章の主題である標準化という調整・統合手段である。組織という言葉を聞くと、多くの人がまずヒエラルキーを思い浮かべるようだが、実はそれと同程度に標準化も組織の本質的な側面であり、標準化とヒエラルキーの二つがそろうことで組織の基本が成立すると言っても過言ではない。

標準化（standardization）とは、何らかの標準（standard）を多数の人や部署で共有したり、時間を超えて共通に用いたりすることである。標準的な作業手順を共有したり、機器同士をつなげるプラグの内径・外径を共有したり、といったように、何かを「標準」として設定して、それを組織内・外で共通のものにしていくことで、組織は分業の結果が自然に調和のとれたものになるように方向づけることができる。

たとえばハンバーガー・チェーンのマクドナルドは、いろいろな側面で標準化が進んだ企業である。同社は全国どこへ行っても、ほぼ同一の商品を共通の設備で共通のマニュアルに基づいて製造・販売している。単に空間的に広がりがあるばかりではない。ある程度長期にわたって同じマニュアルに基づいてタスクを遂行させているのだから、時間的にも広がりのある共通化が行われている。ハンバーガーを調理する作業者は代わっているはずだが、五年前も一年前も現在も、ほぼ同一のハンバーガーを食することができる。このような時間的・空間的な共通化を標準化と呼ぶ。

標準化には多様なものが含まれる。たとえば会社がＭＢＡ（経営学修士）を募集・採用して、その人たちに経営管理の仕事を任せたとするならば、採用する人々をすべてＭＢＡという共通

**図３－１インプット・スループット・アウトプット**

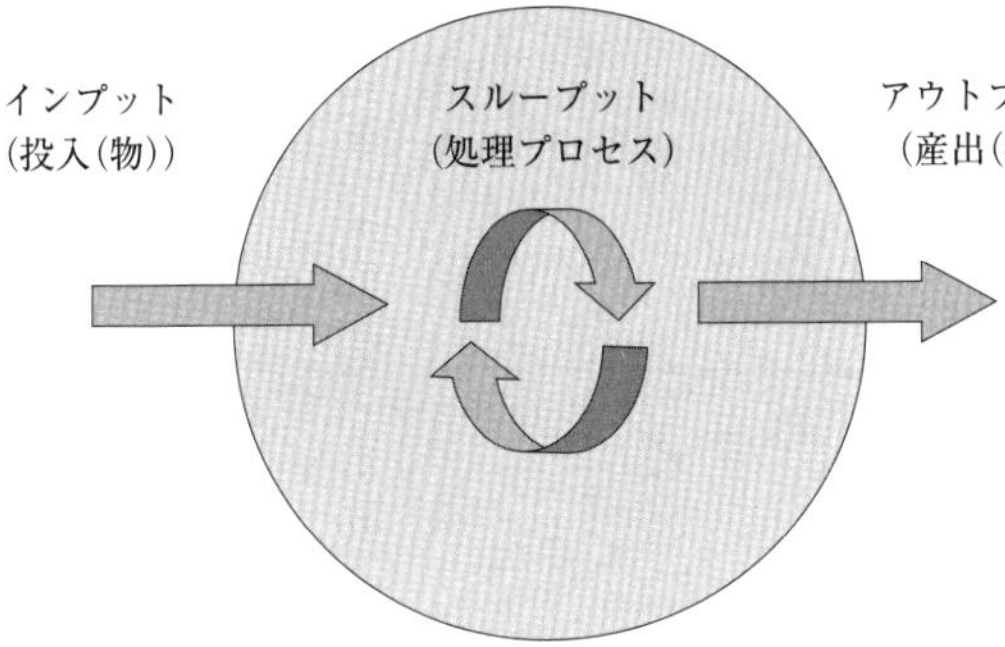


のものにしていくことになるから、これも広い意味での標準化に入ることになる。あるいは従業員の業績を皆一律同一基準で評価したり、すべての事業部をＲＯＩ（投下資本収益率）で評価するという標準化もある。

　これら多様な標準化が存在するので、簡単に分類しておいた方が理解しやすいだろう。いま、図３―１にみられるように、組織の活動を投入（インプット）・処理（スループット）・産出（アウトプット）という三つのステップに分け、そのステップに合わせて、標準化を分類してみよう。

　通常、標準化という言葉で最も頻繁に思い浮かべられるのは、マクドナルドの作業マニュアルに代表されるような作業手順の標準化であろう。人々の作業手順を時間・空間両面で共通化し、そうすることで分割されたタスクのアウトプットを統合しようというのだから、図３―１に基づいて考えれば処理プロセス（スループット）の標準化を行っていることになる。これを本章ではまず第一に解説することにしよう。

マクドナルドの例では、作り方も標準化されていたが、最終的に提供される製品そのものも標準化されていた。ハンバーガーやマックシェイクなど商品そのものが標準化されているばかりでなく、個々の支店の営業成績を測定・評価する項目もすべての支店に共通のものが用いられる。こういった〈アウトプットそのもの〉や〈アウトプットに関連する部分〉での標準化を、二番目に取り上げることにする。

三番目に取り上げるのが、インプットやインプットに関連する部分での標準化である。雇い入れるアルバイトを同じマニュアルで教育したり、同じ原材料を用い続けたり、などといった工夫がここに分類される。

まず処理プロセスの標準化から解説を始めることにしよう。

## 3　処理プロセスの標準化——プログラム

たとえば料理の教科書を思い浮かべて欲しい。いわゆる「レシピー」(recipe) である。レシピーには通常、(イ)必要な材料と(ロ)調理の手順が書かれている。たとえば、フライパンに適量のサラダ油をひき、豚の挽肉二〇〇グラムを強火でさっと炒め、次いで、みじん切りにしたタマネギを、焦げないように、弱火でゆっくりとかき混ぜながら二〇分ほど炒める、といったような調理の作業手順が書かれている。

レシピーは偉大である。そこに書かれているように作業すれば、(a)誰がやっても、(b)どこでやっても、(c)いつやっても、ほぼ同じような味の料理ができるからである。もちろん火の強さやみじん切りの精度、「十分に炒める」という言葉の解釈など、人や使う材料によって異なり、完全に同じものは出来上がらない。しかし、ほぼ同じものができることは間違いない。

できるだけ完全に同一に仕上げるには、レシピーをさらに詳細にするか、あるいは、調理する人たちを一堂に集めて講習を開き、調理手順をほぼ完全に同質化させ、皆が使う材料（半製品）や調理器具を同じものにすればよい。ハンバーガー・チェーンやファミリー・レストランのチェーン店は、まさにそのような共通化・標準化を進めることで全国どこへ行っても、どの季節に食べても、ほぼ同一の味を再生産できる。

料理ばかりでなく、モノを作るにせよ、サービスを実行するにせよ、特定の作業の手順を作り、その手順通りに皆が行動することで、時間・空間を超えて同じようなアウトプットを生み出していくようにするのが、処理プロセスの標準化である。この処理プロセスの標準化のことをプログラム化と呼び、何度も繰り返されて用いられる一連の作業手順のことをプログラムと呼ぶ。

なお、一人の作業者が遂行するプログラム部分を文書化したものがマニュアルである。プログラムは多くの場合文書化され、一人ひとりの作業がマニュアルに記されることになるから、処理プロセスの標準化をマニュアル化と呼ぶ人もいる。

さて、コンピュータのプログラムは、特定の指令をわれわれが与えれば、その後は自動的にいくつかのステップを経て何らかの回答を出してくる。卒業式や演奏会のプログラムも、始めに挨拶があり、次に○○があり、と一つずつステップを追って何が執り行われるのかを規定している。そのステップをすべて終えると、式や会が終了する。このように、事前に規定され、何度も繰り返し使うことのできる一連の作業手順・行動のステップ（標準化された作業手順・行動ステップ）をプログラムと呼ぶのである。

プログラムには単純なモノから複雑なモノまで存在するが、組織が全体として遂行するプログラムは複雑であっても、それを遂行する一人ひとりの作業者が担うプログラムの部分は単純化されている、というのが一般的である。直列型の機能別分業は、まさに組織全体が遂行するプログラムをステップ別に分割することである。組織全体としては複雑なことを行うのだが、個々の個人は比較的簡単なプログラムを実行するように分業されるから、組織は個人が実行できること以上の複雑なタスクを実行しうるのである。

組織全体としては複雑なタスクを一人ひとりの単純なプログラムに分解するという分業を行

っても、(イ)分解されたプログラムが相互に整合的であり、(ロ)各人がプログラム通りに実行し、(ハ)事前に予想していなかったような特別の環境変化が生じない、という三つの条件が満たされれば、完璧な調整・統合が確実に達成されることは明らかである。だから処理プロセスの標準化＝プログラム化は、これらの条件が成立する状況下では強力な調整・統合の手段なのである。

だが現実のプログラムは完璧ではない。まず第一に複雑なプログラムを分解していく過程でミスが発生する場合もある。あるいは担当者がよかれと思って一部のプログラムにカイゼンを加えたために、組織全体としてのプログラムの整合性が破壊される、ということもある。完璧に整合的なプログラムというのは事実上達成不可能だと、心得ておくべきであろう。

第二に、プログラム自体は完璧でも、その個々のプログラムを実行する個人が完全に期待通りの実行をしてくれるとは限らない。人間は気まぐれだ。「マニュアルには○○と書かれているけれど、オレはオレ流でやってやる」という人もいるだろうし、簡単なマニュアルすら理解できない人員や憶えようともしない無気力な社員もいるかもしれない。マニュアル通りにやらないところからイノベーションも生まれ、プラスになることもあるのだが、逆にマニュアル通りにやらないところから大事故が生まれることもある。

第三に、プログラムは世の中で生じうるすべての事態を事前に想定して作られてはいない。毎日会社は午前九時から始まるが、同時多発テロが発生した場合はどうするかが事前に決められ社員に徹底されている会社は少ないはずだ。

テロなどという大げさな話でなくても、普通の会社は、あらゆる顧客をすべて想定したプログラムを準備してはいない。一人の顧客に対応するのに一つずつ固定的な作業手順を事前に準備するというのは明らかに合理的ではない。

たとえば顧客の40％はタイプAの製品を好み、30％はタイプBの製品を、20％はタイプCの製品を好むと考えよう。残りの10％は多様な製品を望んでいるとしよう。この時、固定的な作業手順・販売手順を事前に作成して対応するべき需要は、タイプA～Cまでの大規模な需要の存在する部分であることは明らかだろう。残り10％の人が会社の営業の人に対して「タイプAの製品にこういう追加機能がついていればいいのに」と文句を言ってきたとしても、それは組織がプログラムを変更して対応する問題ではない。これは例外事象であり、別個に独自の判断をしていくところである。事前にすべてを予測し、そのすべてに対応したプログラムを用意して、状況に合わせて無限に多様なアウトプットを生み出すというのは不可能であり、目指すべきでもない。それを目指すことでプログラムが複雑化し、その結果、組織が混乱を起こしたり、ルールが過剰に増えたりするからである。

プログラム化は事前に標準化された行動を規定するのだから、もともと多様性や変化、不確実性等に対応するのは苦手なのである。その代わり、いつでもどこでも、比較的安価に同じアウトプットを再生産することを可能にする、というメリットをもつ。組織を設計する場合、どの部分をプログラムで処理し、どの程度の例外や変化には他の方法で対処するかという見極めが非常に重要である。

## 4　アウトプット側面の標準化——アウトプット・コントロール

プログラム化が高度に進められると、作業者一人ひとりが、いつ何をなすべきかが詳細に規定されることになる。このように作業者の行動の仕方まで規定するコントロール方法をプロセス・コントロールと呼ぶ。たとえば、新橋から渋谷まで到達するという目標を達成するために、「JR新橋駅から山手線の外回りに乗って渋谷駅で下車せよ」と規定するのがプロセス・コントロールである。

しかしJR山手線は事故や信号故障で運行ストップしているかもしれない。その場合、「JR山手線の外回りに乗る」というプロセス・コントロールに固執すると、かえって渋谷駅に到達するという本来の目標達成から遠ざかってしまうという問題が生じる。むしろ新橋から渋谷に到着するのである限り、地下鉄（銀座線）を使おうがタクシーやバスを使おうが自由である、ということにした方が目標達成にとってプラスであろう。

企業組織の中で分業の結果として生み出された個々の作業についても、会社が用意した作業手順のすべてを厳格に守らせると、不確実な事態が発生した場合に本来の目標達成にマイナスになることもある。詳細に作業手順のすべてを細かく規定し、それを厳格に遵守させることで分業体系の調整・統合を達成するよりも、個々の作業が達成しなければならない目標そのものを規定しておき、その目標への到達方法そのものは個々の作業者に任せておく、という方法の方が合理的である場合がある。

このように到達目標について規定し、その目標を個々の作業者に達成させるようにするコントロールをアウトプット・コントロールという。図3―2にプロセス・コントロールとアウトプット・コントロールの相違が、イメージ的に描かれている。まともに考える力が作業者に備わってさえいれば、アウトプット・コントロールはプロセス・コントロールよりも不確実性に対して頑健であり、管理する側に負担のかからない調整・統合方法である。

論理的には、アウトプット・コントロールは標準化するものと、標準化しないものの両方がありうる。たとえば会社全体の目標数字を年度初めに決め、その数字を従業員一人ひとりに分解したものを毎年各人に目標数字として与えていく、ということをすれば標準化されていないアウトプット・コントロールを行っていることになる。毎年個々人の目標を上司と部下の面談を通じて、それぞれ独自に規定していくという企業も少なくないだろう。目標管理と呼ばれる

**図３－２　プロセス・コントロールとアウトプット・コントロール**

**プロセス・コントロール**

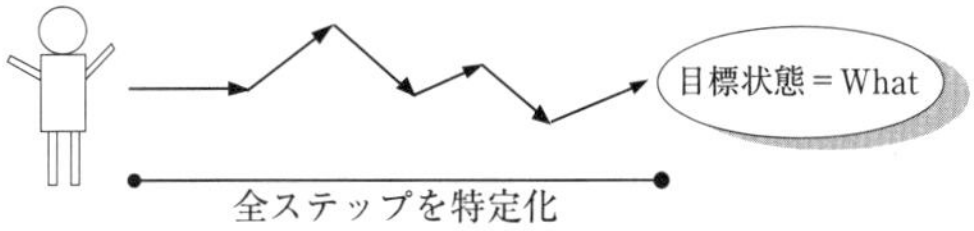


全ステップをたどれば，本当に目標状態に到達できる
＝不確実性が低い，ルーチンなタスク，あるいは判断力の弱い労働者であれば，より確実に目標状態を達成可能である。

**アウトプット・コントロール**

不確実性が高い場合，例外が多数出現し，目標状態への到達が困難になる。この時目標状態のみを明確化して伝達し，達成方法を作業者に任せることで不確実性に対処しながら目標状態を達成できる場合がある
＝不確実性が高く，しかも作業者に思考力・判断力がある場合なら，有効に目標状態への到達が可能である。

手法である。

しかしこの場合でも、その目標達成の程度を評価し、その評価に応じて報酬を決めたり、翌年度の目標を変更したりする、という評価方法・評価基準・手続きなどは標準化されているのが通常である。

実際には、各人が達成するべき目標を毎回それぞれに決め直すのは面倒であり、コストがかかる。だから、従業員一人ひとりが到達するべき目標地点を毎回決め直すのではなく、ある程度の長期にわたって特定の目標を維持したり、従業員たちの達成するべき到達点そのものをある程度共通化したり、といった標準化を行う方が組織運営上効率的である場合が多い。

こういった目標そのもの、あるいは目標達成の評価の仕方をある程度の期間にわたって維持したり、従業員たちの間で共通化したりすることが、ここでいうアウトプット側の標準化である。

目標の標準化と処理プロセスの標準化は、必ずしも相対立するものではない。ある程度主要な部分は処理プロセスを標準化（プログラム化）しておいて、残された曖昧な部分や不確実な部分への対応を促すために目標状態を標準化しておくという二段構えの措置をとることができる。両方を補完的に使うことが十分に可能なのだ。

アウトプット側の標準化を⑴目標・評価基準の標準化と⑵インターフェースの標準化という二タイプに分けて、より具体的に解説しておこう。

### ⑴ 目標・評価基準の標準化

並行分業の場合、すべての従業員・組織ユニットのそれぞれに同じ目標を追求させ、同じ評価基準で測定・評価を行う、という組織運営のやり方が実行可能である。たとえば、生命保険の外交員たちは保険契約の金額と件数という二つの評価軸で評価され、それぞれについて特定の目標数字が与えられている。あるいはまた製品・市場ごとに並行分業している製品別事業部制組織でも、各事業部に同じワンセットの目標を課し、同じ評価基準で評価を行うことが可能である。たとえば、売上高成長率と売上高営業利益率、ＲＯＩ（投下資本収益率）、ＥＶＡ（経済的付加価値）など、会社ごとに各事業部の業績の測定・評価基準が標準化されているのが通常である。

ただし、同じ目標数字のセットで評価するとしても、その中でウェート付けを少しずつ変えながら各組織ユニットを評価していくこともできる。たとえばある事業領域に関しては売上高成長率を重視し、他の事業領域を担当している組織ユニットに関してはＥＶＡを重視するというようなメリハリのつけ方は可能であろう。

並行分業の場合、実は各活動の調整はそれほど難しいものではない。これらの活動は、全体の目標水準を量的に分担し、アウトプット先の生産能力や自社の経営資源を共有しているだけである。このような弱い相互依存関係しか存在しないのであれば、そもそも組織ユニット間の調整はそれほど深刻な問題ではない。

むしろ並行分業における目標や評価基準の標準化は、競争促進効果をもつ点にメリットがあると考えるべきであろう。目標や評価基準の標準化によって組織ユニット間の競争が促進され、その結果、監督者がわざわざ意図的に組織ユニットに叱咤激励を飛ばさなくても、各組織ユニットがそれぞれ自律的に目標遂行に向けて努力を傾けてくれるようになる。各自が自発的にがんばってくれるのだから、管理が楽なのである。

もちろん目標・評価基準を共有化したり、長期に維持したりするのは、個々の組織ユニットの相違や環境変化を無視することになってしまうので、問題が発生する可能性もある。たとえば従業員の成長など簡単には測定できない側面が重要であるような組織ユニットには、標準化された目標とは別の評価も行わなければ適切ではない。また、本来はすべての組織ユニットをEVAで評価するべきなのに、長い間売上高利益率を使い続けてきたが故に過去のマネジャーの昇進基準との整合性を保つために評価基準を変えられず、問題を抱えるという場合もあるだろう。だから、常に適切な目標・評価基準の標準化が可能であるとは限らない。しかし、もしそれが可能であるのだとすれば、非常に管理の容易な組織を構築することが可能である。

### (2) スペックとインターフェースの標準化

直列型の機能別分業を行う場合、各作業ステップごとにまったく同じ評価基準を設定するというのは難しい。食パンを製造する人と、それを販売する人とでは機能的に異なる仕事をしているのであり、両者を同じ基準で評価することは難しい。たとえば製造する人を「一定品質のモノをいかに早く、安く作るか」という評価基準で評価し、販売する人を売上数量で評価する、といった評価基準の使い分けが必要になる。だから、業績評価に関する標準化は簡単には実行できない。

しかし直列型機能別分業の場合、上流と下流で交換するアウトプット―インプットの特徴を事前に明確に決めておかないと分業されたタスク間の調整・統合が非常に難しくなる。ここで規定されるアウトプットの特徴を製品仕様、カタカナではスペック（spec：specification）と呼ぶ。部品や材料、最終製品、サービスなど、スペックですべてを規定し尽くすことはできないかもしれないが、多くの部分をスペックに明記することが可能な場合が多い。

たとえば、ウォークマンのような携帯用ＭＤプレーヤーを考えてみよう。どのメーカーのＭＤプレーヤーも、大きさ、重さ、アンプの出力、連続再生可能時間など多様な側面について製品仕様書に詳しく特徴が記されている。完成品ではなく原材料や中間製品などを考える場合にも、スペックは重要である。直列型の機能別分業を行う場合、各ステップ間で中間製品のやりとりを行う際に、どのような状態まで仕上げてから次のステップに渡すのかというスペックを規定していなければ各人の作業結果がうまく統合できなくなることは、明らかであろう。

もちろん複数の熟練工が協力して特注品を作る場合のように、毎回の注文ごとに、どのようなスペックでやりとりするのかを各ステップごとに取り決めることもできるが、大量生産品に関してはスペックが一定期間にわたって標準化されるのが普通である。

このようなスペックの標準化が行われることで、分割されたステップの作業が互いに整合的になり、調整・統合が実現されるのである。

並列型の機能別分業を行う場合、直列型と同様にスペックの標準化を行うことで作業間の調整・統合が容易になる。すべての作業が事前に決められたスペックを達成すれば、その後工程における統合は事前の設計図通りに実現できるはずである。

しかしながら、並列型・機能別分業の場合には、もう少し簡単な標準化による統合も可能である。最終統合工程に持ち込む前に達成するべきスペックを幅広く詳細に標準化するのではなく、機器・部品・コンポーネント間の接合部分のスペックのみ規定しておく、という方法があるからである。なお、直列型および並列型の機能別分業における、スペックとインターフェース標準化の相違が図3―3に描かれている。

多様なスペックの側面のうち、他の機器・部品・コンポーネントとの接合部分だけを特にインターフェースと呼ぶ。たとえば携帯用MDプレーヤーに関していえば、MDを挿入する部分や、独自の充電池と充電器との接合部、リモコンにつながる端子や他のオーディオ機器とつなげるための端子など、他の機器・部品・コンポーネントとの接合部分がある。これらがインターフェースである。逆に、たとえばMDプレーヤーの重量は重要なスペック項目であるが、他の機器と接合するうえでは重要ではないからインターフェースではない。

インターフェースの標準化は、近年ではモジュラー化とも呼ばれる。インターフェースの標

**図３－３　スペックとインターフェースの標準化**

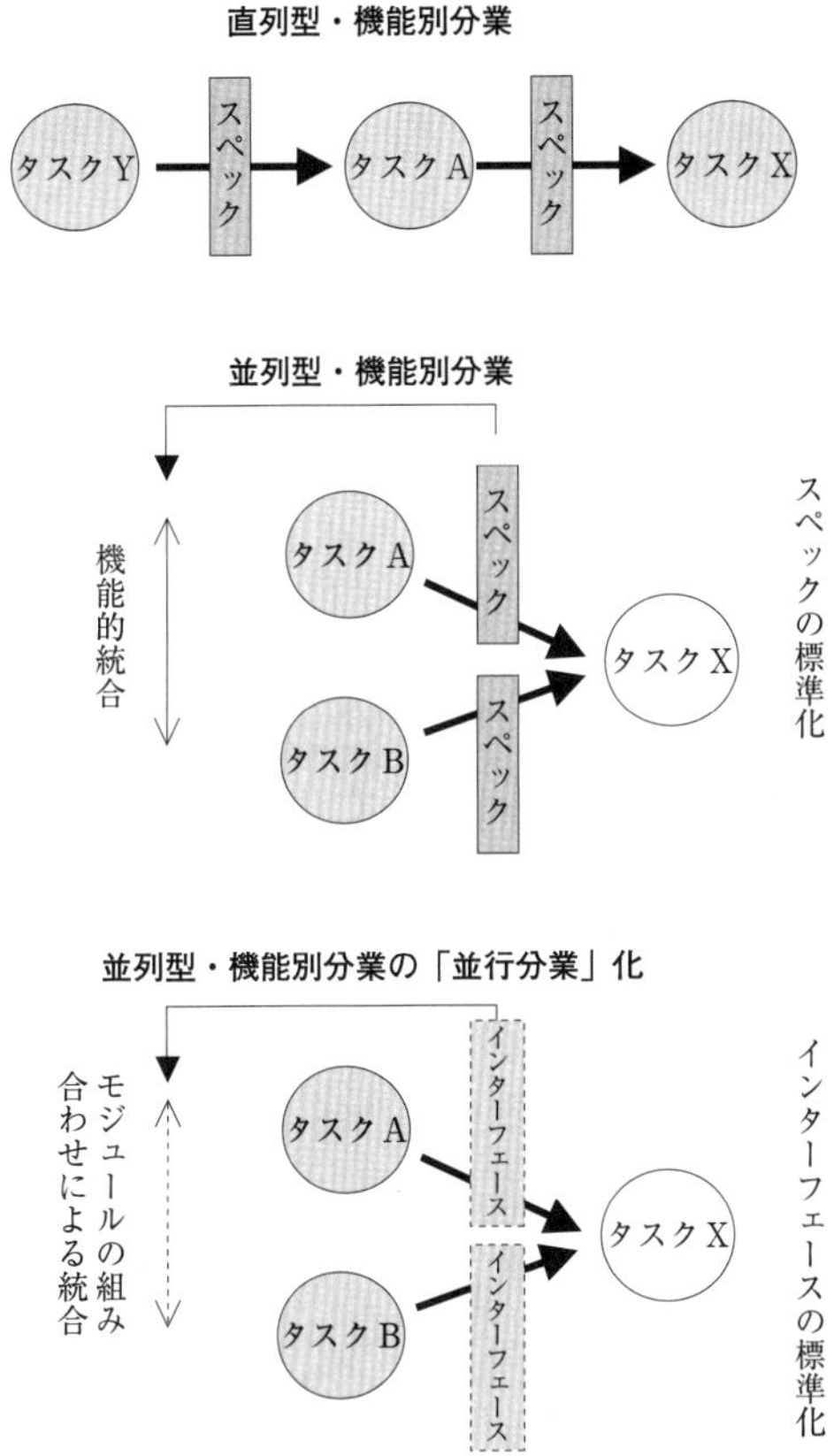

準化によって、それぞれが一つひとつのモジュールに分かれ、そのモジュールを簡単に組み合わせることで顧客が自分に必要なシステムを構築できるからである。インターフェースの標準化とかモジュラー化の例は数多い。たとえば、ステレオのアンプとスピーカーとＣＤプレーヤー等や、パソコン本体と外付けハードディスクやマウスなどが典型例である。これらは、互いに接続配線部分での信号のやりとりのルールを決めることで、それぞれの開発・生産を担当する組織ユニットが相互に調整しながら開発・生産活動を行う必要性を低めているのである。

インターフェースの標準化は社外にオープンにすることもできれば、社内のみに限定することもできる。たとえばＭＤプレーヤーの例でいえば、まさにＭＤという「部品」を用いるという点は、どこの会社のＭＤも使用でき、他社のＭＤプレーヤーで録音されたＭＤも再生できるのだから、社内ばかりでなく社会全体で広くインターフェースが標準化されているといえるだろう。しかしたとえばＭＤのリモコンと本体の接合部分、またそこでやりとりされる信号については各社ごとに異なる。ヘッドホンとリモコンを毎回開発し直すのは面倒だから、同じ会社内の複数モデルについては共有化されているケースがある。この場合、この部分は社内的にはインターフェースが標準化されているが、オープンな標準化は行われていない、といえる。

インターフェース標準化の効果は、まず第一に分業に従事する組織ユニットの自由度をさらに高めるという点である。幅広いスペックのすべてについて詳細に規定する標準化に較べると、インターフェースのみを規定する標準化の方が、目標自体を選択できる余地が広くなる。インターフェースを遵守しさえすれば、後は独自に多様な目標を設定できるのである。

たとえばＭＤ用の充電池のように大きさと電圧等を決めておけば、電池の中身を改良したとしても問題は起こらない。それ故、電池の容量アップやコストダウンという目標自体を自由に変更することも可能になる。単に遂行する方法を選べるばかりでなく、追求するべき目標の一部を自分で選択できるようになるのである。

その意味では、並列型の機能別分業でも、インターフェースを標準化することで、並行分業のように各組織ユニットの自由度を高め、それらの間の統合にそれほど大きなエネルギーを割かなくてもよいという状況を作り出すことが可能なのである。インターフェース標準化は、並列型機能別分業を並行分業のように管理することを可能にするのである。これがインターフェース標準化の一つ目の効果である。

インターフェース標準化の二つ目の効果は、この標準を社外にもオープンにすることで並行分業のもつ競争促進効果を利用可能にする点である。部品やコンポーネントのメーカーがインターフェースの標準のみを遵守して、その他の点では独自のアイデアを出しあいながら競争しあう、供給業者の並行分業を創出することが可能なのである。

複雑なシステム機器を構成するコンポーネント間の接続部分の設計全体をアーキテクチャー

と呼ぶとすれば、このアーキテクチャーが決まっている所では、必ずしも組織内ばかりでなく組織をまたいだ分業の調整・統合も容易になり、またほぼ同じ活動を組織化した企業が並行分業を行い、相互に競争しあうことも可能になる。

こう考えてみれば、市場というのは、製品のアーキテクチャー部分を標準化して、所有権の異なる人々の間で並行分業を行っているものだということができるであろう。だから、産業政策を立案するとか、国家経済を成長させようと意図する政策立案者は、アーキテクチャーを考えて世の中の分業のあり方に影響を及ぼす組織のデザイナーだと考えることが可能である。

さらに根本までさかのぼって考えてみると、尺貫法をメートル法に置き換えたり、日本語の標準語を設定して全国一律の日本語教育を施したり、といった標準化も、こういったユニット間のやりとりの部分を標準化する作業の一種と捉えることもできるであろう。標準語を作るとか、計測尺度を標準化するとか、法律を制定するといった作業は、一つの巨大な国民経済という分業体系を構築し、統合する手段なのである。

## 5 インプットの標準化

インプットの標準化とは、働く人々やそこで用いられる機器を共通化することである。同じ機械を使って作業すれば、同じ品質のアウトプットが産出しやすいであろうし、類似の思考法や行動様式を身につけた人々が協働する場合には分業が調整・統合されやすいであろう。もちろん処理プロセスやアウトプットの標準化に較べると、より間接的な方法ではあり、機能別分業の統合を確実にするほど強力だとは考えにくい。しかし、処理プロセスの標準化とアウトプットの標準化を組み合わせて用いれば、分業している人々の活動を調整し、統合する方向にプラスの効果をもつことは間違いないであろう。

労働力や機械を標準化する場合、基本的には二つの方法がある。一つはすでに社外に存在する標準化されたものを利用する場合であり、もう一つは社内で自社固有の標準を作り、それに合わせて標準化を進める場合である。

より具体的にいえば、社外の標準化された労働力の活用とは、医者や弁護士、会計士などのプロフェッショナルを雇用するとか、旋盤工などの熟練工を雇用するということを指す。また社内で労働力を標準化するというのは、教育訓練を施したり、強い組織文化への同化を促進したりすることを指す。

標準化されたプログラムをもっていても作業員そのものが不確実な行動をとれば統合されたアウトプットを生み出せない。同様に目標やスペック等を標準化しても、従業員が自分たちのとるべき方法を熟慮するスキルが低ければ組織全体の行動はうまく調整できない。それ故、組織メンバーのスキルや行為がそもそも組織にとっての不確実性の源泉であるような場合には、労働力を標準化することで、その他の標準化を補完することができる。

インプットの標準化には、労働力の標準化以外にも、機械や購入部品の標準化等がある。しかし機械を標準化するということは実質的には作業プロセスを標準化することでもあり、購入部品の標準化はスペックやインターフェースの標準化でもある。それ故、ここでは機械や購入部品等の標準化については若干の言及を行うにとどめ、主として労働力の標準化について解説を加えていく。まず社外の標準を用いる場合から始めることにしよう。

## (1) 外部標準の活用――プロフェッショナルや熟練工の活用

### ①プロフェッショナルの特徴

医者や弁護士、会計士など、特定の領域で深く専門的な知識を保有し、高度な判断力を有し、その専門職種固有の仕事の作法が身についた人々をプロフェッショナル（高度専門職業人）という。プロフェッショナルと呼ばれる人々は、通常、①社外の教育機関で長期にわたるトレーニングを積んでおり、②仕事のやり方や成果に関して一定の基準を共有している。

図3－4にはプロフェッショナルの特徴が他の職種と比較可能なように図示されている。この図では横軸に水平分業の程度、縦軸に垂直分業後に思考・判断部分が残っている程度がとら

**図３－４　職種のタイプ分け**

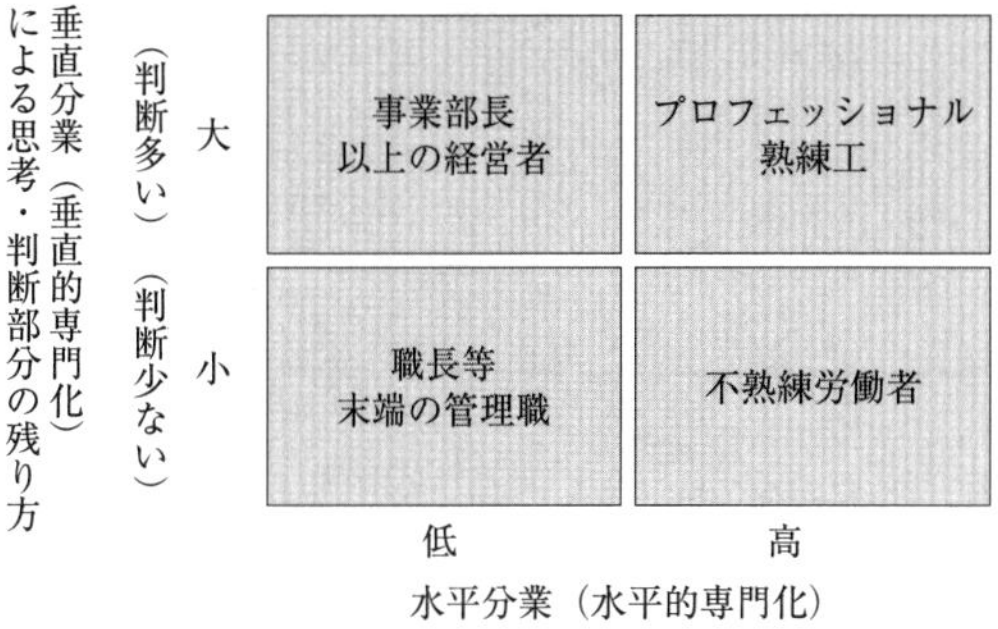


（出所）　Mintzberg（1983），p.33より一部修正して掲載。

れている。水平分業の程度が高いほど個々人の仕事の専門性が高まり、それが低いほどゼネラリスト的になっていく。また、垂直分業が高度化した場合、一つのタスクは思考部分と実行部分に分かれていく。この時、垂直分業後に思考・判断の部分が残されているタスクほど縦軸の上に位置し、思考・判断部分が少ないほど下に位置するように描かれている。

通常の不熟練労働者は高度の垂直分業によって自ら考える仕事部分を少なくされ、高度な水平分業によってやるべき仕事の多様性を削減されている、と位置づけられる。これと対極にあるのが、事業部長以上の経営管理者であろう。マーケティングや生産、研究開発など多様な問題を思考し、判断する仕事に事業部長は携わっているのである。

事業部長が高度の思考・判断を要求される職であるのに対し、もう少し現場に近いレベルの例外処理のみに従事する職位も存在する。職長とか班長、係長などと呼ばれる第一線の管理職がそれである。職長等は事業部長ほど広い問題を処理するわけではないが、それでも複数の不熟練労働者やホワイトカラーたちの作業領域を全般的に管理し、「何でも屋」のように多様な問題にその場で対処しているという意味で図3―4の左下に位置する。

ある意味では、この現場の職長の対極にあるのがプロフェッショナルである。受け持つ仕事の範囲は非常に狭いにもかかわらず、その領域における思考・判断の部分が極度に発達しているのがプロフェッショナルなのである。会計士や弁護士、物性物理学を専門とする科学者や免疫学を基礎に置いて医薬品を開発する技術者など、専門領域は狭いが、その中における思考・判断の力量が極めて高度である。なお、自分の専門領域における高度の判断力・思考力・創造性という点で、熟練工や芸術家も図中の同じ右上に位置づけられる。

プロフェッショナルは事業部長とも非常に対照的である。プロフェッショナルも事業部長も、共に思考・判断する仕事に携わっているのだが、プロフェッショナルは非常に深い専門知識を狭く保有するのに対し、事業部長は中程度の専門性を広く保有する仕事なのである。

なお、近年、「ゼネラリストは不要であり、これからの社員は専門性を高めなければならない」という議論がしばしば聞かれるので一言注意を述べておこう。そもそも事業部長のことをゼネラル・マネジャーと呼ぶのは、販売のマネジャーでも製造のマネジャーでも研究開発のマネジャーでもなく、それらすべて全般（ゼネラル）をマネージするからである。その意味ではゼネラル・マネジャーは専門職ではなく、ゼネラリストなのである。近年、日本企業ではゼネラリストというと悪いモノのようにイメージされがちだが、ゼネラリストというのは何でもできない人を言うのではなく、何でもできる人のことをいうのである。

さらに、近年日本社会でも一般化し始めているMBAは、経営を専門とするプロフェッショナルだといわれるが、この資格を外科医や会計士や弁護士のようなプロフェッショナルと同様に考えるのは間違いであろう。MBAはたしかに高度な職種に就くためのトレーニングを経るのだが、経営するという行為は最後は複数の専門を統合する必要に直面するものであり、ゼネラルでなければならない宿命にある。

現時点では、あまりにもアマチュアだった日本企業の経営を批判するために「経営のプロ」である点が強調されているが、実際には経営の仕事は会計士や外科医や弁護士が直面する仕事よりもずっと幅広い（水平分業の程度が低い）のである。MBAはプロフェッショナルではなく、事業部長と同様に高度なゼネラリストなのである。

### ②プロフェッショナルのメリットとデメリット

さて、プロフェッショナルを雇用すると、そのプロフェッショナルの専門領域の内部に関しては、全部その人に一任する、ということになるから、その仕事領域内部での調整はほとんど必要なくなる。たとえば病院であれば、外科医の資格をもった人を雇用すれば、病院側が手術の手順をプログラム化する必要はなく、外科医に一任するだけで医療サービスを患者たちに提供できる。プロフェッショナルを雇用すれば、具体的に仕事のやり方をプログラム化する努力を組織の側が払う必要はなくなるのである。

またNC工作機械の熟練工やすし職人、フランス料理のシェフ等も社外で標準化されている職種だと考えられる。「NC工作機械を○年間使っている」とか「○○ホテルでフランス料理を○年間担当してきた三番手である」という情報を得れば、相手の実力がおおよそ推測可能なのである。こういう人たちも、作業手順をわざわざ会社側が標準化したり、目標とする食品中の塩分含有量などを規定したりしなくても、皆の仕事の調整が達成される可能性が高い。プロフェッショナルに任せれば、組織の側の標準化努力が少なくて済むのである。

だが、プロフェッショナルや熟練工を活用することでもたらされるマイナスもある。基本的には、プロフェッショナルの雇用は持続的競争優位の源泉とはなりにくいという問題と、かえってプロフェッショナルと他の人々との間の統合・調整が難しくなる可能性がある、という問題点である。

まず第一に、通常は熟練工もプロフェッショナルも価格が高い。高価な賃金を支払わないと雇用できないのである。場合によっては、そのプロフェッショナルを雇用して組織が獲得できる付加価値をすべて報酬として支払うことになるかもしれない。しかもその人物が他社に移籍することで、その人の貢献がそのまま他社に移ってしまう可能性もある。プロフェッショナルに依存しすぎると、カネがかかる割には、自社固有の持続的優位性が得られなくなる可能性が高いので注意する必要がある。

第二に、プロフェッショナルを雇用するとその専門領域内は調整・統合が楽になるけれども、その専門を超えた調整・統合がかえって難しくなる可能性がある。プロフェッショナルは狭い専門内に深い知識をもち、他の分野の人間と異なるジャーゴン（難解な専門用語）を用いるが、逆に他の分野の知識をあまり保有していない。たとえば同じ癌専門医でも、肺癌と大腸癌と肝臓癌ではそれぞれ固有の治療法があり、それらの異なる専門医が共同して行う集学的治療には実際上難しい側面もある。

しかもプロフェッショナルたちは通常プライドが高い。給料が高く、自分のもっている資格に誇りをもっていて、会社に所属していることにはあまり誇りを感じず、自分の仕事に口出しされるのを嫌う、という特徴をもつプロフェッショナルたちは、組織内で非プロフェッショナルたちとあまり仲良くやっていけない可能性も少なくない。組織内に比較的ギクシャクした人間関係が発達してしまい、調整・統合がさらに一段と困難になる場合もある。

この専門を超えた調整・統合の難しさは、さらに、プロフェッショナルの組織へのコミットメントの低さによって、悪化する可能性がある。プロフェッショナルは自分の所属する組織に忠誠心を抱かず、むしろ自分の専門領域、またそれを共有するプロフェッショナル・コミュニティに忠誠心を抱いている。このような志向性を「コスモポリタン」という。

これに対して現在所属している会社や病院などの組織にコミットしている場合の志向性を、「ローカル」という。外科医は現在勤務中の病院ではなく、外科医学という世界の価値観を強く持ち続ける。会社専属の弁護士を雇用しても、彼（彼女）らは会社そのものに対する忠誠心よりも、弁護士であることを心のよりどころにしており、組織内の他の人々との調整・統合に服することを嫌って他の組織に移籍してしまうかもしれない。これがさらに調整・統合を困難にする可能性がある。

### ③標準機械の活用

世の中で一般化している標準機械を導入するということは、通常はプロフェッショナルや熟練工を導入することと連動している。旋盤という標準機械はそれを動かす社外標準化された職種とワンセットである。レントゲンの装置は、X線技師や画像を読み取る専門医とワンセットである。これら社外標準機器や社外標準職種の活用は、自社固有の強みを発揮するような差別化戦略には向かないが、他社と標準を共有することで社会全体としてはコストを下げることには役立っているし、社外の組織との共同作業を行う場合にも世の中の標準に従っているので接続が簡便である。

## (2)　労働力の社内標準化

プロフェッショナルや熟練工、標準機械などの社外標準品を使う場合、それらが十分な供給量をもっているのであれば、誰でも、望む数量だけ市場を通じて調達可能である。自社で人材の教育や機械の開発にかかる費用を負担する必要がないから、安価に調達できる可能性が高いが、同時に持続的な差別的優位性を達成することは困難である。

それ故、逆に、ある程度のコストをかけてでも持続的競争優位性を達成しようと考えるのであれば、人材開発や機械の開発を自社内で行うという選択肢も魅力的になるはずである。もちろん、毎回特定目的ごとに人材の開発も機械の開発も独自設計を行うという方法もある。しかし人材開発についても、自社開発の機械についても、ある程度の標準化を行う方が開発費を共有できるので、コストの点で有利であり、人々の協働を促進できるので調整・統合を行ううえでも有利であろう。

社外で一般に流通しているプロフェッショナルや熟練工を雇用するのではなく、社内で一定レベルの知識と技能をもち、特定の志向性を共有した人材を育成すれば、組織内の調整・統合に有利になるはずである。どのような場面に直面したら、どのように行動するべきであるのか、という基本的な「しつけ」が共有されていれば、組織内の相互調整は極めて容易になるからである。

労働力の社内標準化には、極めてテクニカルな側面の標準化から、思想や価値観のレベルでの標準化まで非常に大きな広がりがある。最もテクニカルなものは、入社後の新入社員研修等、会社の組織と制度に関するレクチャーや電話の受け応え、名刺交換の作法など、社会人・会社人として生きていくための「しつけ」を施すものであろう。これ以外にも、職務遂行に関係する法律の教育や、職務そのものの詳細に関する教育が社内研修として体系化されている会社も数多い。これらの研修によって、社員たちの仕事の進め方がある程度のレベルにそろってくるので、調整・統合が容易になることは確実であろう。

しかし組織が実際に行う労働力の標準化は、それよりもさらに深いレベルで進行するのが通常である。とりわけ、日本企業のようにコア人材の長期雇用を行っている組織では、同じ組織内に長年協働し続ける経験が蓄積されるので、多くの人々が何らかの意味で同質化していく。入社直後には社員はそれぞれ異なるタイプに見えたのに、数年たってみると、やはり同じ会社の社員だという強烈な印象を人に与えるようになる。

年数を重ねていくにつれて、社員が徐々に同質化していく理由は多数存在する。たとえば、同一の会社では、同じような技術や機械に直面していたり、顧客の特徴が類似であったりするから、そのような同じ環境に直面しているだけでも多くの組織メンバーは同質化していくであろう。

しかし顧客や技術などの外部環境を共有するから同質化していくばかりでなく、一つのコミュニティとしての企業には社員を同質化していく組織内的プロセスが作動している。このプロセスが作動するが故に、かつて外部の人間だった新入社員たちも徐々に会社の標準的な人材像に向けて標準化されていくのである。

一般に、新人をある社会集団のメンバーへと取り込んでいくプロセスを社会化（socialization）という。企業組織では、日常的に相互作用する人々の間で自然に社会化が行われる場合も、また経営管理者たちが意図的に社会化を促進しようとする場合もある。これらの意識的な社会化と無意識的な社会化を通じて、社内の従業員たちは徐々に同質化していくのである。

たとえば組織には、何がよい行為であり、何が悪い行為であるかを象徴的に示す機会、すなわち儀式が数多い。入社式や新年の社長挨拶には、社員のあるべき姿・目指すべき姿が必ずといってよいほど登場する。またそのような望ましい行為には高い報酬や出世の可能性が与えられるような評価システムも組織には備わっているだろう。非公式に、また必ずしもその意図をもたずに行われる社会化もある。たとえば、非公式の飲み会の場で、会社内で賞賛される人物の実例が英雄伝として語り継がれる場合がその例であろう。英雄伝は役割モデルを具体的な形で示すが故に、社長訓辞以上に強力な社会化手段である。これらのプロセスを通じて何が望ましい行為であり、この会社の人々は何を大事だと思っているのかが伝えられ、人々の間で共有されていくのである。

なお、従業員たちの社会化が進み、その知識や価値観、行動様式がある程度標準化されている組織のことを、「強い組織文化（企業文化）をもつ」と表現することがある。労働力の社内標準化とは、究極的なところでは、強い企業文化をもつ組織になることだということもできる。

最も強固な社会化・強力な組織文化は、たとえば宗教団体などに見られる。イエズス会等、戦国時代に日本へ宣教師を派遣した教会を思い描いて欲しい。教会という組織の側から見れば、派遣する宣教師たちがどれほど遠く離れた国に出かけていっても、一貫してキリスト者《クリスチャン》としての行為を維持してもらわなければならない。通信手段も発達していなかったから、派遣先との連絡が途絶えても、協働を維持するためには強力な社会化が重要な役割を果たしていたと推測される。

ビジネスの世界でも、日々刻々と変化する市場環境に対応している営業マンたちや世界各地に展開する企業などでは、やはり社会化が重要な組織運営の手段になっているはずである。海外に工場を建設し、初期のオペレーションを立ち上げる努力を行う人々、海外市場に営業拠点を構築するべく派遣された人々など、現地との調整を行いつつも自社固有の特徴を維持しているというのは、社内で人材の社会化が積み重ねられてきた結果であろう。もちろん、広域に展開していない組織でも高度に社会化が推進されている組織は存在する。いくつかの会社は、

「誰が出てきても同じような反応をする」ので「金太郎飴のようだ」などと揶揄される場合もある。これも高度に人材が標準化され、強い組織文化をもった組織になっている証拠である。

組織文化が高度に共有されている企業は、たとえば専門の異なるプロフェッショナルを多数抱えている組織よりもはるかに調整・統合が容易なはずである。同じ価値観をもち、同じ言葉で話し、相手の立場を理解しあえるコミュニティは、たとえタスクの分業がある程度進んでいたとしても、比較的容易に調整・統合を達成できるであろう。

もちろん強い組織文化には問題も残されている。スムーズな調整と引き替えに、「世間から見た異様さ」やラディカルな変化に対する硬直性などのコストを支払っていることも意識しておかないとならない。価値観と行動様式の共有が高度になるということは、皆が同じデータを同じように解釈するようになるということである。だから、一人が気づく環境変化の兆候は他の社員も気づいてくれるが、逆に誰も気づかない環境変化がある、ということが起こりうる。あるいは新人だけが問題を見抜いていても、より中核に位置する年長者たちがその新人を異端視し、無視してしまう、ということも起こるだろう。「強い組織文化」をもつことを極度に危険視する必要はないが、何事も行きすぎには気をつけておいた方がよい。

## 6　戦略シナリオの共有

目標の標準化や組織文化と類似した議論なので、ここで戦略シナリオの共有についても一言解説を加えておく方がよいと思われる。実際には目標の標準化や組織文化とは似て非なるものではあるのだが、戦略シナリオとか全体像・構想等を従業員たちが共有することで、彼（女）らの遂行するタスクの調整・統合が促進されるという類似の効果が期待できる。

戦略シナリオの共有が目標の標準化や組織文化と異なる点は、次のように考えれば分かりやすい。まず第一に、戦略シナリオはある程度の期間にわたって継続的に追求されるものではあるが、それでも組織文化や組織が共有している価値観のように半永久的に抜け出すのが難しいようなものではない。合理的な思考で改訂が容易か否かという観点から考えれば、組織文化よりも戦略シナリオの方がはるかにフレキシブルに変更可能である。

また第二に、目標の標準化は基本的には目標そのもの、あるいはまた自分たちの業績の評価基準が標準化されることを意味するが、戦略シナリオの共有というのは、もう少し共有されるものが多い。つまり、「なぜその目標を追求するのか」とか、「その目標へ到達する経路はどのようになっているのか」「わが社がその目標へ向かう間に競争相手はどのように反応するのだろうか」といったストーリー性のあるシナリオを共有するのである。

これらの複雑でストーリー性のある戦略シナリオを共有すると、従業員たちの間の複雑な調整も可能であり、価値観の共有等よりもフレキシブルであるというメリットがある。しかし、それほど素晴らしい戦略シナリオの共有であっても、本質的に重大な問題点も保有している。共有できる人材が多くはないということである。

残念ながら、巨大企業ではすべての従業員が同程度に真剣に会社の運命に関心を抱いているわけではない。戦略シナリオは複雑で洗練された論理的ストーリーであるから、相当の知力を傾けない限り理解は難しい。それ故、一般の組織メンバーは戦略シナリオを共有するのではなく、目標そのものを具体的に提示されるか、あるいは簡単なスローガンにして提示されることで組織全体の方向に合わせた努力を行うように方向づけられるのである。戦略シナリオのような複雑な論理的ストーリーを共有できるのは、一部のコア人材のみである。

また戦略シナリオの共有を通じた調整・統合を目指す作業が毎年使われ続けると、戦略シナリオ作成自体が標準化されてしまい、徐々に形式のみの数字合わせゲームのように変質してしまうこともある。こうなると戦略シナリオと組織の実態とが乖離し、戦略シナリオばかり形式的に洗練され、実際の組織活動はまったく効果的に調整・統合されないという問題が発生する。このような戦略スタッフの分析作業の過度な洗練による組織活動の不活性化は、分析麻痺症候群と呼ばれる。

もちろん、戦略シナリオの活用がすぐにそのまま分析麻痺症候群をもたらすわけではない。だから「戦略など下らない」と決めつけるのも早計である。少数のコア人材が毎回実質的な議論をゼロベースで積み上げることができるのであれば、戦略シナリオは非常に重要な組織統合の手段になりうる。どのような仕組み・施策も、プラス・マイナス両面をよく理解して注意深く使うべきであることは付け加える必要もないことであろう。

## Ⅳ　作業の流れ——処理プロセスのスムーズな連動

作業のステップをプログラム化し、各ステップが到達するべき目標を標準化し、労働力や機械等のインプットを標準化する。それぞれの標準化の特徴と、そのメリットおよびデメリットを前章でおおよそ解説したが、標準化に関しては、もう一つの観点から考えておく必要がある。それは各作業ステップがうまく連結されていて、各ステップがそれぞれの役割を果たしながら、組織全体がスムーズに連動しているか否か、という観点である。このような観点から組織による多様な作業の連結を考える場合、作業現場の組織化から始まった近年の研究が参考になる。

個々のステップの設計ではなく、むしろ各ステップが連動して動く〈流れ〉を重視する組織設計の立場は、まず市場需要に合わせた生産現場の作業組織に関する研究として始まった。たとえば、トヨタ生産方式の研究と、それを基礎に置いてアイデアを発展させたリーン生産方式の研究や制約条件の理論（ＴＯＣ）などがその典型であろう。さらにその後、ホワイトカラーの書類処理組織の議論にまでリーン生産方式の考え方を援用し、市場需要に合わせた事務組織と管理組織の組織化を議論する「リエンジニアリング」という考え方も提出されてきている。

これらの研究がもたらした知見に基づいて、ここでは作業の流れに注目して、組織設計の基本を押さえておくことにしよう。以下で解説する作業現場の議論は、少し状況設定を変更してみれば、事務組織にも、意思決定の組織にも当てはまることは明らかである。モノを作っている作業の流れを、書類処理という活動を行っている作業の流れへと置き換えたり、意思決定を生産している作業の流れへと置き換えてみればよいからである。

以下で議論する作業の流れとは、現状の設備や人員を固定した場合に最大限の生産力を達成するための工夫であり、生産されるものは、物理的なモノであるか、サービスであるのか、意思決定であるのかは問わない。

しかし、もの造り以外の局面にも一般に適用可能だとはいっても、初めから抽象度の高い言葉で説明すると理解が進まない。むしろ最初の理解を得るうえでは、より具体的なイメージを抱きやすい言葉で説明する方がよい。だからまず、生産工程を念頭に置いて、作業を進めていく流れの問題を考えていくことにしよう。

# 1　バランスのとれた生産工程

理解を進めるために図4―1のような生産工程の仮設例を考えてみよう。いま直列型の機能別分業が行われていて、作業工程X・Y・Zの順に並べられているとしよう。この工程全体のアウトプットは一日に100個売れると考えておこう。

図の上側(a)はX・Y・Zのバランスがとれていない場合が描かれている。このように作業工程ごとに生産能力がバランスしていない場合、その工程全体の生産能力は最も生産能力の低い作業工程に足を引っ張られ、それ以上の生産量を生み出すことができない。この例の場合、作業工程XとZがそれぞれ一日に110個と120個の生産能力を保有しているにもかかわらず、作業工程Yが80個の生産能力しか持たないから、工程全体の生産能力は一日に80個となってしまう。これでは作業工程XとZに余剰生産能力が発生して、ムダに見える。

このようなムダを解決するために、たとえば図4―1(b)のように、バランスのとれている工程を採用したと考えてみよう。これならばX・Y・Zのすべてが一日に100個の数量を産出できるから、工程全体の生産能力も100個となり、市場需要を満たせるようになるはずだと思われるかもしれない。たしかにX・Y・Zのすべてが完璧に作動するのであれば、このようなバラン

図4－1　生産工程の仮説例①

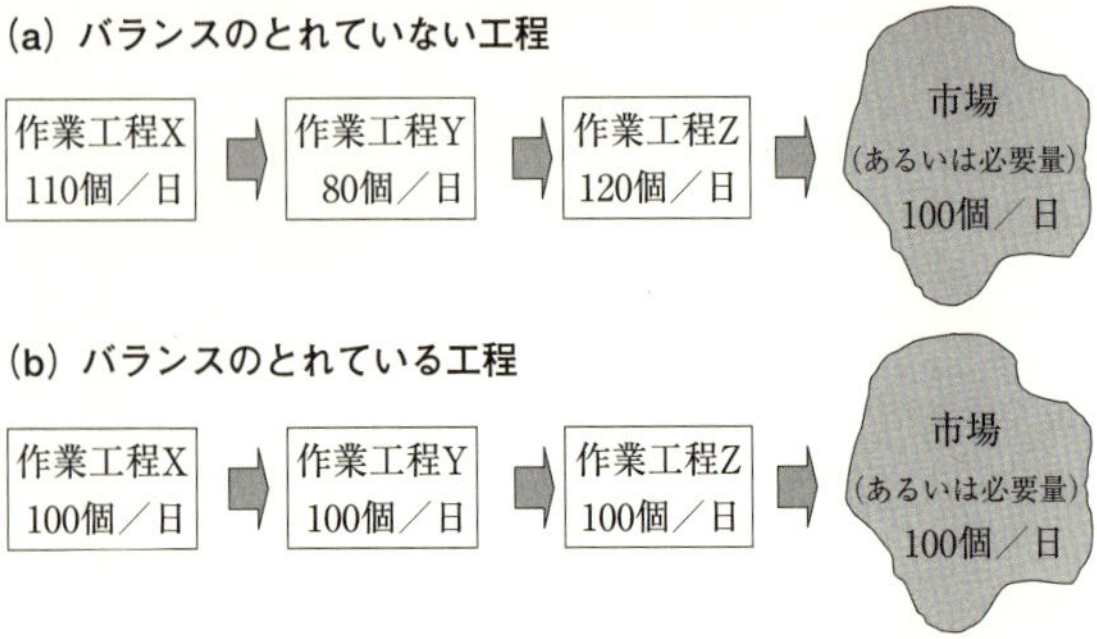


スがとれた工程は非常に効率的であろう。

しかし現実の工程は完璧ではない。一日に100個作れるはずの作業工程も、作業者の前日の寝不足による不注意が原因となって90個しか生産できなかった、ということもありうる。あるいは近年のハイテク工場では、ちょっとした湿度管理ミスによって歩留まりが落ちてしまったり、地震によって不良品が生み出されたりすることもある。だから、「一日に100個の生産能力をもつ」というのは平均的に期待できる期待値（あるいは上限）であって、現実の工程は様々な要因の影響を受けて生産力を変動させてしまうと考えるべきである。

このような変動性をもつ作業工程が直列でつながれた場合、各作業工程の生産能力を完璧に一致させてバランスをとると、一つの作業工程で生じた問題は確実に次の作業工程へと影響を及ぼし、それがさらに次の工程へと引き継がれていく。

たとえば、図の下段(b)の作業工程Xで90個しか生産できなかったとしよう。Xのアウトプットがのインプットだから、そもそも作業工程Yは90個以上は生産できない。さらに作業工程Yもまた、10％の不良品を出してしまったとしよう。この場合、Zの受け取る仕掛品は81個になり、作業工程Zが完璧な仕事を遂行しても、工程全体が生み出せる完成品は81個にとどまることになる。

作業工程ごとの歩留まりの問題は、単に最終アウトプットの量のみに関わってくるばかりではない。現実の生産工程は時間の流れの中で動いているのだから、最終的に何個の完成品ができるかという問題ばかりでなく、何時までにできるのかという問題を考えなくてはならないのである。

この問題を考えるために、表4―1が作成されている。そもそもこの作業工程X・Y・Zは直列に連結されているのだから、順序的に相互依存している。つまり、Xが終わらない限り、Yは始めることができず、Yの作業が終了しないとZは作業に取りかかれないのである。このような順序的相互依存関係を念頭に置き、何が生じるのかを考えてみよう。説明を簡略にするために、三つの作業工程のうちの初めの二つのみに議論を限定しておこう。つまり、XとYの作業工程が時と共にどのように進展していくのかを考えるのである。

いま、Xは労働者の手作業が主体の工程であり、Yは機械を労働者が監視するだけの自動化

## 表4－1　作業遅れの波及

| 日 | 午前／午後 | X処理量 | 工程間在庫 | Yの手元にある処理可能な仕掛品の数量 | Y処理量 |
|---|---|---|---|---|---|
| 1日目 | 午前 | 20 | | | |
| | 午後 | 30 | | 20 | 20 |
| 2日目 | 午前 | 40 | | 30 | 30 |
| | 午後 | 50 | | 40 | 40 |
| 3日目 | 午前 | 70 | | 50 | 50 |
| | 午後 | 90 | 20 | 70 | 50 |
| 4日目 | 午前 | | 60 | 110 | 50 |
| | 午後 | | | 60 | 50 |
| 5日目 | 午前 | | | 10 | 10 |
| | 午後 | | | | |

順調な場合の作業終了時

工程だと考えよう。X工程は労働者の手作業が中心なので、非常に変動性が大きいと考えよう。たとえば、新しい機種を作ることになる場合や、休暇明けなどは、労働者たちの習熟が十分でなかったり、注意が散漫であったりといった問題が起こると、生産力が低下するということである。また、逆に作業に慣れてきたり、締切間際に火事場の馬鹿力が発揮されたりすると、生産力がアップする。平均的には半日で50個（一日・100個）を生産できる能力をもっているのだが、少ない時には半日で20個しか生産できず、多い時には半日で90個も生産できる、というほど変動性が大きいと考えるのである。

変動性の大きなX工程とは反対に、Y工程は機械の調子さえよければ常に半日に50個（100個／日）ずつコンスタントに生産し続けられると考えよう。しかし、逆にX工程とは異なり、頑張っても半日に50

個が上限であるとしよう。なお、議論を分かりやすくするために、一日の作業を午前と午後に分け、X工程の午前の仕事が終了したら、そこでのアウトプットをY工程がその日の午後に加工し、X工程の午後の仕事が終了したら、そこでのアウトプットを翌朝からY工程が加工する、と考えておくことにしよう。

第一日目には、X工程は即座に生産が立ち上がらない。休み明けの職場で労働者はなかなかスムーズな生産を達成できず、午前中は20個しか作ることができなかった。午後には少し調子が上向いて30個生産できるようになった。翌朝はその調子を維持して40個からスタートして、午後には50個を生産できた。三日目はいよいよ締切が迫っているので追い上げが行われる。労働者は頑張って午前中に70個、午後は90個も生産した。こうして三日間の平均をとると、たしかに半日で50個、一日で100個の生産が行われたことになる。

ところが三日間で平均すれば100個を生産したとしても、生産工程には順序的な相互依存関係が存在する。前の工程でできていないモノは、次の工程が作業に取りかかれないのである。それ故、Y工程は半日に50個の生産能力を保有しているにもかかわらず、一日目の午前にX工程が生み出した20個をその日の午後に処理できるだけである。Y工程には余力があっても、加工できるモノがないのだから仕方がない。

Y工程では、ほぼ同様のことが翌日も続き、三日目の午後に異変が起こる。X工程が加工した70個がY工程に届けられたのである。70個あっても、残念ながらY工程は50個しか処理できない。だから、20個は工程間在庫として持ち越される。四日目の朝にY工程の目の前にある仕掛品は110個に膨れ上がっている。昨日加工できずに残した20個の工程間在庫と、X工程が昨日の午後に処理した90個が合計された数である。この110個を必死に処理しても、四日目ですべてを処理しきることができない。Y工程は四日目の午前に50個、午後に50個処理し、合計100個を処理するが、翌日に10個を持ち越してしまう。

順調であれば、Y工程は、X工程が作業を開始してから半日遅れで作業を開始したのだから、X工程が作業を終了した翌日の昼（四日目の午前中）には作業を完了していたはずである。ところが、この例で半日プラス10個分で四時間四十八分の遅れが出てしまった。しかも直列型の機能別分業では、遅れが累積されていく。この例ではXとYの二工程だけであったが、変動性の大きな作業工程が直列に連結される場合、よほど互いに「火事場の馬鹿力」を連動させない限り、遅れが累積して大きくなっていってしまう。

この例で明らかなことは、すべての工程が常に100％の良品をコンスタントに生産し続けることができるのでない限り、生産能力のバランスがとれた工程は作業の遅れを挽回できず、その遅れが累積していく、ということである。すべての工程が同じ生産能力をもつように作業の流れを設計するのは、一見効率的であるように見えて、変動性に直面すると現実的な答えではなくなってしまうのである。

この問題に対する対応策は、基本的には三つある。まず第一に、個々の作業工程の変動性を小さくすることである。たとえば作業手順の標準化を詳細に推し進めたり、また労働者の教育（インプットの標準化）を行ったりすることで、できるだけ同じ数量を安定して生産できるようにするのである。また生産技術に関する研究開発を進めたり、製品設計を見直したりすることで、変動性を低く抑えることが可能な場合もある。

二つ目の解決策は、もともとの分業方法を見直して、順序的な相互依存関係を弱めることである。直列的に連結する部分が長くなるほど、この遅れの累積という問題が深刻になるのだから、直列を短くする努力を行うのである。たとえば、これまで複数の工程に分けて実行してきた作業をいっぺんに処理できるような機械化を進めるなど、順序的な相互依存関係にある別々の工程の数を削減するのである。

第三の解決策は、先頭の工程から最終工程にかけてフラットに生産能力をバランスさせるのではなく、尻上がりに「バランス」させることである。前工程の遅れを後工程がキャッチアップできるようにすれば、遅れの累積を起こさないで済む。生産能力が後工程に行くほど徐々に高まっていくようにするとか、最終工程の生産能力を非常に大きくするのである。表4－1の例でいえば、Y工程の生産能力が半日当たり90個であれば、予定通り四日目の午前中で作業が完了する。変動性が存在する現実の世界では、フラットなバランスではなく、尻上がりの「バランス」が適切なのである。

## 2　現実の生産工程——生産能力にデコボコがある場合

現実に存在する生産工程は、フラットにバランスをとられていることも少なければ、後ろに行くほど高い生産能力をもつような工夫がなされていることも少ない。たとえば、本当は一日当たり100個の生産能力が欲しい工程であっても、入手可能な機械設備が日産60個の生産能力である場合、二台購入して日産120個の生産能力になってしまう。また、作業工程がそれぞれ異なる組織ユニットとして分けられると、各ユニットごとにそれぞれの都合に合わせた時期に、それぞれの都合に合わせた生産能力が形成され、工程全体として見ると生産能力にデコボコのある工程ができ上がるということは稀なことではない。

このデコボコの生産工程の問題を解決するためには、二段階の方策を考える必要がある。まず長期的には、尻上がりに生産能力が高くなる生産工程となるように設備投資を行ったり、工程技術の革新を進めたりすることが基本である。設備投資まで視野に入れた長期の対策は、より理想に近い姿へと生産工程を変革していくことを可能にする。しかし、すでに目の前に投資

**図4－2　生産工程の仮設例②**

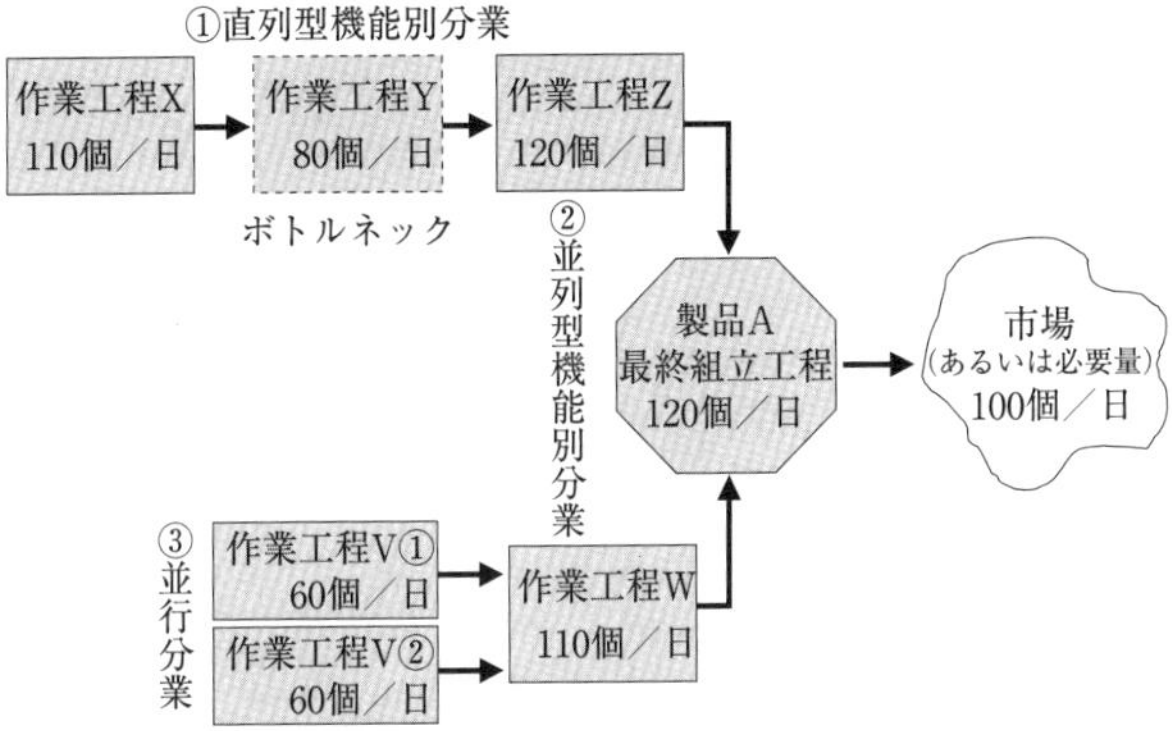


された設備があり、その設備の減価償却が完了していない、という場合には、また別の対応策を考えないとならない。現状の生産工程のアンバランスを当面前提にしたうえで、個々の作業工程に独特のプログラムを作り、独特の目標を設定することで作業の流れを円滑に動かしていく工夫を行う必要があるのである。

この点について考えるために、先の例よりも、もう少し複雑な工程の仮設例を図4―2に示しておこう。この製品Aは、X・Y・Zという工程群で加工された部品と、V・Wという工程群で加工された部品の両方をそれぞれ一つずつ使って組み立てられ、市場に出荷されていく。X→Y→ZとV→Wは共に直列型の機能別分業になっており、ZとWは組立工程を介して並列型の機能別分業になっている。また、工程Vは並行分業がなされており、まったく同じ生産能力をもつものが二つも並べられている。

自社の製品Aに対する市場需要は毎日コンスタントに100個ずつである。しかし、すべての工程を見ていくと、その市場需要の数量よりも少ない数量しか生産できない工程がある。この場合、工程Yが一日当たり80個の生産能力しか保有しておらず、市場需要よりも少ない。一般に自社製品に対する市場の需要量以下しか生産能力のない工程のことをボトルネック工程という。すなわち、「その工程の生産能力≦自社製品に対する需要量」という条件を満たす工程がボトルネック工程である。逆に、「その工程の生産能力＞自社製品に対する需要量」である工程を非ボトルネック工程という。図4―2では、Y以外のすべての工程が非ボトルネック工程である。

なお、市場需要と生産能力が等号で結ばれる場合もボトルネック工程である。要するに、いったんどこかで遅れが生じた時に、市場需要を満たすべくキャッチアップする余力のある工程が非ボトルネックであり、その能力がないのがボトルネック工程であると憶えておけばよい。なお、工程はヒトと機械からなる資源だと捉えて、ボトルネック工程ではなくボトルネック資源と呼ぶこともある。ここでは混乱を避けるため、すべて工程で統一しておく。

ボトルネック工程と非ボトルネック工程に分けてみると、工程全体をうまく動かすためには、それぞれの工程の目指すべきものが大きく異なることが分かってくる。たとえばボトルネック工程は生産力を高めることが最重要目標となるが、非ボトルネック工程はそうではない。

ボトルネック工程ではまず現状の能力をフルに活用すること、また設備投資を行わなくても可能な範囲内で生産力を現状よりもアップする工夫を行うことが最重要目標になる。なぜならボトルネック工程における能力のムダ遣いは、工場全体の能力の遊休化に直結し、また、ボトルネック工程における生産力向上（低下）はそのまま工場全体の生産力向上（低下）に対応するからである。

例に即してより具体的にいえば、他の工程がすべて110個以上生産する能力があり、市場需要が100個あるにもかかわらず、ボトルネック工程の生産能力が80個なのだから、この工場全体が生産し、販売できるアウトプットは最大でも80個である。もし生産能力80個のボトルネック工程が実際には79個しか生産できなければ、この工場全体の生産能力は79個に落ちる。逆に様々な工夫を凝らすことで80個の状態から81個に能力向上ができれば、工場全体でも一単位の増産が可能になる。つまり、工場全体の資産活用がどの程度効率的に行われるのかは、ボトルネック工程における努力に依存しているのである。

ボトルネック工程は単独の工程であるにもかかわらず、そこで起こる生産力の増減は工場全体の生産力の増減そのものになる。だから、明らかに、ボトルネック工程は現状の能力をフルに活用し、生産力を向上させることに全力を尽くすべきである。一つの工程のオペレーションが工場全体のオペレーションを規定し、一つの工程の改善が工場全体で眠っている能力を活かす改善になるのである。

これに対して非ボトルネック工程で一日当たり一単位でも多く生産して、既存の設備のフル活用を行おうとすると、ボトルネック工程の前に工程間在庫が山のように溜まってしまう。現時点で過剰な生産能力をもっているのだから、これ以上の生産能力アップを目指しても、その改善努力は工場全体の生み出すアウトプットには表われてこない。努力して過剰生産能力を構築していくというムダな努力となってしまう。非ボトルネック工程は、フル稼働とか生産力増強以外のところに目標を設定した方がよいのである。

それでは、ボトルネック工程を中心として、その位置関係に応じて各工程はどのように方向づけられるのがよいのであろうか。まずボトルネック工程そのものにおける改善努力の方向を示唆し、しかる後に多様な位置づけの工程ごとに目指すべき目標の基本的な方向を解説することにしよう。

### (1) ボトルネック工程

ボトルネック工程の一分のムダは、工場全体の一分のムダになる。だから、ボトルネック工程はその生産力をムダ遣いしないように最大限の努力を払わなければならない。現状の生産時間のすべてが良品を確実に生み出すように努力することはもちろん、可能な限り生産量が増大可能なように努力を傾けるべきである。より具体的には、ボトルネック工程では、以下のような目標を追求することになる。

**①遊休時間の削減**

ボトルネック工程が常に稼働し続けるように、あらゆる努力を行う必要がある。たとえば機械故障が生じないように日頃からメンテナンスを入念に行い、労働者の無断欠勤やサボタージュが発生しないように監督・管理に工夫を凝らし、休憩時間にも作業を止めないような人員配置を行うことも考えるべきである。また、遊休時間を減らすためには、ボトルネック工程の直前に若干の在庫を設けておくことも大切である。通常は工程間在庫を保有することはムダであり、避けるべきことであるが、この場合は例外である。

**②ムダな加工の削減**

ボトルネック工程ではムダな作業・ムダな時間が一切存在しないように、努力するべきである。たとえば、ボトルネック工程に不良品を投入すれば、その結果、ボトルネック工程の時間をムダにし、工場全体での生産力を損なうことになる。だから、ボトルネック工程に投入される仕掛品がすべて良品となるように、ボトルネック工程の直前で品質検査を行う必要がある。また必要な作業と不必要な作業の切り分けについても厳しくチェックを行い、本当に必要な作業、しかもいますぐに処理しなければならない作業のみに集中するように気をつけなければならない。

### ③古い機械や外注の活用

「工程Yに使うことのできる古い機械があるのだが、効率が悪い機械だから放置してある」とか、あるいは「工程Yの部分を代行してくれる外注先があるのだが、加工料が高いので躊躇している」というような場合にはこれまでのやり方を再考する余地がある。というのも、一見単独では効率の悪い古い機械でも、それを投入することで、工場全体で眠っている他の工程の資産が有効に活用できるようになるという可能性があるからである。同様に、工程Yだけ見れば、外注すると社内の費用の何倍もかかってコスト高につながるように見えても、それによって工場全体で眠っている資産が活用されるようになることを考えれば、かえって「安い」かもしれない。

### ④段取り替え時間の短縮

図4—2の例では製品は一種類のみであるが、通常の生産工程では製品$A_1$用部品と$A_2$用部品、$A_3$用部品など、類似の部品を何種類か生産している場合がある。この場合、$A_1$から$A_2$に切り替えたり、$A_3$から$A_1$へ戻したり、といった生産品目の切り替えごとに段取り替えを必要とする。この段取り替えの際に生産がストップしてしまえば、生産力が低下してしまう。それ故、この時間をできるだけ短くすることがボトルネック工程では特に重要になる。

図4－3　内段取りと外段取り

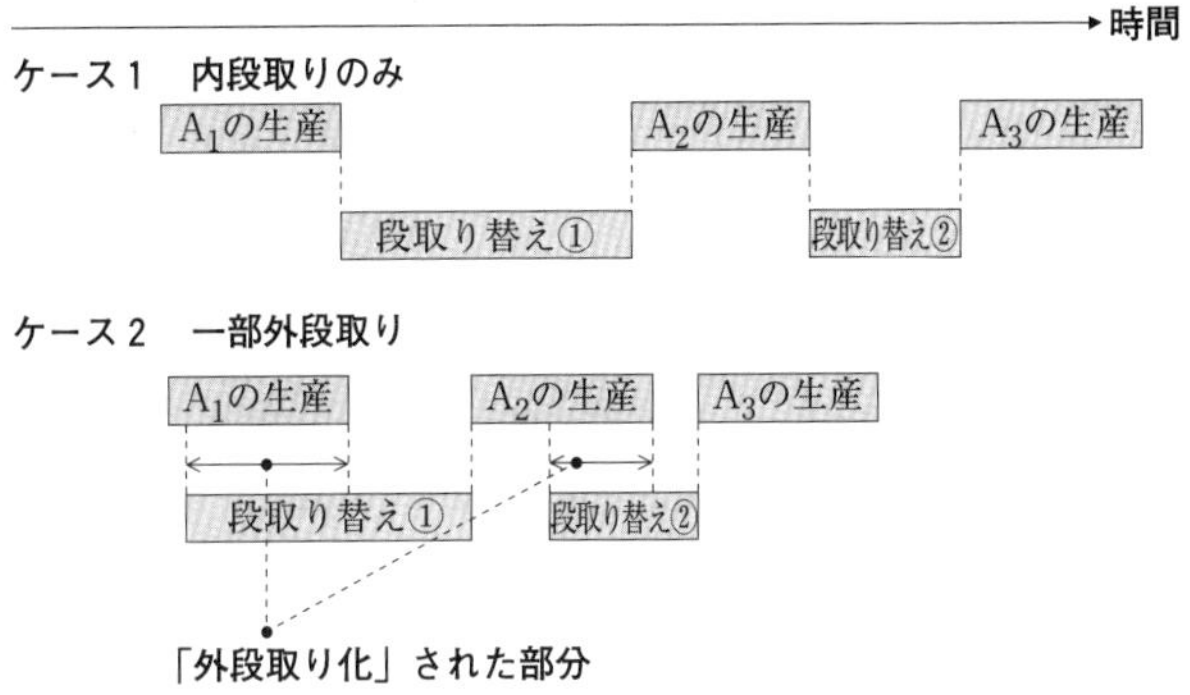


図4―3には、内段取りのみで生産されているケース1と、「外段取り」化を進めているケース2が描かれている。ケース1では、まず$A_1$の生産を行い、機械を止めてから段取り替え①を遂行し、それが終了してから$A_2$の生産に取りかかり、また段取り替え②を行って$A_3$を生産開始する。これを内段取りという。この段取り替え①と②を、機械を止めずに、通常の生産作業を進める傍らで同時並行的に進めるとケース2のようになる。これを外段取りという。内段取りを外段取りへと変えることで生産量に直接結びつく時間が多くとれるようになることは、明らかである。

### (2)　非ボトルネック工程

非ボトルネック工程は、フル稼働や生産力増大などを目指す必要はない。むしろ遊休時間を有効に使う、他の手を考えるべきであろう。これについては、基本的に①メンテナンスと研究・教育に労力を割くか、②バッチ・サイズを小さくする努力を進めるか、という二つの方向が考えられる。

### ①メンテナンスと研究・教育

非ボトルネック工程の生産力がボトルネック工程の生産力を上回っている分だけ、非ボトルネック工程には遊休時間が発生する。この遊休時間を浪費してしまうのはムダであると同時に規律のたるみをもたらす恐れもある。その意味でも、この遊休時間にもまじめに追求するべき課題を与える必要がある。

たとえば労働者たちに、工場全体に関するQC（Quality Control）活動・カイゼン活動を推進してもらうという課題設定がありうる。カイゼンを進めた結果、たとえば廃棄材料が削減されるとか、工場スペースの有効活用がなされるようになるなど、工場全体のムダが排除される可能性もある。またカイゼン活動そのものが、垂直分業を緩和することを意味し、現場の労働者に思考・判断業務を担わせていることになる。そのため、労働者の動機付けが高まると共に彼（女）らの能力が高まっていく教育効果も期待できる。

もちろんカイゼン活動という形をとらずに、先輩が後輩に仕事のやり方を教える時間として遊休時間を活用し、できるだけ多くの労働者を多能工化する方向も考えられる。どの工程にも対応できる多能工が増えれば、病欠や退職に対応するための余剰労働力を工場全体で保有すればよく、工程ごとにバラバラに対応する必要がなくなる。その分だけ余剰分を節約できる。

自分の担当している工程の遊休時間があるのであれば、ボトルネック工程へのサポートも供給できる。ボトルネック工程の機械を予防的にメンテナンスするとか、外段取りの作業を応援に行くなどのサポートが有効であろう。

②小バッチ化

段取り替えを行ったうえで同じタイミングで生産する同種部品のまとまりを、バッチという。たとえば、先に取り上げた製品$A_1$用部品と$A_2$用部品、$A_3$用部品という三種類を生産している場合を考えてみよう。この時、$A_1$用部品・200個生産→段取り替え→$A_2$用部品・200個生産→段取り替え→$A_3$用部品・200個生産という生産計画を立てれば、これらの部品のバッチ・サイズは200である。バッチ・サイズを小さくするということは、いっぺんに生産する同種部品を、たとえば200個から50個に減らして、小刻みな出荷を行うことを意味する。

段取り替えの時間がかかるのであれば、一回段取り替えを行ったら、できるだけ長い間同一部品を生産する方が効率的である。だからこの場合には、バッチ・サイズを大きくしたくなる。しかし、もし段取り替えの時間を短縮化できるのであれば、バッチ・サイズを小さくするという手も魅力的になる。

あるいは段取り替えの時間をムダにしてもよいほど遊休時間が有り余っているのであれば、頻繁に段取り替えを行って小刻みに少数の部品を出荷することにメリットを見いだせる。なぜなら、頻繁な段取り替えによる小バッチ生産は市場へのきめ細かい対応を可能にし、在庫を削減し、組織の学習を促進するからである。この点については本章末で詳述する。

### (3) 工程間の相互作用

ボトルネックであるか、非ボトルネックであるかという点に注目するのであれば、ある工程がボトルネックの前なのか、後なのかに応じて、それぞれの工程に与えられる目標が変わってくる。工程間の関係は次の四種類の関係に分類できる。

①非ボトルネック→ボトルネック
②ボトルネック→非ボトルネック
③{ボトルネック&非ボトルネック}→組立
④非ボトルネック→非ボトルネック

それぞれについて簡単に解説を加えておこう。

**①非ボトルネック→ボトルネック**

一三七ページの図4―2の仮設例でいえば、X→Yの部分がこれに相当する。この場合、作業工程Xは、その生産能力（110個／日）をフルに活用しようとするとボトルネック工程の前に在庫の山を積み上げてしまうことになる。したがって工程Xでは、労働者が「手待ち」（作業をしていない状態）であることを許容しなければならない。ただし、先にも述べたようにボトルネック工程の前に若干の在庫を積み上げておく必要がある。また、ボトルネック工程に投入される仕掛品がすべて良品であるように、XとYの間で検査作業を行う必要がある。

**②ボトルネック→非ボトルネック**

仮設例のY→Zの工程がこれに相当する。Z工程の生産能力は一日当たり120個だが、ボトルネック工程（80個／日）の後に位置しているので、フル稼働しようにも、加工するための仕掛品がボトルネック工程から流れてこない。それ故、過剰に生産して在庫の山を積み上げてしまうということは起こらない。ここで注意するべきポイントは、ボトルネック工程であるY工程を経てきた仕掛品を、その後工程の作業ミスで不良品化すると、ボトルネック工程の作業時間・作業能力を奪ったことになる、ということである。それ故、ボトルネックの後ろに位置する非ボトルネック工程はスピードよりも加工精度・良品率の向上に努力を集中するべきである。

**③（ボトルネック&非ボトルネック）→組立**

仮設例の中では、Y→Zを通ってきた仕掛品とWで作られた仕掛品が組立工程に持ち込まれる部分に相当する。Zから組立工程に持ち込まれる部品は、Z工程がどれほど必死になったとしても一日当たり80個を超えない。Zがボトルネック工程の後工程だからである。組立工程ではZから来る部品一個と、Wから来る部品1個を組み合わせて一つの完成品が作られる。だから、Zから一日に80個しか部品が来ないのであれば、工程Wがその生産能力をフル稼働させて110個生産しても一日に30個ずつ相手のない部品が在庫として積み上がっていくことになる。

W工程は、作業工程YともZとも直接接しておらず、組立工程を介して間接的に結びついているだけである。ボトルネックのY工程は能力の上限80単位を生産できることもあるだろうし、70単位しか生産できない時もあるだろう。問題は、このW工程の生産スピードをボトルネックのY工程と一致させるにはどうしたらよいのかということである。たとえば各工程の作業の進み方をリアルタイムに把握し、各工程がいま生産するべき目標生産量を作業者の目の前のディスプレイに表示できる情報システムを構築するというのも一つの手段であろう。あるいは、最終組立工程における作業の進み具合を起点にして、組立工程に補充するべき数量を板に書いて川上の工程に伝えていくという方法もある。

この数量が書かれた「板」をトヨタ生産システムではカンバンという。カンバン方式は、できる限り市場の需要に合わせた生産を可能にするばかりでなく、このように離れた場所にある生産工程をボトルネック工程と自然に同期化させせる機能ももっている。

④非ボトルネック→非ボトルネック

たとえば図4―2の仮設例でいえば作業工程VとWの間は非ボトルネック同士を結びつけたものである。しかしすでにZとWの関係について議論したところから明らかなように、非ボトルネック同士を結びつけた部分についても、すべてがボトルネックと同期化して動かなければならない。③の議論と同じく、ここでも同期化させるための情報をいかに伝えるかが重要な問題になる。

さて、本節の最後に、ボトルネックと非ボトルネックという観点から少し離れて、図4―2について若干の補足ポイントを指摘しておきたい。作業工程Vは①と②に並行分業されていた。両方を合計すると、一日当たり120個の生産能力をもつ。工場全体はたかだか80個までしか一日に生産できないのだから、これは明らかに過剰である。この場合、基本的には次の二つの選択肢がある。

(イ)V①とV②にそれぞれ40個ずつ生産する目標を与える

(ロ)V①とV②のどちらかに60個生産するという目標を与え、他方に20個という目標を与える

はたしてどちらの選択肢を選ぶべきであろうか。(イ)のように両者に同じ40個という目標を与える場合、生産活動そのものと、それ以外の人材育成や改善活動などについて、V①とV②の

作業者（またはチーム）を相互に競争させることが可能である。競争によって資源のムダを排除したり、創造的なアイデアを提出したりといったプラスの効果があるのであれば、この方法が魅力的である。

他方、たとえばV①にフル生産させ、V②には20個分のみを生産させる方法では両者の競争を利用するという手は使えない。しかもV②はかなりの遊休時間をもつために、V①とV②の不公平感が強まるかもしれない。あるいはV②の人員が多数にのぼり、職場でブラブラするようになれば、職場の規律がゆるむ可能性もある。しかし、V②には非常に明確な遊休時間が誰の目にも見えて存在していると、V②を不要にするべくV①の生産力を高めるような努力を行うという目標が明確になるというメリットもある。逆にV①とV②に40個ずつを割り当てると、両方ともその余剰分だけ気をゆるめてしまい、その後の工程改善の進歩が生じにくくなる可能性もある。

分業とその運営のやり方は、常にメリットとデメリットの両方が付きまとっている。メリットが強く出るか、デメリットが強く出るかは、その時点における社員のまじめさや熟練度など多様な要因に依存する。重要なことは、これらの現状を了解し、現時点で自社の場合にはどのメリットとデメリットが出現しやすいのかを見極め、その都度、少しでも有利な方を選択していくことであろう。

## 3　バッチ・サイズの小規模化

図4―2に示されていた仮設例では、製品Aの単品生産を想定していた。しかし多品種少量生産の時代といわれる現代においては、一つの工場で複数のアイテム（品目）を生産しているのが普通である。同じ工場・生産工程で生産されるアイテムであるから、類似の工程を必要とするものであることは間違いないが、それでも生産するべきアイテムを変更するごとに、若干の相違は避けられず、それ故に、段取り替えが必要になる。

段取り替えにはある程度の時間がかかる。しかも、段取り替えを行った後は良品率が下がることもある。コスト削減という意味でも品質の安定という意味でも、同じ製品をできるだけ長く続けて生産するのが望ましい。だから一回の段取り替えで生産する数量、すなわちバッチ・サイズをできるだけ大きくすることには魅力がある。

しかし、一回に多数まとめて生産しても、そのすべてをそのまま市場が即座に購買してくれるわけではない。たとえばいま$A_1$と$A_2$、$A_3$の三つのアイテムを生産しているとしよう。この二日間は$A_1$が100個売れ、次の二日間は$A_2$が100個、さらに次の二日間は$A_3$が100個売れるというような売れ方になるわけではない。市場では、三つのアイテムが、たとえば毎日平均するとそれぞれ16個ずつ売れていく、と考える方が適切であろう。このような三アイテムを毎日少しずつ作れれば、それだけ市場にはリアルタイムで対応が可能である。だから、市場適応という観点から考えれば、頻繁に段取り替えを行って小さなバッチ・サイズの生産を行うことに魅力がある。

本節は、このバッチ・サイズを小さくすることによるメリットを簡単に理解する作業を行うことにしたい。リーン生産方式にせよ、『ザ・ゴール』で有名な制約条件の理論（TOC）にせよ、近年の経営手法に関する議論を理解し、そのメリットを組織設計の中で活用するためには、小バッチ化による「作業の流れ（処理プロセス）」の高速サイクル化が非常に重要だからである。

段取り替えを頻繁に行うことのメリットは、市場に対してコンスタントに対応可能であり、それ故に在庫を減らすことができるという点にある。この点を表4―2に見られる数値例で確認しておこう。いま、二つの工程PとQによって、$A_1$用部品と$A_2$用部品、$A_3$用部品の三種類を生産していると想定して欲しい。それぞれの部品は半日に平均16個ずつ売れていくと考えよう（端数が出るので、16個・16個・18個というサイクルで売れると仮定して計算してある）。各工程は三つの部品を半日に50個ずつ生産する能力があると想定しよう。本来、段取り替えを行えば生産力は落ちて当然なのだが、ここでは議論を単純化するためにその問題を無視することにする。段取り替えを頻繁に行うことによって生じる生産力低下は、また別個に考えて、ここで

**表4－2　バッチ・サイズ小型化の効果 (a)**

| 日 | 午前<br>午後 | ケース1　バッチ・サイズ＝200個の場合<br>P工程 | Q工程 | $A_1$在庫 | $A_2$在庫 | $A_3$在庫 | 出荷前の<br>在庫合計 |
|---|---|---|---|---|---|---|---|
| 1日目 | 午前 | $A_1$ | | | | | |
| | 午後 | $A_1$ | | | | | |
| 2日目 | 午前 | $A_1$ | | | | | |
| | 午後 | $A_1$ | | | | | |
| 3日目 | 午前 | $A_2$ | $A_1$ | | | | |
| | 午後 | $A_2$ | $A_1$ | | | | |
| 4日目 | 午前 | $A_2$ | $A_1$ | | | | |
| | 午後 | $A_2$ | $A_1$ | 200 | | | |
| 5日目 | 午前 | $A_3$ | $A_2$ | 184 | | | |
| | 午後 | $A_3$ | $A_2$ | 168 | | | |
| 6日目 | 午前 | $A_3$ | $A_2$ | 150 | | | |
| | 午後 | $A_3$ | $A_2$ | 134 | 200 | | |
| 7日目 | 午前 | $A_1$ | $A_3$ | 118 | 184 | | |
| | 午後 | $A_1$ | $A_3$ | 100 | 168 | | |
| 8日目 | 午前 | $A_1$ | $A_3$ | 84 | 150 | | |
| | 午後 | $A_1$ | $A_3$ | 68 | 134 | 200 | 402 |
| 9日目 | 午前 | $A_2$ | $A_1$ | 50 | 118 | 184 | 352 |
| | 午後 | $A_2$ | $A_1$ | 34 | 100 | 168 | 302 |
| 10日目 | 午前 | $A_2$ | $A_1$ | 18 | 84 | 150 | 252 |
| | 午後 | $A_2$ | $A_1$ | 200 | 68 | 134 | 402 |

提示されるメリットと比較考量して欲しい。

**(i)　ケース1　バッチ・サイズ＝200、搬送も200単位で行う場合**

まず初めにP工程が$A_1$用部品を二日間作り続け、200個作り終えた段階でそれをQ工程に搬送する場合を考えてみよう。P工程は$A_1$用部品を作り終えた後で$A_2$用部品に取りかかり、同様に200個全部を作り上げたうえでQ工程に搬送し、しかる後に$A_3$用部品の生産に取りかかる、という状況を想定しよう。

二日目の夕方までにP工程は200個の仕掛品を作り、翌朝からQ工程がこれに加工を加えて四日目の夕方に$A_1$用部品200個がすべて完成する。完成品がすべてでき上がってから出荷を開始すると想定すると、$A_1$用部品は五日目の朝から販売され、一日に16個ずつ売れてい

ケース2　バッチ・サイズ＝200個の場合

| P工程 | Q工程 | $A_1$在庫 | $A_2$在庫 | $A_3$在庫 | 小口搬送によるオーバーラップ 出荷前の在庫合計 |
|---|---|---|---|---|---|
| $A_1$ | | | | | |
| $A_1$ | $A_1$ | 50 | | | |
| $A_1$ | $A_1$ | 84 | | | |
| $A_1$ | $A_1$ | 118 | | | |
| $A_2$ | $A_1$ | 150 | | | |
| $A_2$ | $A_2$ | 134 | 50 | | |
| $A_2$ | $A_2$ | 118 | 84 | | |
| $A_2$ | $A_2$ | 100 | 118 | | |
| $A_3$ | $A_2$ | 84 | 150 | | |
| $A_3$ | $A_3$ | 68 | 134 | 50 | 252 |
| $A_3$ | $A_3$ | 50 | 118 | 84 | 252 |
| $A_3$ | $A_3$ | 34 | 100 | 118 | 252 |
| $A_1$ | $A_3$ | 18 | 84 | 150 | 252 |
| $A_1$ | $A_1$ | 50 | 68 | 134 | 252 |
| $A_1$ | $A_1$ | 84 | 50 | 118 | 252 |
| $A_1$ | $A_1$ | 118 | 34 | 100 | 252 |
| $A_2$ | $A_1$ | 150 | 18 | 84 | 252 |
| $A_2$ | $A_2$ | 134 | 50 | 68 | 252 |
| $A_2$ | $A_2$ | 118 | 84 | 50 | 252 |
| $A_2$ | $A_2$ | 100 | 118 | 34 | 252 |

く。これと同様のことを$A_2$用部品と$A_3$用部品にも行い、$A_2$用部品は七日目の朝から、$A_3$用部品は九日目の朝から販売され始める。

これらすべてのアイテムが出荷されるようになった時点での出荷前の在庫は250個から400個程度の間を増減することになる。毎日コンスタントに商品は売れるはずなのに、同一品目の生産は六日に一回しか完成品を生み出さないから、出荷前の在庫が多めに蓄積されてしまう。

**(ii)　ケース2　バッチ・サイズ＝200、50個単位の多頻度小口搬送を行う場合**

先の例では、P工程が200個完成してからQ工程に仕掛品を搬送するので、中間在庫も常に200個存在し続けていた。バッチ・サイズを

**表４－２　バッチ・サイズ小型化の効果（b）**

| 日 | 午前<br>午後 | ケース３　バッチ・サイズ＝50個の場合<br>P工程 | Q工程 | $A_1$在庫 | $A_2$在庫 | $A_3$在庫 | 出荷前の<br>在庫合計 |
|---|---|---|---|---|---|---|---|
| １日目 | 午前 | $A_1$ | | | | | |
| | 午後 | $A_2$ | $A_1$ | 50 | | | |
| ２日目 | 午前 | $A_3$ | $A_2$ | 34 | 50 | | |
| | 午後 | $A_1$ | $A_3$ | 18 | 34 | 50 | 102 |
| ３日目 | 午前 | $A_2$ | $A_1$ | 50 | 18 | 34 | 102 |
| | 午後 | $A_3$ | $A_2$ | 34 | 50 | 18 | 102 |
| ４日目 | 午前 | $A_1$ | $A_3$ | 18 | 34 | 50 | 102 |
| | 午後 | $A_2$ | $A_1$ | 50 | 18 | 34 | 102 |
| ５日目 | 午前 | $A_3$ | $A_2$ | 34 | 50 | 18 | 102 |
| | 午後 | $A_1$ | $A_3$ | 18 | 34 | 50 | 102 |
| ６日目 | 午前 | $A_2$ | $A_1$ | 50 | 18 | 34 | 102 |
| | 午後 | $A_3$ | $A_2$ | 34 | 50 | 18 | 102 |
| ７日目 | 午前 | $A_1$ | $A_3$ | 18 | 34 | 50 | 102 |
| | 午後 | $A_2$ | $A_1$ | 50 | 18 | 34 | 102 |
| ８日目 | 午前 | $A_3$ | $A_2$ | 34 | 50 | 18 | 102 |
| | 午後 | $A_1$ | $A_3$ | 18 | 34 | 50 | 102 |
| ９日目 | 午前 | $A_2$ | $A_1$ | 50 | 18 | 34 | 102 |
| | 午後 | $A_3$ | $A_2$ | 34 | 50 | 18 | 102 |
| 10日目 | 午前 | $A_1$ | $A_3$ | 18 | 34 | 50 | 102 |
| | 午後 | $A_2$ | $A_1$ | 50 | 18 | 34 | 102 |

200にしておいても、搬送を50個単位で行って、Q工程が半日遅れでP工程の後を追うようにオーバーラップさせれば、中間在庫を大幅に減らすことができる。この場合、毎日50個ずつの中間在庫で済む。ただし工場内搬送を50個単位に減らしても、出荷前在庫は大幅には減少しない。市場需要が１日16個なのに、バッチ・サイズが200個だからである。表４—２の中間部分に見られるように、ここでの出荷前の在庫は合計で250個程度になる。

### (iii)　ケース３　バッチ・サイズ＝50の場合

バッチ・サイズを小さくすると、ケース２の時よりもさらに在庫を減らすことが可能になる。中間在庫についてはケース２と同じであるが、出荷前の在庫が大きく異なってくる。バッチ・サイズを小さくする場合、一日目の午前中からＰ工程で作業を始めた$A_1$用部品が午後にはＱ工程で仕上がり、その夜から出荷可能になる（販売は翌朝から）。しかも$A_1$用部品が再度出荷可能になるまでにたかだか一日半しかかからない。$A_1$用部品の在庫を、この1.5日分保有するだけなのである。同様のことを$A_2$用部品と$A_3$用部品についても行っているので、保有する在庫がずっと少なく、100個程度で済む。

バッチ・サイズを小さくすると、市場の需要にコンスタントに対応していくから在庫保有量が少なくて済む。これが最も直接的な目に見える効果であるが、市場の需要にコンスタントに対応することのメリットは他にもある。たとえば顧客から寄せられた製品品質等に関するクレームに早いタイミングで対応可能である。あるいは前工程の産出した仕掛品に不良が混ざっていることを後工程が発見した場合も、工程解析を行い、修正を施すのに早いタイミングで対応することが可能になる。

いま工程内で不良品が見つかる場合を考えよう。ケース１の場合、Ｐ工程で初日の午前中に行われた作業ミスが見つかるのは、早ければＱ工程の最初三日目の午前中、遅ければＱ工程の四日目の午後である。つまり、短くても二日、長ければ四日もかかってしまう。

ケース２の場合には発見は早い。Ｐ工程で一日目の午前中に作られたものをＱ工程はその日の午後に加工するからである。ここで発見された不具合は、その日のうち、あるいは翌日の午前中にフィードバック可能であろうから、比較的早く修正が行われる。ただし、発見されるまでの間にP工程は同じモノを作り続けている。しかも、市場から帰ってくるクレーム情報に対して対応するには、やはり早くても四日ほどかかってしまう。

これに対してバッチ・サイズの小さいケース3の場合、P工程の午前中の問題をQ工程は午後発見できるばかりでなく、市場からのクレームに対しても1.5日で対応可能である。工程内での問題を処理し、市場との相互作用を通じて失敗から学習していくということを考えると、バッチ・サイズの小さな生産工程は明らかに迅速かつ柔軟である。

小バッチ化は単に在庫量を減らすというメリットばかりではなく、市場への適応と組織の学習という意味でも非常に意味が大きい。多品種少量生産が求められ、日々刻々と市場や技術が変化する時代に、失敗から学び、日々改良を積み上げていく組織を形成するうえで、小バッチ化は決定的に重要なのである。これを究極まで突き詰めていけば、バッチ・サイズを一つずつにするということになる。いわゆる「1個流し」の生産システムは、ダイナミックに学習する現場組織の究極の姿なのかもしれない。

小バッチによるメリットを突き詰めていくと、自社内の工程についてバッチ・サイズを小さくしていくだけでは限界に直面する。なぜなら部品納入業者からの部品供給が自社のバッチの大きさと一致していなければ、部品納入業者か自社のどちらかに部品在庫が大量に積まれる可能性があるからである。在庫費用を部品メーカーが担っていたとしても、その費用を削減できれば部品コストを下げることが可能かもしれない。また、迅速な組織学習によって製品システム全体の性能向上を進めていくうえで、問題の発見とそのフィードバックは自社内で完結するものではない。部品メーカーまで含めた全体が迅速な学習を行うネットワークになっている必要がある。もし部品納入業者の倉庫に部品在庫の山があり、その山の中に不良品が入っていれば、それだけでネットワーク全体の学習速度は遅くなってしまう。自社内で問題が解決せず、部品納入業者や流通業者などサプライ・チェーン全体のマネジメントが重要なのである。

また、「作業の流れ」に含まれるのは、モノづくりのプロセスばかりではない。製品開発や注文処理、販売活動など、設計図（アイデア）やサービスを生産する活動まで含めて、何かを生産する活動はすべて「作業の流れ」として考える必要がある。新製品開発は、多様なアイデアを原材料として、一つの製品の設計図を生産する活動である。管理者たちの意思決定は、現場で生じている問題・課題に関する情報を原材料として、その問題を解決するための決断を生産する活動である。

これらは、一見すると生産活動でないかのように見えるかもしれないが、実はすべて「作業の流れ」から構成される生産活動だと捉えることが可能なのである。これら広い視野で捉えられた「作業の流れ」が速いサイクルで回るようになると、多様なメリットが達成可能になる。

すでに紹介したものも含めて、最後に簡単に整理しておくことにしよう。

まず第一に市場需要に短い時間で対応する迅速さが発揮できる。短い時間で市場に対応できるのであれば、市場の変化を予測する期間を短くできる。変化に五年かかる会社は五年先の市場環境を予測しなければならないが、三日で反応を変えることのできる組織は三日先の市場環境を予測すればよい。予測が容易であれば、それに対する準備も容易になり、経営資源のムダ遣いを大幅に低く抑えることができる。すなわち市場への適応力が高まるのである。

第二に、「作業の流れ」が速いサイクルで回るのであれば、市場需要の反応も、工程の異常や技術変化も、比較的早いタイミングで発見でき、それを同様に早くフィードバックすれば学習スピードの速い組織が出来上がる。組織学習が促進されるのである。ミスが放置されず、ムダを削減するスピードが速く、他企業よりも早いサイクルで製品を改良していくことができる企業は、コスト面と品質面の両面で同時に他社よりも優位に立てる可能性がある。

しかも第三に、「作業の流れ」の高速サイクル化は、特定の顧客や市場セグメントに対応するサプライ・チェーン全体が連動することを意味している。機能別分業によって特定の工程や専門にのみ目を向けていた作業者たちが、特定顧客向けの「作業の流れ」の中で連結され、非常に速いフィードバックをもらいながら作業を行っていくため、自然に顧客の反応にも目を向けていくようになる可能性が大きい。機能部門の利益よりも事業全体の利益に対して敏感になるのである。この点が市場への適応力をさらに高め、組織学習をなお一層進展させる重要な加速要因となる。

狭い意味での生産現場ばかりでなく、事務作業や製品開発、意思決定等々、さまざまな組織内のタスクに関して、「作業の流れ（処理プロセス）」を速いサイクルで回転させることには大いに意味がある。処理プロセスの標準化を進めていく際にも、また次章以後で解説するヒエラルキーや水平関係を構築していく際にも、この高速サイクルで動くことによるメリットを常に視野に入れておかなければならない。

# V　ヒエラルキーのデザイン

## 1　事後的調整手段としてのヒエラルキー

標準化は偉大である。処理プロセスやアウトプット、インプットを標準化することで、いつでも、どこでも同質的なアウトプットを予定されたタイミングで生産することができ、多数の作業者たちの活動を自然に調和させることが可能になる。しかも前章で示されたようにボトルネックに注目しながら、標準化された職務を連結すれば、組織が行う作業はスムーズに連動して一つの淀みない流れとなり、優れたパフォーマンスを達成できるようになる。

しかし、もちろん、標準化にも泣きどころがないわけではない。その最大のポイントは、標準化が事前に用意された調整用具だということである。将来生じることを組織デザイナーが予見できればできるほど、標準化は有能さを発揮する。組織デザイナーの予想した通りに事態が進展し、事前に決められた通りに対応すればよいのであれば、標準化だけで組織は高いパフォーマンスを達成できる。

だが、予想外の事態が発生した場合には、事前に用意された調整手段である標準化では対応できる範囲に限界がある。もちろん、組織メンバーが徐々に学び始め、当初の予想と異なる事態に対応する新しいプログラムを用意したり、例外に出会った時に対応するための特別のプログラムを開発したりする場合もある。また、プログラム化しないまでも、前例を記録しておき、目の前で発生している例外事象に対して、最も類似した過去の前例に従って処理するという手段もある。

このように組織デザイナーや組織メンバーが、例外に対応できるプログラムを経験に基づいて作り出したり、前例を蓄積して、その利用法に通暁していったりすることを組織学習という。ある程度の例外までは、組織メンバーたちの自発的な学習とその共有化・プログラム化によって対応できるかもしれない。しかし、これには限界があることは明らかであろう。

結局のところ、事前の調整手段である標準化は、予想可能な世界の中で有効であり、世の中で発生する事態が予想不可能になっていくにつれて事前の調整手段は機能しにくくなり、事後的な調整手段が必要になっていく。予想できる世界というのは確実性の世界であり、予想できないことが起きる世界は不確実性の世界である。したがって、不確実性が高ければ高いほど、標準化の有効性が低下し、事後的な調整手段の必要性が増すのである。その事後的な調整手段

**図5－1　単純なヒエラルキーのイメージ**

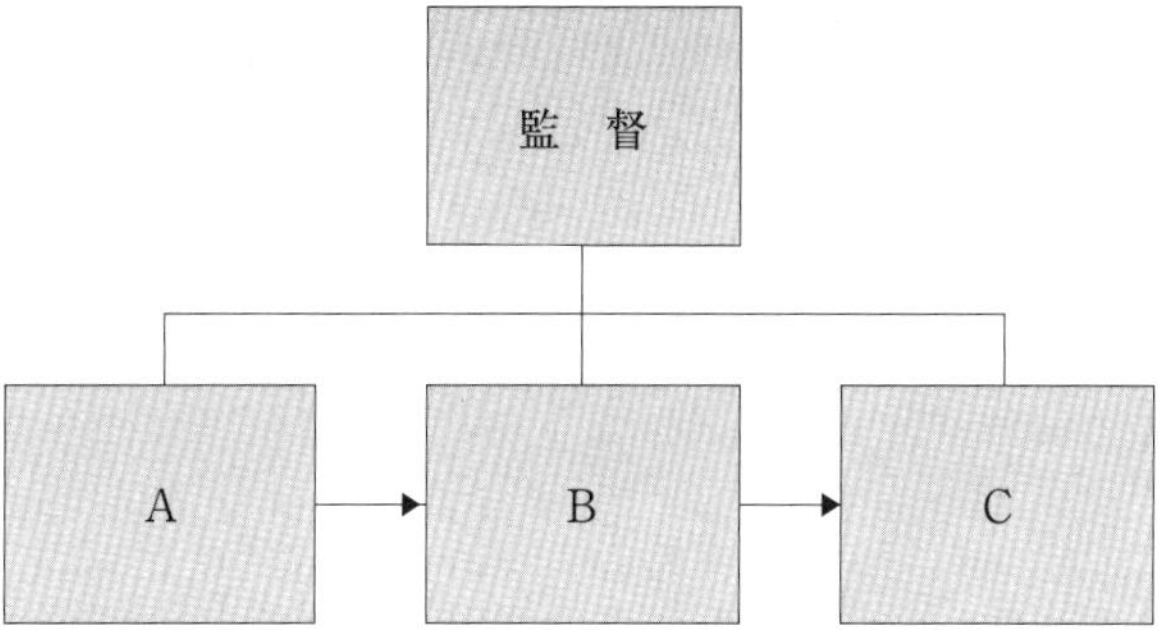


の中で、最も古典的で、現在でも最も一般的に使われるものがヒエラルキー（階層制）である。

ヒエラルキーを直観的に理解することは難しくない。図5－1に見られるように、いま作業工程がA→B→Cの順序で進められているとしよう。そこで事前に想定していなかった問題が発生した場合に、その問題に対する対応法を考え、決定する役割を一つ作り、すべてのメンバーがその上司を通じてコミュニケーションをとるということに決めれば、ヒエラルキーは出来上がる。監督とか、リーダーとか、管理職、経営者など、多様な名前で呼ばれるが、この事後的な例外処理を通じて調整を達成する手段がヒエラルキーなのである。

もちろん事後的な例外処理を担える仕組みは、ヒエラルキーばかりではない。すべての組織メンバーが互いに直接相談しあうとか、必要な相談相手をその都度見つけ出して解決策を考えるという手段もある。しかしながら、すべてのメンバーが集まって相談するとすれば、①その相談時間中はすべての人の作業が止まることになり、経済的ではない、②人間の数が多くなるにつれて、すべての人が一堂に会して話し合うこと自体が実現困難になっていく。必要な相談相手をその都度見つけ出して直接折衝する場合も、①相手の作業を予期せぬ時に止めてしまうというコストがかかり、②人間の数が多くなるにつれて適切な相手を探索するのが困難になっていく。

人数が多くなるにつれて、当事者たちが直接折衝を行って事後的調整を行うのは情報チャネルが複雑になり過ぎるので、判断・調整の役職を設定して皆がその役職者と相互作用するというヒエラルキーの方が経済的である。この点はしばしば言及されるので、図5―2に沿って簡単に標準的な確認を行っておこう。

いま、すべての人を情報チャネルで直接結びつけたネットワークを完全結線と呼ぶとすれば、組織メンバーの数が$n$人の際の完全結線においては情報チャネルの数は$\frac{n(n-1)}{2}$となる。ある人を他者と結びつけるチャネルは$n$人それぞれに$n-1$必要である。情報チャネルは1本あれば双方向にやり取りできるので、最後に二で割ってある。これに対してヒエラルキーの特徴は、すべての人からその上司に対して1本ずつのコミュニケーション・チャネルが作られ、最後のトップの人間からは上にコミュニケーション・チャネルが出ていないので、$n$人を結びつける際に$n-1$本で事足りるのである。

人数が増えるにつれて、完全結線とヒエラルキーの情報チャネル数の増え方は対照的である。

**図5－2　ヒエラルキーの簡便さ**

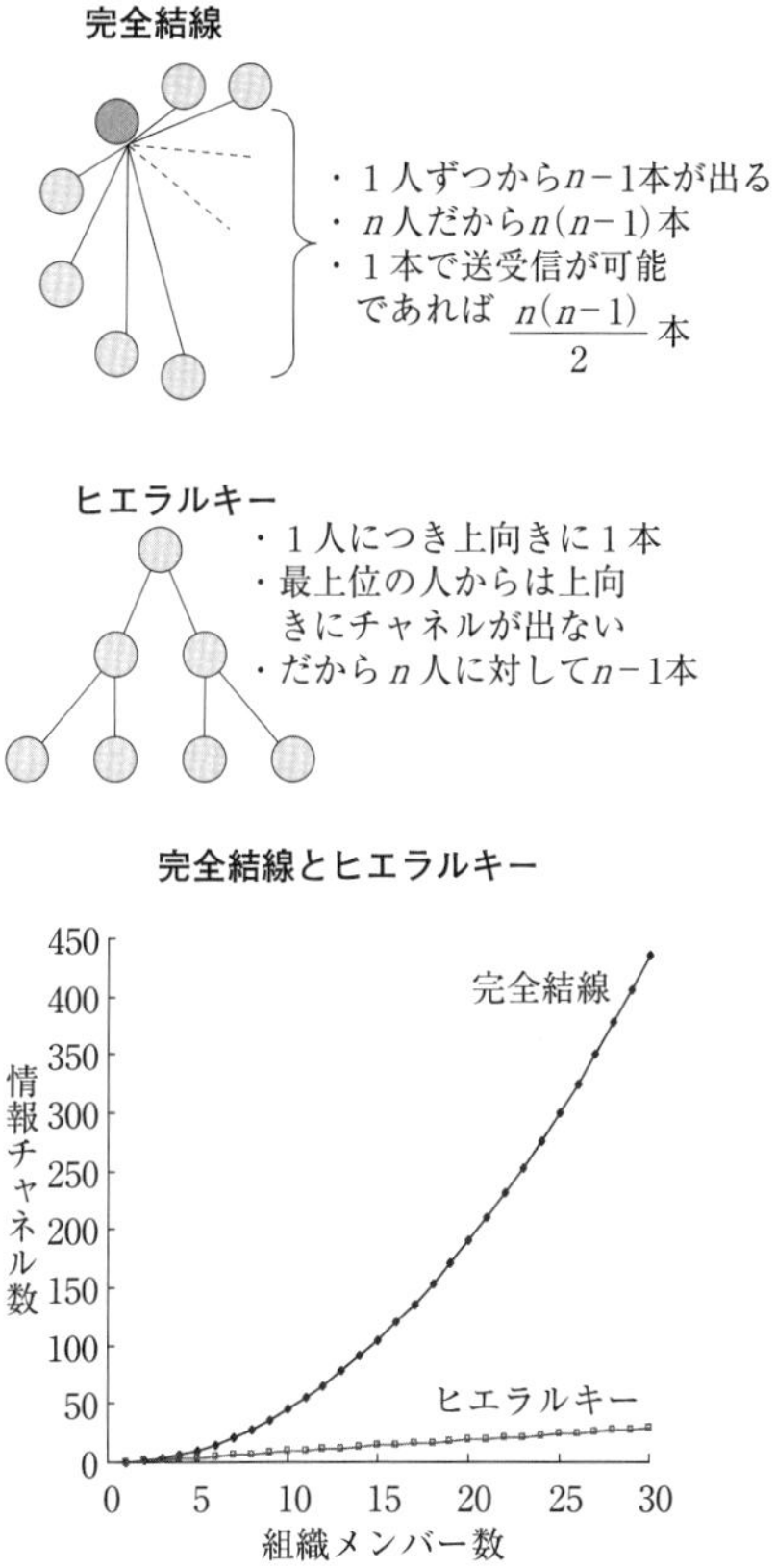


一方は$n$の二次関数で他方は$n$の一次関数であるから、組織メンバーの数の増加につれて極めて大きな差が生じてくることは明らかである。実際、両者の比は常に$n/2$であり、メンバーが5人の時には完全結線で10本、ヒエラルキーで4本と、たかだか二・五倍程度の比率だが、メンバーが10人になると45本対9本で5倍、20人の時には190本対19本と10倍にまで格差が拡大する。この点は図の下段にあるグラフからも確認できる。もちろんヒエラルキーにも多様な問題

があるのだが、それでもヒエラルキーは事後的な例外処理を行い、調整を行う手段としては安上がりなのである。

## 2　事前と事後の振り分け

「未来は不確実だ」と簡単に片づけてしまうと、事前の調整手段としての標準化と事後的調整手段としてのヒエラルキーの使い分けが、組織デザイナーによって設計できるものだということをついつい忘れてしまいがちである。だが実際には、「どこまで」を事前の調整手段に任せ、「どこから」を事後的な調整手段に任せるのかを切り分ける作業は非常に重要である。起こりうるすべての事態に事前に標準化で対応しようとすれば、マニュアルや規則があまりにも膨大なものになり、極端に融通の利かない組織が出来上がる。実際、日本企業の中には、そのきまじめさ故に、あらゆる予想される例外事態に対処可能な規則を目指してしまい、その結果として柔軟性を欠いた組織を生み出してしまっているものもある。例外発生を適度に許容し、その例外処理を上司に任せるというバランスが重要なのである。

ヒエラルキーという言葉は人々の自由を圧迫するフレキシビリティに欠けたものだと誤解されがちである。だが実際には、事前の調整手段よりも事後的な調整手段の方がフレキシビリティが高いことは明らかである。一般的なイメージにおける「官僚的」な組織は、事前の調整手段が充実しすぎているが故に、上司の判断までマニュアル化されていたり、規則や前例に縛られているといった、高度の標準化に対して向けられているのであって、管理者の事後的判断が多いものを指しているのではない。

ヒエラルキーには「上司による部下の支配」といったマイナスのイメージが付きまとうこともあるが、例外に対する対応に関していえば、たどるべきコミュニケーションの経路が固定されているだけで、対応の内容そのものは幅広く選択可能であるため、本来、ある程度の柔軟性を備えた調整メカニズムだと評価されるべきである。

さて、事前の調整手段と事後のそれの分担について考える作業に戻ろう。この問題を考えるカギは二つある。一つは不確実性であり、もう一つはコストである。まず不確実性から始めよう。

### (1)　不確実性

不確実性とは、事前に予測できなかったことが起こることを指す。「予測できないことが生じる」のは、予測者の複雑さと予測対象の複雑さを比較した時に、前者（予測者の複雑さ）の方が劣るからである。自然現象を予測しようとしたり、社会現象を予測しようとしたりする際に、予測者は正確な予測に必要な諸条件をすべて取り込むことができない。予測者の情報処理能力がパンクするからである。

しかし、この種の情報処理能力というのは人によって異なる。個々人の情報処理能力のバラツキという点では、生まれついた頭脳明晰さの違いを思いつく人が多いかもしれないが、実際に重要なのは積み重ねられてきた学習の厚みである。素人の時にはどれほど頭脳明晰な人間でも事前に予想していなかったことが発生するが、特定の専門領域で経験を積むにつれて多数の例外を処理した経験を蓄積し、予測可能な範囲が増えていく。だから、不確実性とは環境の側の特徴であると同時に、環境に対応しようとしている人間の側の特徴でもある。

不確実性は人間の側の予測能力の問題でもあるので、それは組織学習を通じて時とともに変化していく。それ故、いまとなっては定型的な業務も、まだ不慣れだった創業期には不確実性の高い業務であった。逆に、将来的には定型的な業務になるはずのものも、現時点では不確実性が高い、ということも起こりうる。

たとえばアルバイトを多数用いる組織とか、急成長中で新人が多い組織などでは、マニュアルを整備し、教育訓練を充実させる必要がある。もしこれらの標準化作業を怠れば、事後的な調整装置としてのヒエラルキーでは処理できないほど多数の例外が生み出されてしまうであろう。これに対して、熟練度の高いメンバーばかりで構成されている組織の場合には、事前に多くのことが予測可能であり、しかも例外判断を各自が定型業務のように遂行できるという状況が成立している。この場合には、自律的な作業組織にほとんどすべての調整業務を任せ、ヒエラルキー自体は極めて単純なものを用意しておけばよい。

まったくの新人でもなく、まったくの熟練者でもない、その中間的な状況の時に、ヒエラルキーは最も必要であり、また有効に機能するであろう。例外がほとんど現場で処理できるわけではなく、また逆にすべてが例外として上司に相談されるわけでもない、この中間的な状況では、適度な数の例外が上司に相談されてくるはずだからである。

ここで重要なことは、組織の設計は環境要因ばかりでなく、組織メンバーの熟練度や、その組織にとって新規事業であるか否かといった、組織メンバーの知識蓄積量によっても大幅に変わりうるという点である。不確実性は環境の要因であるばかりでなく、行為者の側の慣れとか知識の要因でもあるということを常に忘れてはならない。

環境に存在する競争相手や顧客もまた学習する行為者であるということも忘れてはならない。こちらの戦略的ミドルが熟練を積んでいるからといって、競争相手の戦略的ミドルの方がもっと熟練を積んでいれば、「予想もしていなかった事態」が頻繁に発生しうる。逆にこちらの方が熟練した戦略的ミドルであれば、相手のとりそうな手をおおかた予測できるので不確実性は低く抑えられる。また、こちらのマーケター（マーケティング担当者）の知識レベルが顧客のそれを超えていれば、顧客の行動を読みきることもできるだろうが、顧客の方がはるかによく商品知識を身につけ、利用法を考え出し、新しいニーズを抱き始めるというような場合は、やはり「予想もしていなかった事態」が頻繁に発生するであろう。

不確実性を下げるためには、熟練を積むこと、知識を蓄積することばかりでなく、競争相手や顧客よりも速く、より洗練された知識を身につけることが重要なのである。

### (2) 予測と標準化のコスト

世の中には、「予想しようと思えば、予測できないことはないが、それを行うにはあまりにも手間暇がかかりすぎる」という問題もある。あるいは大まかな構造までは予想できるが、より細かい部分を予想しようとすると、突然予測が難しくなるというような場合といってもよい。たとえば、毎年一万枚売れる緑のトレーナーが、今年何枚売れるかを、千枚単位で大まかに予想することはできても、一桁まで当てるのは難しいであろう。

細かいところまで詳細に予想しようとすると、その分だけ情報を収集し、分析し、判断する作業が複雑になる。この情報収集・分析・判断に必要な労力を情報処理負荷と呼ぶならば、詳細で正確な予測を行おうとすると情報処理負荷が膨大となり、必要以上のコストを必要とするようになる。たとえば計量分析に優れたＭＢＡを一人雇えば、トレーナー需要予測を±五〇〇枚の範囲で当てられるとしよう。MBAを雇わずに直観に頼っていると、これまで±五千枚の範囲だったとしよう。この時、四千五百枚の売れ残りのコストや、販売機会の逸失コストが、MBA一人の雇用で発生するコストを上回るのであれば、正確に予測するべくMBAを雇うべきであろうし、そうでないなら雇う必要はない。すべてはこのような比較考量の結果で決まるのである。

同様に、予想したことをすべてマニュアルに落とし込むか否かも、それがもたらすコストとベネフィットに基づいて考えるべきである。非常に詳細な事態まで想定して、それをマニュアルに記載しても、新入社員やアルバイトの人に即座に理解してもらうのは非常に難しい。あるいはそれをすべて理解する社員を雇うには、潜在的な知力の優れた人材を獲得する必要があり、その結果としてコスト高になるということもありうる。さらにマニュアルや規則集が厚くなると、結局、誰にも理解できなくなり、現場がまったくマニュアルや規則を無視するようになったり、規則のみに異常に詳しい人に権力が発生したり、といった好ましくない問題も発生する。

それ故、年に一回しか出てこないような事態に対する対応法は、マニュアルに記載することなく、実際の作業中に出会い、上司と相談して解決し、そのプロセスで作業者に学んでもらった方が安上がりである、という場合がある。この場合には、予想できていても、あえて標準化に頼らずに、予想の範囲内の「例外」としてヒエラルキーに処理させる方がよい。これらのトータル・バランスを考えながら、ある部分を標準化で処理し、他の部分をヒエラルキーに処理させるという判断を組織デザイナーは行わなければならない。

## 3 ヒエラルキーの設計①――管理の幅とフラットな組織

ヒエラルキーは何層でも積み重ねていくことができる。たとえば作業現場の労働者たちの上に監督が置かれ、その上に課長や部長、工場長、生産担当執行役員、社長などの階層が積み上げられる。このように階層を積み重ねていくと、非常に数多くの階層が積み重ねられる組織と、階層数の少ない組織とが生み出されてくる。

組織論では、伝統的に階層数の多い組織を縦長の（tall）組織と呼び、階層数の少ない組織を“short”（背の低い）組織と呼んできた。しかし、近年では“short”という言い方ではなく、フラット（平ら、flat）な組織という言い方の方が普通に用いられている。

いま、同一人数をヒエラルキーで結びつける場合、組織がフラットになるのか、縦長になるのかを分けるカギは、管理の幅（span of control）である。管理の幅とは、一人の管理者が管理する部下の数のことである。たとえば一人の課長の下に課員が五人いれば、ここでの管理の幅は5である。あるいは社長に直接報告義務を負う事業本部長クラスの人間が十四人いれば、

図5－3　管理の幅を左右する要因

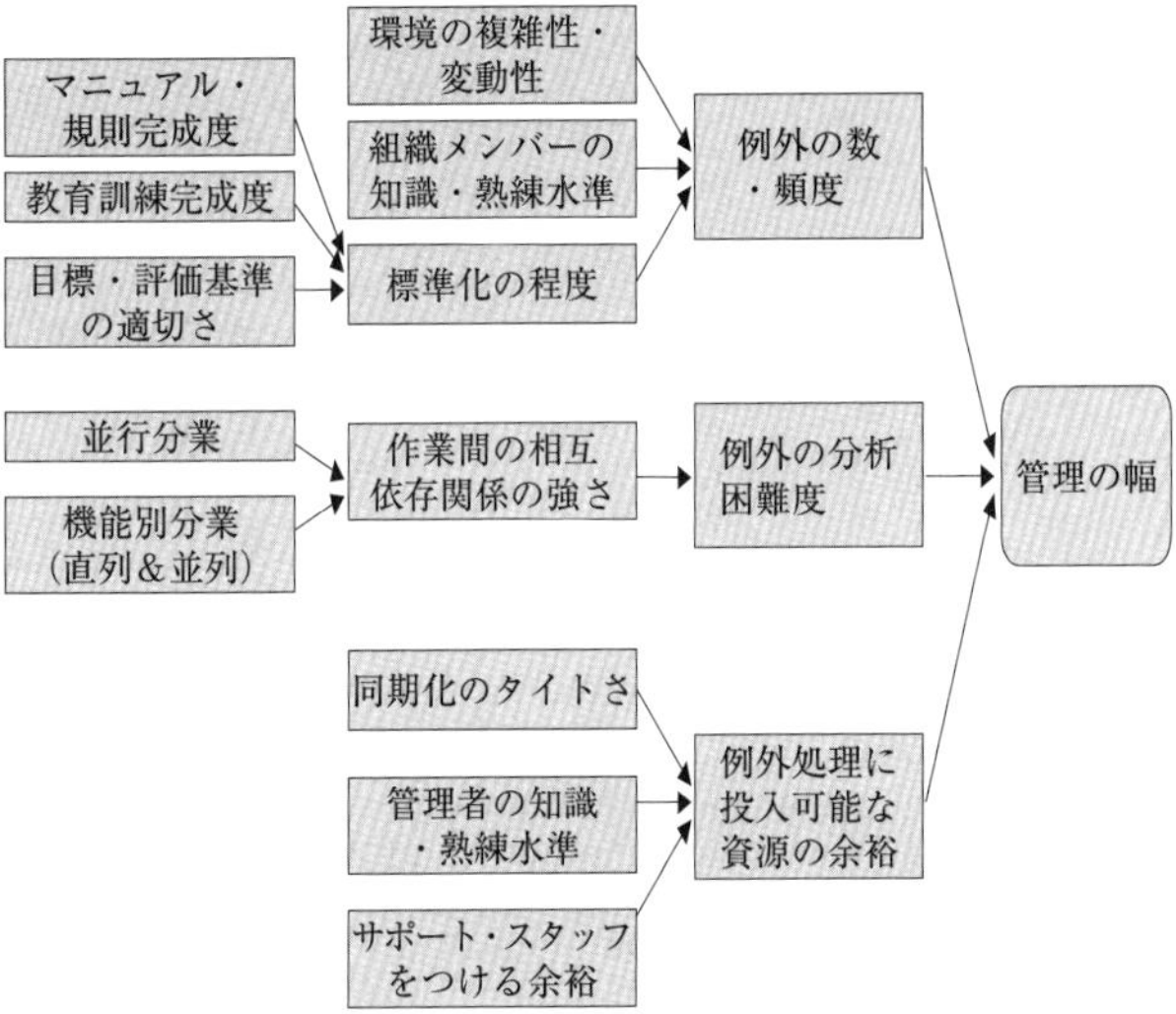


ここでの管理の幅は14である。聖徳太子でもない限り、何人の部下でも対応できるという管理者は存在しない。三―四人の部下から例外事象を報告・相談されても対応できるが、五十人には対応できない、というような限界があることが通常である。

　管理の幅が組織内の部署や階層の高低に応じて変わらず、一定であると仮定すれば、組織の階層数は従業員数によって決まってしまう。たとえば、最末端の作業現場に二百人の作業員がいると考えよう。もし管理の幅が5であれば、第二階層（監督）に必要な人数は四十人である。この四十人の監督たちから報告と相談を受ける第三階層の人数は八人、さらにその上の第四階層が二人、最後の第五階層が一人となる。

もし管理の幅が10であれば、階層数は200→20→2→1で四階層になり、管理の幅が20であれば、200→10→1の三階層となる。つまり管理の幅が大きければフラットな組織になり、管理の幅が小さければ縦長の組織になるのである。

「なるほど、フラットな組織を設計したい場合には管理の幅を広くとればよい」と考える人がいるかもしれないが、物事はそれほど簡単ではない。なぜなら、管理の幅は自分勝手に変えられるものではないからである。たとえば図5―3に分類されているように、以下のような条件の下で管理の幅は狭くなる傾向がある。

**(1)例外の数が多い**――標準化の程度が低く抑えられている場合、あるいは部下（組織ユニット）が直面する不確実性の程度が高い場合

事前に多くの事態を読み込み済みであり、その対応のためのマニュアルや手続き（処理プロセス）、訓練（インプット）、最低到達目標（アウトプット）の標準化が進められているのであれば管理の幅は広くなるはずである。しかし事前に用意される標準化では現実の状況に完全には対処できないのであれば、出現する例外の頻度・数が増え、管理の幅が狭くならざるを得ない。

部下もしくは組織ユニットの仕事がしばしば例外に直面する場合、その分だけ多数の例外処

理に上司は追われることになる。例外の源泉が、環境の複雑さや変動にあるのであろうと、組織メンバーの熟練が足りないところにあるのであろうと、例外が多く出現するほど管理の幅が狭くなることは確実であろう。

### (2)例外の分析が難しい——部下（組織ユニット）の仕事が複雑な相互依存関係にある場合

部下たちが機能別分業を担っていて、相互に機能的な統合を必要とする場合と、部下たちが互いに並行分業の関係にある場合を考えてみればよい。並行分業の関係にある部下たちや組織ユニットを管理するのであれば、それぞれの業績評価指標（アウトプット側）の標準化を進めると、驚くほど管理の幅を広くとることができる。

たとえばハンバーガー・チェーンや外食レストラン・チェーン、コンビニ・チェーン、地域別事業部制や製品別事業部制を採用している会社などの場合、各ユニットの業績をROIや在庫回転率等、ワンセットの標準化された成果指標に固定して評価できれば、一人の上司（スーパーバイザーや事業本部長）によって、かなり多数のユニットを管理できるであろう。逆に部下たちや組織ユニットが機能別分業の関係にある場合には、相互の関係が複雑であり、一人の上司が管理できるユニットの数は制限されるであろう。相互に複雑な関係をもつユニットの場合、上司が管理できるユニット数は、五—六が限界だと一般にいわれている。

### (3)例外処理にかける資源が少ない――作業同期化のタイトさ、管理者の熟練不足、例外処理のためのサポート・スタッフの利用可能性

例外の数が多く、難しくても、その処理を行うための時間をゆっくりとれるのであれば管理の幅は広くとれる。しかし、自動車の生産ラインのように例外的な事態が発生してから一分以内に対応しなければならない、というようなタイトに同期化された作業システムを動かしている時には、多数の難解な例外を同時に処理することは難しいだろう。また、同程度に厳しい条件下で処理しなくてはならない例外処理でも、かなりの熟練を蓄積している管理者であれば対応できるかもしれないし、そのためのサポート・スタッフを追加で用意してもらえれば対応できるかもしれない。

時間や熟練やサポート・スタッフ等の資源を十分に投入できる場合には管理の幅は広がり、投入できなければ管理の幅は狭くとらざるを得ないのである。

このように書いてくると、組織のフラット化を進めるために、「管理の幅を増やせばよい」とは簡単にいえないことが分かってくるであろう。一般的には、組織のフラット化が組織メンバーの自由度を増すかのように語られることが多いが、現実には、多様なフラット化がありうる。つまり、組織メンバーの自由度が増大するフラット化も、組織メンバーの自由度が低下す

るフラット化も、両方ありうるのである。

たとえば図5―3の中から、管理の幅を広げ、フラット化を進める要因を三つ取り上げてみよう。①組織メンバーの知識・熟練水準を高める、②標準化を進める、③管理職の能力を開発する、という三つの方法である。

組織メンバーの知識・熟練水準を高めるという方法は、より下位階層に位置する組織メンバーの能力を開発することで、その下位階層により多くの判断を任せる（垂直分業の程度の緩和）のだから、いわゆる世間的にもてはやされている「フラット化」のイメージに近い。

しかし、②「標準化を進める」と③「管理職の能力を開発する」は、必ずしも「フラット化」のイメージと一致しているとは言い難い。たとえばマニュアルの完成度を高める（標準化を進める）ことで、上司による例外処理を減らすとしよう。この場合も組織階層は減ることが予想されるが、作業現場にいる人々からすれば、上司が考えて命令するという関係から解放されても、マニュアルからは解放されず、行動の自由度は高まっていない。また、管理者の能力を開発する場合、上司の能力は高まっていても、部下の自由度は高まっているとはかぎらないので、むしろ管理者への権力の集中が進んだとさえいえるかもしれない。

また、近年、組織階層が減少しているという主張がしばしば聞かれるが、その説明を聞くと、実はこれまで人間が担ってきたルーチンな事務作業等を情報技術によって自動化し、現場の事務員の数を減らし、そうすることで上司の数も減らすということを行っているケースにも出合う。この場合、フラット化の源泉には、管理の幅を広げたことばかりでなく、情報技術の導入と現場事務員の数を減らすことによる階層削減効果も含まれている。組織という複雑な社会システムを観察したり、設計したりする場合には、極めて多様な側面に同時に注意を払わないと、時代のイデオローグたちに弄ばれてしまう。細心の注意が必要である。

## 4　ヒエラルキーの設計②――例外処理機構としてのヒエラルキー

ヒエラルキーには、例外処理機構という側面以外にも、監視メカニズムとか昇進のインセンティブなど、多様な意味が備わっている。上司がいるから、その上司に叱責されないように最低限の仕事をするとか、あるいは自分もその地位に就くようにがんばるといった効果がヒエラルキーから得られる。この種の多様なヒエラルキーの意味については本章末でもう一度考えることにして、ここではまず例外処理機構としてのヒエラルキーに、その例外処理能力を高めるための工夫をもう少し具体的に考えてみることにしよう。

すでに前章において、われわれはモノを作るための作業の連結方法について学んだ。そこでも強調しておいたが、「作業の流れ」をいかに構成するかという問題は、モノづくりばかりでなく、注文書類の処理とか設計図の作成といった他の業務にもほとんどそのまま応用できる。そしてもちろん、ここでいう「例外処理」に関しても、「作業の流れ」に関する注意事項は多数の示唆を提供できるのである。

たとえば、標準化では簡単に対処できないけれども、自分の管轄内で処理できる「例外」を考えてみよう。この場合、例外処理を担当する管理者は情報を収集・分析して、判断を行うことになる。より具体的には、まず①情報収集に取りかかり、②集まった情報を分析し、③解決策の選択肢を考え、④その中から選択を行い、⑤さらに上の上司に対してその解決策でよいということを認めてもらい、⑥逆に部下に対しては解決策を伝達して、⑦それが実行されるのを見届ける、といったプロセスをたどる。

このような一連の作業は、例外という「原材料」を受け取って、解決策を「生産」し、もう一度その解決策を「出荷」する、という一連の「作業の流れ」なのである。

例外処理を行う「作業の流れ」が円滑に流れ、最大限の例外処理（＝解決策生産）が行われているのであれば、分業と協業の体系である組織はスムーズに作動する。しかし、処理しなければならない例外案件の数が増えたり、その難易度が増したりすることで、ヒエラルキーはしばしばパンクする。より正確にいうと、どこかの管理者の頭がパンクする。

議論を簡単にするために、ここでは例外案件の数が増えてきた場合を想定しておこう。環境の不確実性が増大するにせよ、新人の労働者が増えるにせよ、処理しなければならない例外案件の数が増えてきた場合、ヒエラルキーの中のどこかで例外処理を行う能力のボトルネックが発生し、ヒエラルキーの例外処理に混乱が生じてくる。誰かの机の上に「未決」案件の書類が山積みになる。その処理に忙しいのに、急いで対応しなければならない顧客クレームの処理が飛び入りで入る。その対応に追われていると、一カ月前に上申され企画に関する問い合わせの電話が鳴る。さらに上司からは新しいプロジェクトの相談が持ち込まれる。

この管理者の仕事が遅いからボトルネックになっているというわけではない。この管理者が有能だから、仕事が入り込みすぎるのである。しかし、通常、優秀な管理者の数は少ない。その優秀な管理者は、その優秀さ故に需要が多く、その結果として需要の方がその人の例外処理能力以上になってしまうのである。

優秀な管理者の例外処理能力がボトルネックなのだとすれば、前章のボトルネックに関する議論をメタファーとして思い浮かべることで、いくつかの具体的な手段が見えてくるはずである。これらの手段は基本的に三種類に分けられる。すなわち、(1)判断能力のある下位階層の構築、(2)管理者の例外処理能力の開発、(3)管理者の例外処理能力を補強する構造の構築の三つである。それぞれ簡単に解説しておこう。

### (1) 判断能力のある下位階層の構築――自律的作業集団・職場集団

上程される例外の数が多すぎる理由の一つは環境の不確実性が大きいことであり、もう一つは組織メンバーの熟練が不足していることである。それ故、組織メンバーの側の熟練が十分に蓄積されていれば上程される例外の数を減らすことが可能である。つまり適切な判断力を現場の集団にもたせれば、上司が判断しなければならない問題の数が減るのである。

自ら適切な判断を下す集団を構築するためには、(a)人材の確保：人材の採用に力を注ぎ、有能な人材を確保する、(b)人材の育成：Ｏｆｆ―ＪＴ（新入社員研修等、仕事を離れて行われる教育訓練）やＯＪＴ（仕事の場で、職務遂行に即して行われる教育訓練）に注力して人材を育成する、(c)構造的工夫：意図的にローテーションのやり方やキャリア・パスを工夫して、全業務に通じた幅広い熟練をもった多能工的人材を育成し、配置するように心がける、といった方法が考えられる。

判断力の高い人材の確保とその育成によって上程される例外数が削減できることは、即座に理解できるはずである。だが、(c)の構造的工夫については若干の解説が必要であろう。いま、三つの職務ＡとＢ、Ｃがあるとしよう。この三つの職務のそれぞれに一人ずつの社員をあてれば、各人は能力開発を通じて自分の職務に関わる例外的問題を解決できるかもしれないが、すべての職務にまたがる例外的問題を解決することは難しい。ところが、これら三つの職務を各人が一定期間ずつ経験した後にローテーションすることに決めれば、時と共に三人は三つの職務にまたがる例外的問題を考えることができるようになるであろう。

全員がすべての職務を経験しないまでも、入社時の職務を出発点として、徐々に、より複雑な職務に進んでいくキャリアが用意されていれば、同様の効果が得られる可能性が高い。このようなキャリア・パスが用意されていれば、先輩は自分よりも年次が下の後輩たちの職務に通じていることになる。したがって、後輩たち全員の携わっている職務にまたがる問題を先輩は解決できるはずである。全員が全部の職務を知っている場合でも、先輩が自分より年次の下の後輩たちの職務を知っている場合でも、上程される例外の数を減らすことができるはずである。

## (2) 管理者の例外処理能力の開発

管理者の例外処理能力が高まれば、多くの問題が解決可能である。しかし、例外的な問題を分析し、その背後にある問題の本質を把握し、実行可能な対応策を考えて、決断し、部下に実行させるという仕事をうまく遂行する能力を簡単に身につけることは難しい。もともとの才能も重要であるかもしれない。育成可能だとしても、一年や二年程度では成長するものではなく、もっと長い年月をかけて育成されていくものであろう。したがって、基本的には、管理者階層の人員あるいはその予備軍に対して概念的な能力を開発できるような仕事や研修機会を与えてじっくり育てていくというのが基本であろう。

そのような努力を行っていることを前提としたうえで、次に気をつけるべきポイントは昇進評価であろう。管理者としての潜在的な能力を長期的な観察を通じて一所懸命に把握する努力を続けなければ、管理階層の中に多数の欠陥管理者が発生し、組織内における作業の流れはスムーズに動かなくなってしまう。

これらの努力を行ったうえでさらに工夫できるポイントは、管理者に「アジェンダ」をもつことの重要性を自覚させることであろう。アジェンダというのは、今後自分たちがどのような時間幅で何を目指しているのか、現時点で重要な課題は何であるのか、といったことを示唆する見取り図とか計画表のことである。いつの時点で何が重要なのかということが分かっていれば、貴重な時間の配分方法を効率的に行うことができるようになる。この時間配分の工夫に気づくだけでも、例外処理能力の向上を望める管理者が実は多いのではないだろうか。

### (3)　管理者の例外処理能力を補強する構造の構築——スタッフ部門の創設

管理者の例外処理能力そのものを短期的に増大させることができない場合、管理者の職務を分割して、最も難しい部分だけ管理者に与え、それ以外の部分を他の人に任せるという方法が考えられる。これはⅡ章で述べたバベッジの原理に基づく分業のメリットを追求するというこ

図５－４　例外処理作業の分業

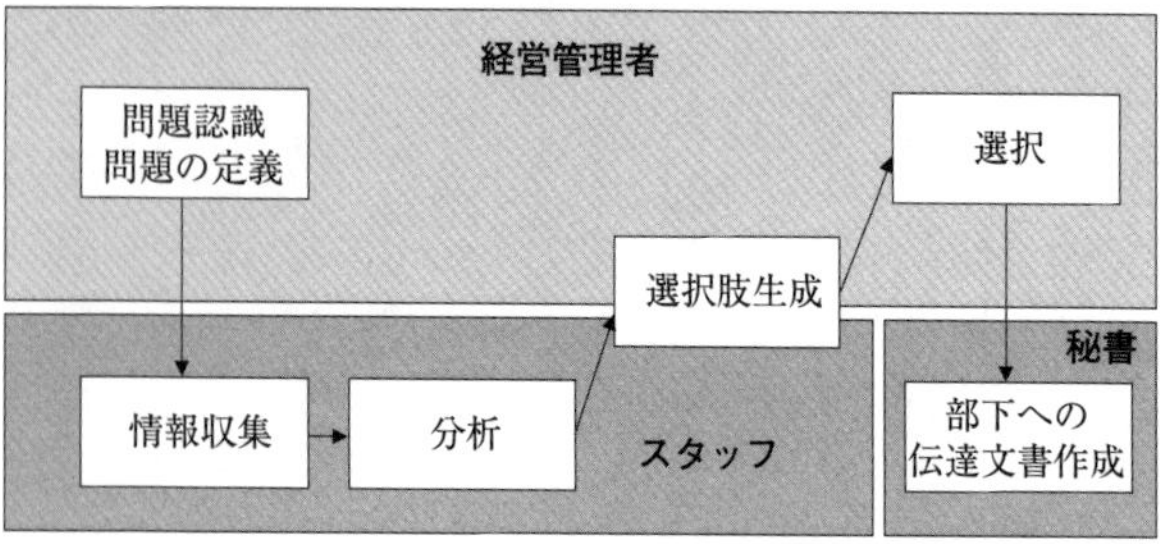


とである。もう少し具体的に説明しよう。

例外処理の仕事が図５－４に見られるように次の作業から成り立っていると考えよう。まず部下が上程してきた例外が前例や規則を用いて解決可能なものであるのか、それとも新たに分析するべき問題であるのかを判断し、そのうえで考えなければならない問題が何であるのかを定義する。この問題の定義に基づいて情報を収集し、その情報を分析する。この分析結果を基礎に置いて、とりうる選択肢を明らかにし、その中から選択を行う。この選択の結果、すなわち、この例外的な問題に関して何をどうすることで対処することに決めたのかという結論を部下に伝達する。本来はこの他にも、その決定を組織内で了承してもらう作業や、伝達した命令が実際に実行されてうまく機能しているか否かを確認する作業などが入るが、ここでは問題を簡単にするために、これらを含めないで話を進めよう。

これら一連の作業の中で、問題の認識・定義と選択そのものはまさに有能な経営管理者がなすべき作業であることは明らかであろう。最も根元的な選択そのものまでも部下に放り投げて、自分は何も決めないという経営管理者の行動は、実務家の間では「丸投げ」と言って批判されることが多い。これらが経営管理者の果たさなければならない責務であり、また有能な経営管理者の時間を集中するべき作業である。しかし、これ以外の部分、たとえば、情報の収集と分析は他の人に任せてもよいであろう。場合によっては、選択肢を生成するところまでも他者に任せてもよい場合もあるだろう。また伝達のための文書作成等の作業も他の人に任せることができるはずである。

このように考えると、経営管理者が遂行する例外処理の仕事は経営管理者が自分自身で遂行しなければならない部分と、それ以外の部分に分けられることが分かる。通常、図5―4の左下部分、すなわち情報収集や分析、選択肢生成をサポートする役割をスタッフという。これに対して、実際に選択・実行・実行管理の仕事を担う役割をラインという。右下の部分、すなわち部下への伝達文書作成の部分を担うのは、通常、秘書と呼ばれる職種の人々である。ちなみに、ラインとスタッフから構成される組織をライン・アンド・スタッフ・オーガニゼーションという。軍事組織でいえば、ラインが戦闘を行う部隊であり、スタッフは参謀である。

さて、経営管理者が「問題の認識・定義」と「選択」に集中でき、それ以外の作業をスタッフや秘書に任せることができるのであれば、経営管理者とスタッフ、秘書のチームが処理できる例外の数は、もともと一人で処理できた例外の数よりも多くなるはずである。しかもこの分業自体は並行分業ではなく機能別分業であるから、増やした人数以上に飛躍的に処理能力を高めることができるはずである。

「はずである」と書いているのは、スタッフが適切な情報収集・分析・選択肢生成を行うか否か、十分に気をつけておかないとならないからである。当初、ラインの経営管理者たちが「主」で、サポートを行うスタッフたちが「従」であったのに、徐々にスタッフが「主」でライン管理者たちが「従」であるようなパワー関係の変化が起こることがある。本社スタッフは現場ではなく本社に、事業部スタッフは工場ではなく本部に置かれ、本社や本部には社長や事業部長という権力の中枢に位置する人物のオフィスが存在するのが一般的である。権力の中枢に位置する人物と頻繁に接することのできる部署のパワーは、大きくなる可能性が高い。しかも、情報の収集と分析に携わるスタッフは、専門性の高い知識を駆使するようになり、独特のジャーゴン（難解な専門用語）を用いるようになる。このジャーゴンを駆使する人々の集団が独自の地位を組織内で確保していく、という現象が起こる可能性もある。

これらのパワー・ベースを手に入れたスタッフたちは、社内における自分たちの利益を追求して、自分たちに有利になるような選択肢ばかりを経営管理者に提示するかもしれない。選択肢の作り方次第では、比較的簡単に相手の選択をコントロールすることができる。たとえば、選択肢を同時に並べて示す場合には、スタッフが推している選択肢を、それよりも魅力のない選択肢と組み合わせて提示するという方法がある。あるいは、選択肢を時と共に少しずつ提示する場合は、初めに魅力的でない選択肢を多数提案し続け、経営管理者が「却下」を何度も繰り返した後で、初めて「まとも」な選択肢を提示するといったやり方もある。

図5―4で選択肢生成の部分だけは経営管理者とスタッフの中間に置かれているのは、選択肢生成が「選択そのもの」をコントロールする力があることに注意を促すためである。経営管理者が「ありうる選択肢」について考える作業を一切放棄してしまえば、この種のスタッフによるライン管理者のコントロールが蔓延する恐れがある。

また、権力を強めたスタッフ部門の中には、問題の認識・定義自体を自ら主体的に行うものも出てくる。その問題の認識・定義がたしかに全社的に見て有効なものである場合もあるが、同時に、現場の問題と結びついていないスタッフの言葉遊びによって、実在しない問題が創作され、全社プロジェクトが形成されることもある。

組織デザインに用いられるメカニズムは、どのようなものでも完全にプラスばかりのものはない。常にプラスの面とマイナスの面と両方がある。マイナスの面が強く出ないように気をつけながら、プラスの面をうまく活用するというのが組織設計の基本である。スタッフもその一例に過ぎない。

## 5　ヒエラルキーの設計③——グルーピングの原則と事業部制

### (1)　グルーピングの原則

例外処理機構としてのヒエラルキーを設計する場合に、もう一つ重要な問題は、何と何をどのレベルでグルーピングしていくのか、ということである。どのような職務を下位階層で同一部署にまとめ、どのような職務を上位階層でまとめるのか。

この問題に対する基本原則は、「競争上最重要視するべき相互依存関係をまずグルーピングする」というものである。一見当たり前のことのように見え、誰にでも分かる原則ではあるが、組織設計の原理原則を理解するうえで非常に重要なポイントが含まれているので、もう少し詳細に検討を加えておくことにしよう。

たとえば企業が「新奇性の高い製品機能」で競争に打ち勝とうとするのであれば、研究開発部門内の相互作用が非常に重要になるかもしれない。この場合は、機能部門別に分かれていることに戦略的意義がある。しかし、素早いモデル・チェンジによって顧客の要求に小刻みに適合していくことを競争上の武器としようと企業が考えるのであれば、研究開発→生産→マーケティングという三者間の相互作用が緊密であることが重要になるはずである。この場合は、組織ユニットを顧客別にグルーピングする方が適切である。組織は、その最も重視する相互依存職務群をまず初めにグルーピングすることで、調整の手間あるいは調整のために行われる情報処理活動を最小化することができる。そのグルーピングが終了した時点で、次に重視する相互依存関係にある組織ユニットを次のグループにまとめていく。このようなグルーピングを順次行っていくのが、例外処理・情報処理という観点から見た場合のヒエラルキーの適切な構築方法である。

より具体的に理解するために、最もシンプルな機能別組織と事業部制組織を例にとって考えてみることにしよう。いま図5―5のように機能別組織と事業部制組織を捉えておこう。どちらも三つの製品を三つの製品・市場に提供するミッション（使命）を遂行しているのだが、グルーピングの仕方が異なっている。機能別組織の研究開発機能に注目してみれば、製品に関わりなく、あらゆる製品の開発職務が一つにまとめられている。生産や販売についても同様である。まず機能別にまとめ上げたうえで、最後はＣＥＯのところですべての機能がまとめ上げられるという組織形態になっている。これに対して事業部制組織の場合には、まず製品・市場に対応して開発・生産・販売のすべての機能がひとまとめにグルーピングされ、しかる後にすべての製品・市場がＣＥＯのところで統合されるようになっている。

いま、比較的規模の小さな組織を思い浮かべて、事業部制をとるか、機能別組織をとるか悩

## 図5－5　機能別組織と事業部制組織

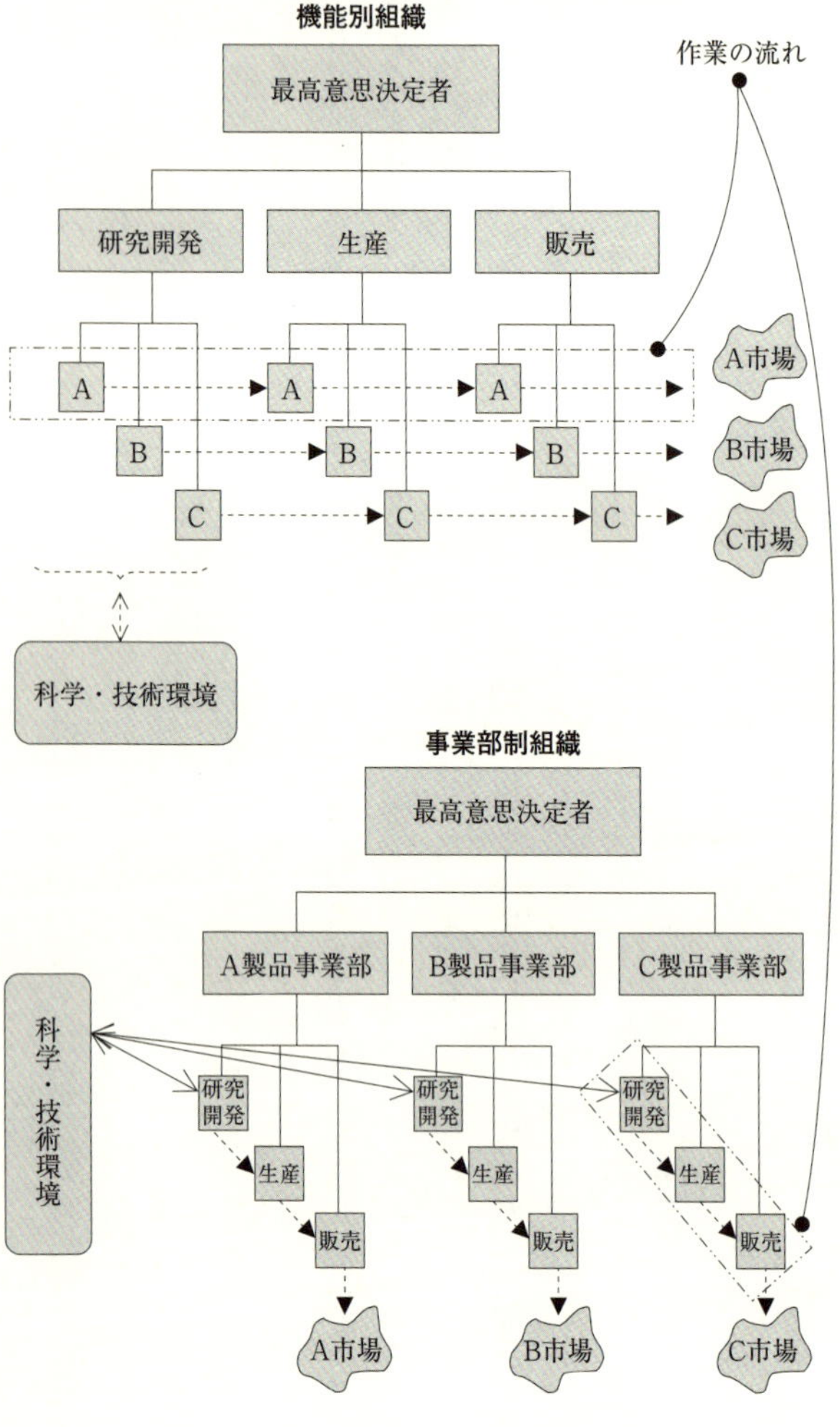

んでいる場面を想定してみよう。規模が大きくなると「事業部制が当然だ」と思われるようになるので、小規模な組織を念頭に置かないとフェアな比較ができない。そのための注意である。

この小規模組織の想定を行ったうえで、まず初めに、製品・市場における競争が激しいケースを考えてみよう。A市場もB市場もC市場も、競争相手は強力で、次々に新製品を生み出してくると考えよう。しかもそれぞれの製品・市場における消費者は製品知識が豊富で性能／価格比に敏感に反応する「目利き」が多いとしよう。これに対応するうえで、わが社も開発・生産・販売の連携をスピードアップし、次々と新製品を世の中に送り出して競争に打ち勝とうと考えているとしよう。なお、A・B・Cの三つの市場は異質である、と仮定しておく。それぞれの市場は、消費者のパーソナリティも年齢層も大いに異なっていると考えるのである。

このように考えると、開発・生産・販売の連携による新製品開発スピードの高速化が組織にとって主要な課題になることは明らかであろう。このような状況の下では、組織が研究開発と生産、販売という機能別のグルーピングになっていることは望ましいことではない。なぜなら、厳しい市場の要求に応えるためには、A製品の研究開発→生産→販売という作業の流れが強く連結されていなければならないからである。

製品・市場Aに関する調整作業に必要なステップがどのくらいあるのかを、図5―6に基づいて確認しておこう。まず、製品Aに関する研究開発・生産・販売のそれぞれの担当者から問

**図5－6　機能別組織におけるコミュニケーション**

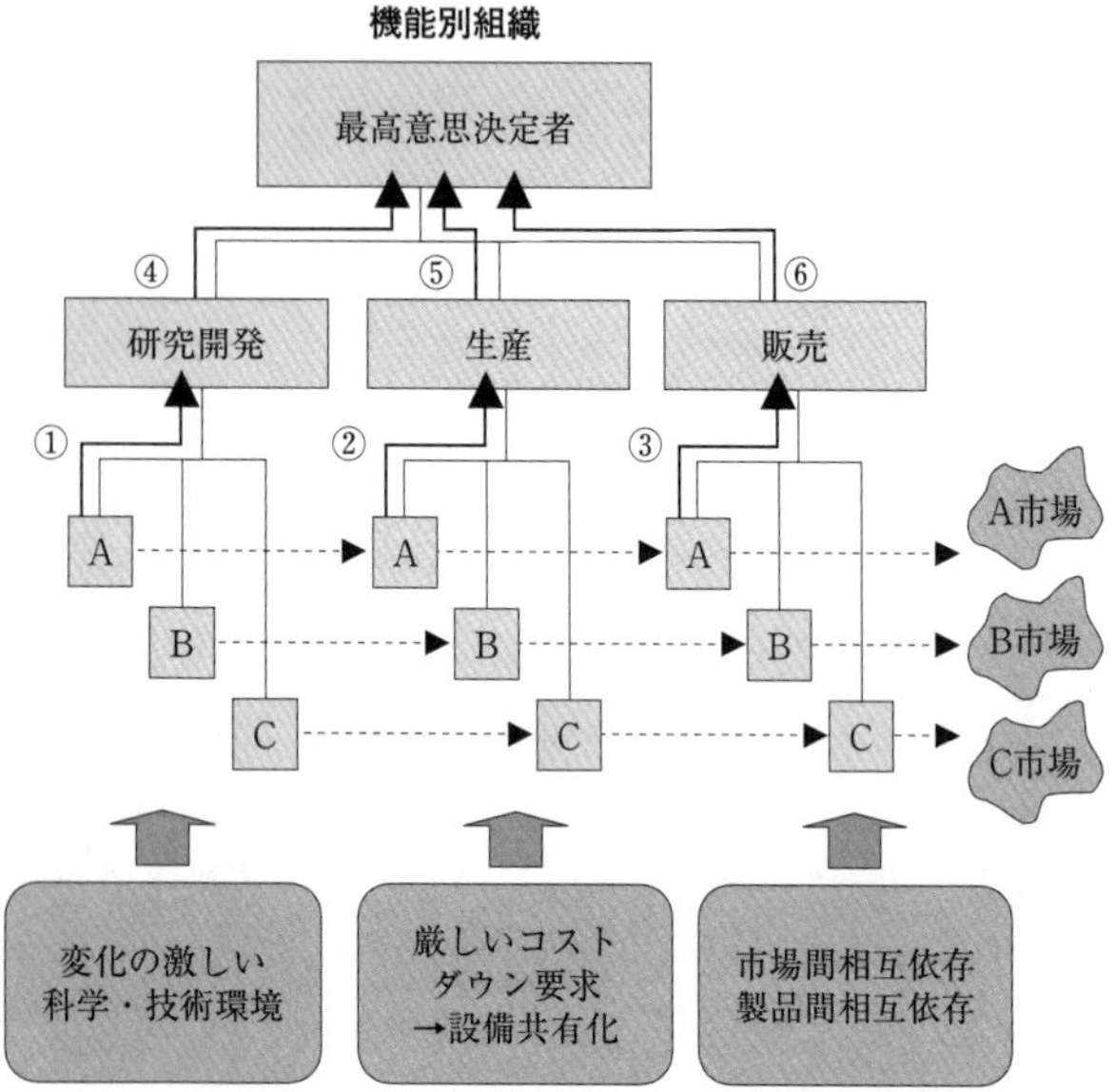


題が上申される。これだけで合計六人が三つのペアに分かれてコミュニケーションをとる必要がある。さらに担当者から問題を報告された、研究開発部長と生産部長と販売部長は、それぞれＣＥＯ（最高意思決定者）に報告して判断を仰ぐ必要がある。同じ製品・市場Ａに関する問題ではあるけれども、機能別組織においては研究開発・生産・販売の全機能にまたがる問題をすべて管轄下に置いているのはＣＥＯだけである。それ故、すべての問題がＣＥＯにまで上申され、決断を仰ぐことになる。この作業だけで、各部長とＣＥＯの間でそれぞれ一回ずつ、合計三回のコミュニケーションが行われる。

したがって、問題がトップにまで届くのに六つのコミュニケーションが実行されることになる。CEOがこれらの情報に基づいて思考を重ね、意思決定を行うと、今度はその決定内容を末端の担当者にまで伝達する必要がある。先ほどとは逆のルートをたどるけれども、必要なコミュニケーションの数は同じ六つである。したがって、機能別組織のヒエラルキーでは、上下合わせて十二個のコミュニケーションが行われることになる。

これと同じ問題に直面している事業部制組織におけるコミュニケーションの数はいくつになるだろうか。図5―7に基づいて確認しよう。図の左下にあるA製品事業部を見ると、A製品の研究開発担当者、同生産担当者と販売担当者の三名がそれぞれA製品事業部長に上申し、A製品事業部長が意思決定を行って、それをこの三名に伝達すればコミュニケーションはすべて完了する。製品別事業部制組織であれば、A製品・市場に関連したすべての機能が事業部内にそろっているので、事業部長が機能分野にまたがった問題のすべてをカバーできるからである。こうして、コミュニケーションの数は上向きに三個、下向きに三個となり、合計六個にとどまる。

製品・市場の不確実性が増し、製品・市場ごとに機能分野をまたがった例外処理・調整が必要になるのであれば、まずその製品・市場別に組織内の業務をグルーピングする方がコミュニケーションの数を減らすことができる。つまり、情報処理という観点から見て、製品・市場の不確実性が高まれば、製品・市場別の事業部制が効率的なのである。

しかし、どのような場合でも事業部制の方が情報処理効率という点で望ましいとは限らない。たとえば、図5－6の下段あるいは図5－7の左端に見られるような、各職能内の調整を必要とする要求が出現してきた場合を考えてみよう。全社共通の技術基盤が大いに揺れ動き、製品分野を超えて新しい技術の問題に対処しなければならないとか、コストダウン要求が厳しく、あらゆる製品分野を超えて設備の共有化が進められる必要が出てきた場合などを考えてみればよい。市場に関しても、同様の想定を様々思い浮かべることが可能である。たとえば、パソコン・ソフトのようにA・B・Cの三種のソフトウエアをセットにして購入している顧客が多いとか、自動車のようにAを購入した顧客のうち七割が五年後にBに買い換え、そのまた七割が五年後にCに買い換える、などといった市場間の統合的な管理を必要とする状況を思い浮かべればよい。

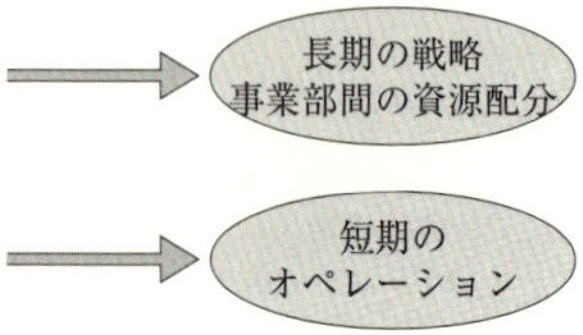


このような想定に変更すると、これまでとは一転して機能別組織の方が情報処理効率の点で望ましいものになる。製品・市場の枠を超えたコミュ

図５－７　事業部制組織におけるコミュニケーション

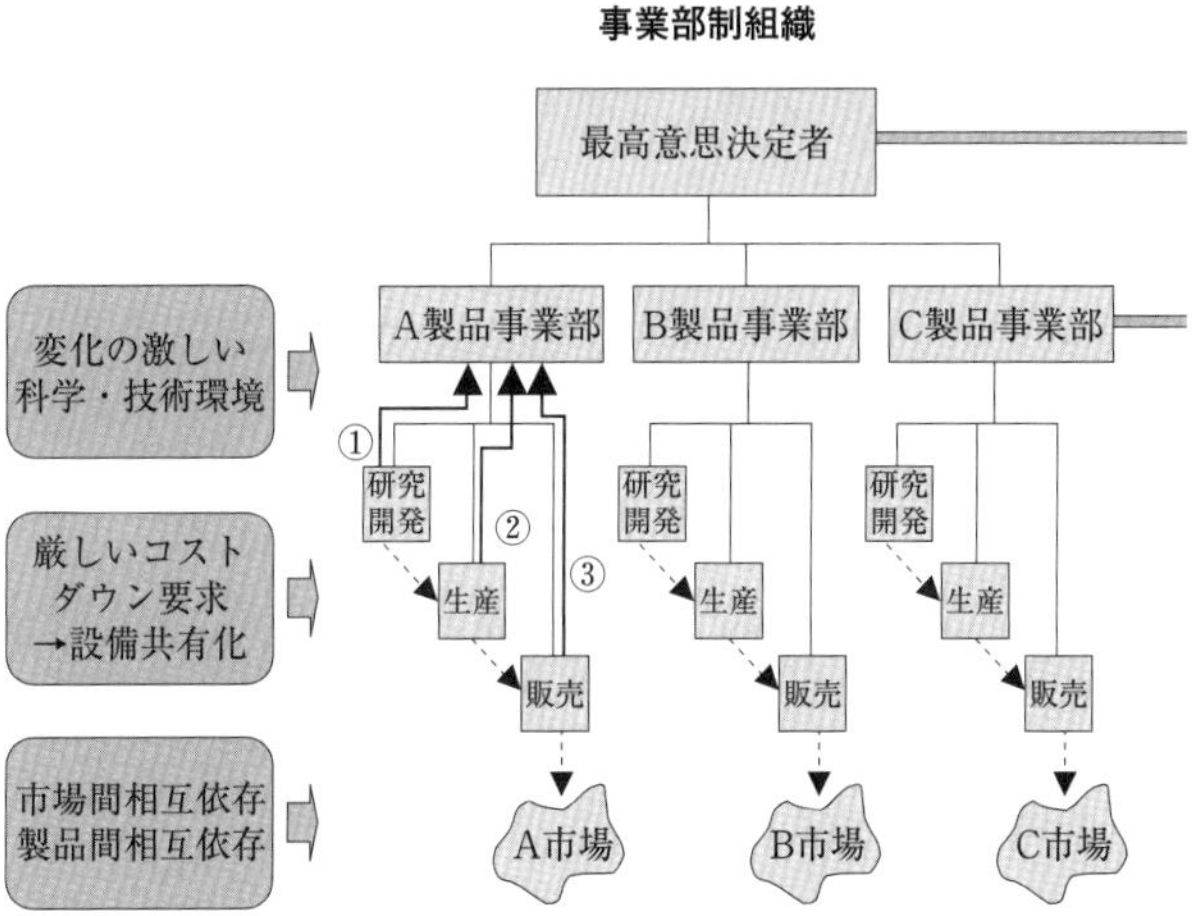


ニケーションが必要になるほど、事業部制組織では結局ＣＥＯのところまで情報を上げていかなければならないが、機能別組織では各機能部門長が対処すれば済むからである。

もともと組織内の職務は、多様な潜在的相互依存関係をもっている。本来一つのものを人為的に分業して形成されたものであるから、分割された職務は多様な側面で他の職務と関係をもっているはずなのである。

たとえば〈製品Ａの研究開発〉という職務は、〈製品Ｂの研究開発〉と基礎技術と実験設備を共有していたり、ＢやＣの開発担当者と相互にアイデアをやりとりして、新たなアイデアを生み出したり、という相互依存関係にあるのかもしれない。だが同時に、〈製品Ａの研究開発〉という職務は、市場Ａへの適応という意味で

〈製品Aの生産〉と〈製品Aの販売〉という異なる機能の職務と相互依存関係にある。

これらの潜在的な相互依存関係のうち、どれが、どれほど緊密な調整を必要とすることになるのかは、その企業組織の重視する競争優位性の基礎が何であるかに依存する。個々の顧客の声に反応して素早く開発→生産→販売のサイクルを回すことを企業が重視しているのであれば、製品・市場別の分類が第一位に重要なものになるが、多様な技術者たちの濃密な相互作用からユニークな製品開発を進めることを競争優位の源泉にしていたり、生産設備の共有や全製品の統合的なマーケティング活動が重要な競争優位の源泉である場合には、各機能別の分類が第一位の地位を占めることになるだろう。

第一の分類軸によるグルーピングの後に、第二、第三の軸によるグルーピングが必要な場合もある。たとえば、まず製品・市場別のグルーピングが終わったうえで、まだ相互に調整を必要とする問題が若干残った場合を考えてみよう。より具体的にイメージしやすくするために、三つの事業部がそれぞれデジタル・テレビ事業部とDVDレコーダー事業部、食器洗い乾燥機事業部であると想定しよう。食器洗い乾燥機事業部は他の事業部とほとんど相互調整の必要はないが、デジタル・テレビとDVDレコーダーを同時購入する消費者は多く、リモコン一台でテレビとDVDの両方を同時に操作できるような商品に仕上げるといった調整が必要である。顧客の変化が激しかったり、競争相手の製品開発が頻繁であったり、といった不確実性の高い状況下では、デジタル・テレビ事業部とＤＶＤレコーダー事業部の相互調整を必要とするような例外が多発し始める。

これが多発すると、ＣＥＯはこの二つの事業部の調整に時間をとられ、長期的なことを考える時間を失なってしまう。この問題を回避するためには、たとえばデジタル・テレビ事業部とＤＶＤ事業部を、デジタルＡＶ事業本部にグルーピングし、両者の間を調整する仕事を事業本部長に任せるという方法がありうる。こうすることでＣＥＯは例外処理ではなく、長期構想に時間を使えるようになるはずである。このようにして、まず製品・市場軸によるグルーピングを経た後で、より広範囲の事業領域という第二の軸によるグルーピングが行われる。

ヒエラルキーはまず第一優先順位の相互依存関係をグルーピングし、そのうえで第二優先順位の相互依存関係が次に緊密に相互調整しやすいようにグルーピングする、という順序で複数の階層をもって形成されていくのである。これまでの議論を要約しておこう。

**①潜在的相互依存関係**　分業によって成立した個々の職務は、潜在的に複数の相互依存関係をもっている

**②戦略的に重要な相互依存関係**　その相互依存関係の中で何が最も主要な調整を必要とするものになるのか、という問題は、職務そのものに備わった特徴というよりも、市場競争において何が成功要因であるのかとか、企業が競争上の武器として何を重視しているのか、という環

境や戦略によって決まってくる。

**③グルーピングによる情報処理効率化**　市場からの要請あるいは企業の主体的な戦略によって決まる決定的な相互依存関係をもつ職務を、できるだけ同じ組織ユニットにグルーピングすることで、最も頻繁に相互調整を必要とするユニットが近くに置かれることになる。近くに置かれた組織ユニットは、共通の上司までの距離が短いので、ヒエラルキー内でやりとりされるコミュニケーションの数が少なくて済む。だから、競争上最も重要な相互依存関係を決め、それを最もコンパクトな組織ユニットにまとめる努力を行うことで、相互調整のための情報処理効率が高くなる。

**④第二位・第三位等の重要度をもつ相互依存関係**　同様に、優先順位第一位の相互依存関係をグルーピングした後で、次に相互調整を必要とするユニットをグルーピングする、といった手順を繰り返すことで情報処理効率の高いヒエラルキーを構築することが可能である。

## (2)　準分解可能システム——事業部制

事業部制を採用するか機能別組織を採用するかというギリギリの選択を理論的に考える局面では、「戦略的に重要な相互依存関係」を優先するという原理を確認することが可能だが、現実の組織設計を行う際には、そこまでギリギリの選択を迫られることは少ない。実際に存在する組織の場合、①ある程度の組織規模（人数）に到達し、②ある程度の製品・市場多角化が進展すれば、個々の製品・市場への適応がより重要になり、その結果、まず事業部制が採用されるのが通常である。そのうえで、「戦略的な相互依存関係」を処理する追加的な手段が採用されるのである。この「追加的な手段」というのは「水平関係の設置」のことであり、それについては次章で詳述する。

ある程度の規模に達した組織において、事業部制がまず初めの出発点に置かれやすい理由は、それによって様々な問題が単純化されるからであろう。「ギリギリの選択」という状況を想定しなければ、事業部内の相互依存関係の方が、事業部間に見られる相互依存関係よりも強いものになると考えるのが普通であろう。一般的な状況下では、機能部門間の相互依存関係は、研究開発→生産→販売という〈順序的〉相互依存関係であり、事業部間の相互依存関係は共通の本社スタッフ等の資源を活用する〈共有〉相互依存関係である。〈共有〉相互依存関係は〈順序的〉相互依存関係よりも相互依存度が低く、それ故に調整が簡単である。

このような相互依存関係の強弱に注目して、事業部制と機能別組織のグルーピングに関する相違を描いた図5－8を見ながら、両者の特徴についてもう一度考えてもらいたい。事業部制組織では、個々の事業部内が機能別組織となっており、個々の製品・市場に適合するように、研究開発→生産→販売という作業の流れが個別に構築されている。一般的な状況を考えるなら

**図５－８　グルーピングから見た機能別組織と事業部制組織**

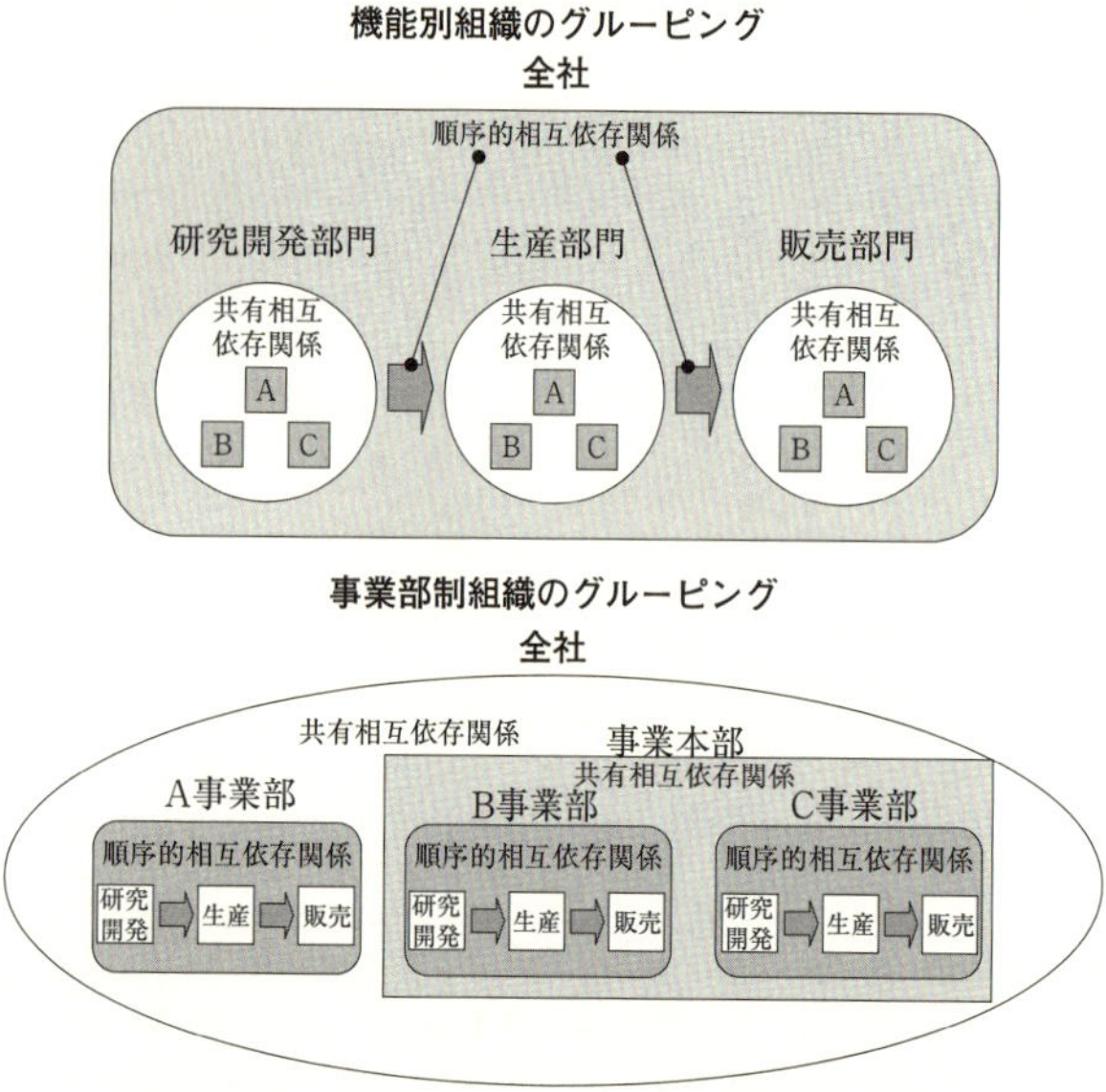


ば、事業部制は、順序的相互依存関係をまずグルーピングし、しかる後に共有相互依存関係にある事業部を全社でグルーピングする、という組織化になっているのである。これに対して機能別組織の場合、まず共有相互依存関係にある個々の職務をグルーピングして機能部門を構成し、そのうえで順序的相互依存関係にある機能部門を全社でグルーピングするという組織化を行っていることになる。

一般的な状況を想定する限り、機能別組織は弱い相互依存関係（共有相互依存）→強い相互依存関係（順序的相互依存関係）という順序でグルーピングが行われ、逆に事業部制組織は強い相互依存関係（順序的相互依存関係）→弱い相互依存関係（共有相互依存関係）という順序でグルーピングが行われている。事業本部制をとる場合には、事業本部内部の相互依存関係は強く、事業本部をまたがる相互依存関係が弱い、という組織化が行われることになる。つまり、一般的な状況を想定する限り、事業部制や事業本部制は、下位階層に強い相互依存関係が置かれ、そこから上位階層に向かうにつれて順次、相互依存関係が弱くなっていくのである。

このように上位階層に向かうほど相互依存関係が弱くなっていくヒエラルキーは、その逆のヒエラルキーに較べて、非常に頑健であるというメリットをもつ。つまり組織ユニットの一部に事故が発生した場合に、そのユニットは危機に瀕するけれども、その危機が組織全体の運命を即座に左右することがない、というメリットである。機能別組織の場合、たとえば生産部門で発生した事故は即座に販売部門に波及し、組織全体の危機を引き起こす。これに対して事業部制組織の場合、B事業部で発生した事故はB事業部にとどまり、A事業部やC事業部はそのまま通常通りの活動を続けられるので、組織全体の危機が即座に訪れるということはない。

その一部分（事業部）で発生した問題が、隣接する他のユニット（事業部）に直接即座に影響を及ぼすことなく、ただ全体の成果を下げるという形で間接的に結びついているようなシステムを準分解可能システム（nearly decomposable system）と呼ぶ。一つひとつの部分を短期的にはバラバラにしても問題がないので「分解可能」なのだが、全部を足し合わせて一つの全体になるので「準」という言葉がつけられている。

このような準分解可能システムは、一カ所でミスを起こしても、全体に対して致命的な損害を与えることがない。逆に準分解可能ではないシステムの場合、一カ所のミスが全体を破滅させる可能性が高い。したがって、「ミスが許容される組織」を作るためには、組織は準分解可能システムとして設計されなければならない。

つまり、事業部制は、よほど大きな事業部でないかぎり、一つの事業部で生じたミスが全社の命運を左右することはないので、その分だけ「ミスを許容する組織」になりやすい。個々の事業部が大きければ、その事業部の不振は社内的に大問題になるが、一つひとつの事業部のサイズが小さければ、少数の事業部の失敗は会社全体の業績に大きな打撃を与えないであろう。だから、小規模な事業部から構成される事業部制組織は「ミスを許容する組織」になりやすいはずである。

同じようなヒエラルキー構造でも、事業部制組織のような準分解可能システムとして設計されたヒエラルキーは「ミスを許容する組織」になりやすく、巨大な職能制組織のように一カ所のミスが全体を破滅させるようなヒエラルキーは「ミスを許容できない組織」になりやすい。

ヒエラルキーという言葉だけで、支配と被支配といったマイナスのイメージを浮かべる人もいるかもしれないが、実際にはヒエラルキー構造を構築したが故に環境変動に対して頑健で、組織メンバーのミスを許容できる組織になることが可能なのである。この点は、失敗から学ぶ事業経営者を組織内で育成していく企業にとっては、非常に重要であるに違いない。

　巨大な機能別組織では、どちらかというと「失敗」に対して敏感な風土が発達してしまうため、相当意識的に加点法を心がけない限り減点法が支配的になっていってしまう可能性が高いのに対し、小規模な事業部を多数保有する事業部制組織では、「失敗」を許容し、「成功」で埋め合わせることを可能にする人材育成システムを構築しやすいはずだからである。

　なお、この点では現・ミスミ社長の三枝匡氏の主張する「創って、作って、売る」というサイクルを速く回すためにも小さな事業単位を形成するべきである、という主張も重要な示唆を提供している。組織内の主要な分割線を隔てた相互作用には、大きな障害が発生し始める。分業を通じて同じ社員が「異なる種族」へと分化してしまうからである。

　それ故に、研究開発・生産・販売という分割が行われると、「創って、作って、売る」というサイクルが分断されやすい。研究開発し、生産し、それを顧客に販売して、さらに顧客からのフィードバックを開発や生産に伝えて次の製品改良を進めるというサイクルを速く回すためにも、機能部門別で分けずに、顧客別に小さく分けられた事業部が重要であると三枝氏はいう。こうすることで顧客の満足・不満足や他社との競争の優劣が他人事ではなく自分の運命と密接にリンクしているという感覚を社員に充満させることもできる、と三枝氏は指摘する。

「事業」という視点をもち、失敗を許容しながら、次世代の経営者人材を育成するためには、小規模な事業部から構成される事業部制というヒエラルキー構造が重要な貢献をしてくれる可能性がある。

### (3) 事業部制に関する追加——垂直分業

事業部制組織のヒエラルキーがもつ特徴に関して、もう一点、しばしば忘れられているポイントがある。それは、事業部制や事業本部制という組織デザインには明示的に垂直分業が導入されている、ということである。

機能別組織では、全機能部門にまたがる例外事象を解決するためにはＣＥＯまでその例外が上申されなければならない。不確実性が増し、例外の数が増えると、ＣＥＯは毎日全機能部門の調整に時間を奪われ、長期的な問題を考える時間を失っていく。本来であれば、トップ・マネジメントは全社にわたる調整の役割を担うと共に、組織の長期的な構想を描く仕事も担う必要がある。機能部門間をまたがる例外事象が多発し始めた場合に、日々の例外処理にトップが追われ、長期構想とか戦略に対する思考が不足しがちになる。これを阻止するために垂直分業が必要になる。すなわち、各事業部が日々の環境変化に直面して機能部門の調整を行い、トップが長期的な構想や戦略を考える、という分業を行うのである。

この時、事業部が行うものが業務的意思決定であり、本社が行うのが戦略的意思決定であるといわれる。この戦略的意思決定という仕事には、たとえば長期的な成長の方向を模索したり、各事業部からキャッシュをいったん吸収し、その後でメリハリのきいた再配分を行うという資源配分が含まれる。事業部制は戦略的意思決定を担う本社と業務的意思決定を担う事業部を分離するという垂直分業を明示的に行っているという点でも、機能別組織とは大きく異なる。

## 6　ヒエラルキーのその他の意義

ここまでは、ヒエラルキーを主として例外処理メカニズムとして取り扱ってきたが、ヒエラルキーにはこれ以外にも組織運営上重要な意義がある。その点を以下で簡単に解説しておこう。

### (1)　監視メカニズムとしてのヒエラルキー

ヒエラルキーには例外処理メカニズムという意義以外にも、監視メカニズムとしての意義もある。すべての従業員が上司から命じられたことやマニュアルに規定されたことを一所懸命に実行してくれるのであれば、従業員に監視をつける必要はない。しかしすべての人々が常に誠心誠意、自らの職務遂行に励んでくれるとは限らない。この場合、その場に監視者を置き、怠業（サボり）の発覚した従業員に減給等のマイナスのインセンティブが与えられるのであれば、多くの従業員は怠業しないように心がけるであろう。監督のまなざしが存在することで怠業が減少するのであれば、例外処理とは別種のメリットがヒエラルキーに備わっていることになる。

この場合のヒエラルキーの価値は、〈怠業減少分の価値〉が、〈監視者のコスト〉を上回る場合に発生する。監視者のコストは一人当たり一定の人件費のみと考えれば、できるだけ少ない監視者で、できるだけ多くの人の怠業を有効に減らすことが重要である。

この監視のコストが低い点で有名な仕組みに、一望監視塔（パノプチコン）と呼ばれるものがある。これは刑務所の中心に監視塔を建て、監視塔からは囚人が見えるが、囚人からは監視塔に監視者がいるかいないかが確認できないように作られている。囚人たちの規律付けを行ううえでは、「いつ見られているか分からない」という恐怖心を囚人たちに抱かせるだけでも十分である。

その意味では、監視者が監視塔内に常に居続ける必要はない。このような設計を行うことで、監視者一人に対する監視される人の数を増やすことが可能である。この原理を応用すれば、例外処理の場合における上司と部下の人数比（管理の幅）よりも部下の数をずっと多くすることが可能であろう。

企業組織で「一望監視塔」のコンセプトを応用した制度や仕組みは、多くはない。直接的な応用としては、防犯用として用意されている監視ビデオ・カメラが、同時にレジ担当のアルバイトの監視にもなっているケースなどがあげられるであろう。しかし、もう少し広く、「誰かがいつどこで見ているか分からない」という恐怖心による規律付けを考えてみれば、実例が多数見られるように思われる。たとえば身近な同僚間の評判や無記名の告発制度、インターネットにおける匿名の書き込みなどを考えればよい。

こういった告発的なものばかりでなく、ヒエラルキーが作られていて、「上司がいる」という、その事実そのものが、「上司が見ているかもしれない」とか「上司が評価のまなざしを向けるかもしれない」という恐怖心を呼び覚まし、従業員たちの気持ちの引き締めにプラスの効果をもたらしているという側面がある。どれほど優しく、いい人であろうとも、上司になったら、そのような恐怖心を部下に与える可能性もあることを理解しておく必要があるだろう。

### (2)　設計された責任感

集団に所属する人の数が増えてくると、サボっていても気づかれる危険性が減ってくる。また、自分がいくらがんばっても、自分の貢献が見えにくくなってくる。そうなると他者の努力を当てにして自分は義務を放棄するという人が増えてくる。

たとえば選挙を考えてみればよい。天気のいい日曜日の昼間に、国民の義務だと思って選挙に出かけて行って投票したとしても、所詮自分の票は自分の地域に十万人以上もいる有権者の中の一票に過ぎない。事前の調査では自分の支持する人は大差で勝ちそうな予想が出ている。自分ががんばって出かけても貢献は何万分の一しかなく、自分が出かけなくても支持する人が当選する確率はほとんど低下しないはずだ。こう考えれば「国民の義務」だと思っていた人も、選挙をサボってレジャーに出かけようかと考えるようになるのである。

自分がやらなくても、「誰かまじめな人がやってくれていれば問題ないはずだ」と考えて自分の義務負担分を放棄する人のことをフリーライダー（ただ乗り）と呼ぶ。

企業も多数の従業員が雇用されるようになると、このフリーライダーが実際に増えてくる。たとえば企業の業績についても、自分ががんばらなくても、誰かまじめで有能な人ががんばってくれれば、いつかは業績も回復するだろう、という他力本願の無責任な人間が出現してくる。この種の行動をとる人数は当初は少ないかもしれないが、それが許されているのを見ていた周囲の人間に行動が伝播し始めると、中長期的にはかなりの人数のフリーライダーが出現してくることになる。

会社がこのようなフリーライダーばかりになってしまったら企業成長はおろか、現状の優良な業績の維持すら難しくなる。このフリーライダー問題に対応する手段として次の三つのものがあげられる。

## ①業績評価の単位になる集団をできる限り小人数にとどめる

個人別の業績測定を工夫し、その評価を厳密に行うことができれば、他者へのフリーライドという現象は生じにくい。サボった分だけ自分の報酬が減少するからである。しかし組織の仕事は個人単位の業績評価を不可能とするものも多い。この場合、できるだけ小人数のチームを業績評価の対象とする。こうすることで、個々人の側から見たチームへの貢献も分かりやすく、誰かがフリーライドした場合の発覚確率も高くなる。そうすれば、フリーライダーが出現する可能性を低く抑えることができるであろう。

## ②管理職と管理職候補者を作る

フリーライダーが出現する原因の一つは、自分にとってのメリットを最大化する行動（＝サボること）と会社にとってのメリットを最大化する行動（＝会社の業績向上のためにがんばること）とが不一致である点にある。だから、組織全体の運命と自分の運命が連動するような報酬構造をもつ役職を設定すれば、フリーライドしない小人数の集団を作ることが可能なはずである。組織が発展すれば、それと軌を一にして自らの地位や年収、プレステージ（威信）が増大するという人は通常、その組織における管理職たち、いわゆるエリート層である。

課や部という集団に一名ずつ、会社と運命を共にするエリート層に属する人材を配置すれば、その人物はフリーライドすることなく、また他の人々をフリーライドさせないように食い止めるよう努力するに違いない。このようなエリートの地位（管理職ポスト）を課長→次長→部長と並べておくことで、フリーライドを阻止する強力なメンバーを獲得することができる。

一九九〇年代から二〇〇〇年頃までの日本企業には、管理職になってもならなくても経済的な差がそれほどつかないような報酬構造になっているところも多く見られたが、本来、管理職は一般従業員よりも経済的・社会的に恵まれているはずである。そうしておけば、一般のメンバーの中にも、「自分も管理職に就任して組織と運命を共にしていきたい」と思うようになる人が出てくるはずである。

このようにすれば、管理職に就いている人たちがフリーライドを阻止するべく努力するばかりでなく、その地位に就きたいと希求している人々が相互に競争しあうことで、フリーライダーがあまりにも多数になることを阻止することが可能になる。

ヒエラルキーが形成されるということは、①上位階層に行くにつれて、徐々に管理職ポストの数が少なくなり、②上位階層に行くにつれて、管理職ポストの報酬と威信が高度化していく、という構造を作ることを意味する。これによって、例外処理ばかりでなく、フリーライダーを減らす構造にもなっているのである。いわば責任感が自然に人に備わっていることを期待するのではなく、それが本質的には備わっていない人にも、少なくとも実態としては責任感のある人間として行動してもらうようにするという意味で、責任感を設計しているという側面がヒエラルキーにはあるのである。

## (3) 分類図式としてのヒエラルキー

一橋大学は国立市中二丁目にある。国立市は東京都に属する。東京都は関東に位置し、関東は日本の一部である。もちろん逆からたどっていけば、より多くの地域が出現する。日本には関東ばかりでなく、東北や中部、関西など多数の地域がある。関東の中にも東京都ばかりでなく、神奈川・千葉・埼玉・茨城・栃木・群馬がある。これらをすべて図に描けばヒエラルキーになる。人間が何かを分類しようとすると、より広い（抽象的）分類から、より細かい（具体的）分類へとつなげられたヒエラルキーが自然に作られる。だから、何かを探そうとすれば、このヒエラルキー型の分類図式を逆にたどって探していくと、見つかりやすい。

組織内でも同様のことが生じる。ＡＶ（オーディオ・ヴィジュアル）製品事業本部の中にＤＶＤ事業部やＭＤ事業部が所属しており、そのＭＤ事業部内に新製品を開発する部署やマーケティングを担当する部署などがある。たとえば情報機器事業本部に所属するパソコン事業部で、パソコンの開発を行っている技術者が、パソコンとインターネットとＭＤをつなげる「ＮｅｔＭＤ」を開発しようと思いついたとしよう。この時パソコン技術者は、社内のどこに会うべき人が所属しているのかを比較的容易に探し出すことができるはずである。ＡＶ事業本部・ＭＤ事業部の開発部門である。当たり前のことではあるが、こういった当たり前の便利さが提供されていることの意味は小さくない。分類図式としてのヒエラルキーを探っていけば、探している人物に近い部署までは誰でも簡単にアクセスできる、という点もヒエラルキーのメリットとして考えることができるであろう。

### (4) 目的―手段の連鎖としてのヒエラルキー

目的と手段の関係もヒエラルキーを構成する。特定の目的を達成しようとすると、それに対応して複数の手段が考えられ、その中で最も適切なものが選ばれる。たとえば、オーディオ・ヴィジュアル産業で利益を獲得するという目的が与えられたとしよう。この目的を達成する手段は多数存在する。デジタル・テレビに注力するとか、デジタル・テレビとＤＶＤレコーダーの組み合わせに注力するとか、あるいはまたデジタル・テレビに配信されるコンテンツの開発を開始する等、いろいろな手段がありうる。

これらの手段は、しかし、もう少し具体的に思考を進めていくと、その次の段階では「目的」としての側面があることが明らかになる。たとえばデジタル・テレビに注力するという手段を選択したうえでも、液晶・プラズマ・ブラウン管のどれに注力するのか、デジタル・テレビのどの性能で差別化するつもりなのか、といった手段の集合が見えてきて、これらの手段に対して「デジタル・テレビへの注力」は目的になってしまう。もちろん目的と手段の連鎖はここで終わらず、たとえば液晶の何に注力するのか、等々より具体的なレベルへと続いていく。ヒエラルキーは、より上位者が目的を部下に与え、その目的を達成するための手段の選択を部下が行うという関係も示唆している。部下はさらにその部下に、その手段（目的）のさらなる手段を探索するように指示する。このような関係としてヒエラルキーを捉えることも可能である。

### (5)　キャリア・パスとしてのヒエラルキー

ここまで議論してきたヒエラルキーの特徴を綜合して考えてみると、個人が社内でキャリアを積み重ねていくうえでもヒエラルキーは効果的な構造になっていることが分かる。この点に関して重要な特徴をもう一度列挙してみよう。

①上位者が例外処理・調整活動を行う。垂直分業の「考える」側の仕事を上位者が担う。
②上位者は監視という機能も発揮する。
③上位者は設計された責任感を受け容れる。
④分類図式としてのヒエラルキーでは、上位になるほど広く抽象的になるので、上位者になるほど、現場からは離れるかもしれないが、その意思決定が及ぶ範囲は広くなる。

以上の四点から、ヒエラルキーでは、より上位者になるに従って、より知的に能力が高く、責任感の強い人材をあてることが必要になる。そのためには常に複数の競争相手を残しつつ、その中から一名が昇進していくというトーナメント型の昇進決定を、長期にわたる観察によって行っていくことが重要であろう。その意味では、上位者一ポストに対して「管理の幅」の人数だけ次の階層に人数が存在するヒエラルキーは適切な形態になっていると思われる。

この点はさらに、次の⑤〜⑦に見られるような下位者に与えられる失敗の可能性やトレーニングという点でも同様に確認できる。

⑤下位者の仕事についても、ローテーションを行って簡単な仕事から徐々に複雑な仕事を経験させることで、新人では例外事象が多く感じられるのに、先輩になると自ら自律的に例外処理・調整活動を担えるように育成することが可能である。内部労働市場を重視するのであれば、このような人々の中から次の管理者を選択することが可能である。

⑥準分解可能システムの特徴を盛り込めば、下位階層でのミスは組織全体の破滅に即座にはつながらない構造を作ることができ、ミスを許容しやすくなる。人間は、(イ)自分が犯した失敗から学んだり、(ロ)失敗を恐れずに自由に行為した結果として学習するとすれば、失敗の許される準分解可能システム的なヒエラルキーは管理階層の担い手を育成するうえで適切な構造になっている。

⑦ヒエラルキーには目的—手段の関係が付きまとうので、下位者ほど目的を所与として手段

を考えるという傾向が強い仕事を担うのに対し、上位者になるほど目的そのものを考えるという色彩の強い仕事を担うようになる。またヒエラルキーを下から上へ昇進していく人は、常に一つ上の上位者が与える目的を達成するための手段を考える職務を行ってきたことになる。それ故、一つずつポストを上がっていくことは、それまで目的に対する手段を考えてきた人が、目的を新たに考えるようになるという変化を意味する。手段として考えるのか、目的として考えるのかという、見ているサイドについては大きな変化ではあるが、事前準備になっていることも確かであろう。

ヒエラルキーは、人材育成・人材の選抜という意味でも有意義な側面をもつ。これらの優れた側面をヒエラルキーがもっているという点を、見失ってはならない。

## (6)　ヒエラルキーの問題点

ヒエラルキーにはよい点も多々存在し、人間はヒエラルキーを使わずに物事を認識したり、処理したりできない。しかし、ヒエラルキーには問題も付きまとっている。

まず第一に、ヒエラルキーは嫌われている。民主主義教育の浸透した先進工業国では、皆が「民主主義」的な秩序と手続きに慣れ親しみ、上位者が下位者に命令するという軍隊的イメージのあるヒエラルキー組織は好まれない。その反対に、上下関係と規則の少ない組織が好まれる。現代という時代は、組織の基本モデルを否定する価値観が蔓延しているのである。

自分が忌み嫌っているタイプの秩序の下でやる気をみなぎらせることのできる人間は、滅多にいないであろう。だから、本当はヒエラルキーの特徴そのものに問題があるわけではなくても、ヒエラルキーを皆が嫌っているが故に、皆のモチベーションが低下し、ヒエラルキーのパフォーマンスが悪くなる可能性があるのである。

この問題を回避するための方法は二つある。一つ目の方法は、ヒエラルキーの基本構造のもつメリットと、組織メンバーたちの好む「民主主義」的な秩序がもたらすメリットの最適妥協点を探すことである。このような作業を経ることで、当初仕事の内容だけを考慮して設計したヒエラルキーよりも、若干フラットで垂直分業の程度が低いものが出来上がるはずである。

二つ目の回避法は、実際にはヒエラルキーで動いている組織でありながら、表向きヒエラルキーではないかのようなふりをするというものである。現実には事業部長の強力な権力の下で動いている組織でも、従業員の声に耳を傾け、丹念に説得する作業をいとわなければ、「民主的」なふりを演出することは不可能ではない。

ヒエラルキーが抱える第二の問題点は、それが地位の上下関係を指し示すが故に発生してくる問題である。上位のポスト数は下位のポスト数よりも少ない。上位のポストにはより高い報酬やプレステージ、権力が備わっている。しかも、それが稀少であるという理由だけでも、多くの人が望むものになる。多くの人が望むから優れた人材を確保できるというメリットがある反面、多くの人が手に入れられないが故にその失意の人々の不満を解消する必要が出てくる。

短期雇用であれば退出してもらうだけでこの問題を解決可能だが、日本企業のようにコア人材の長期雇用を重視している企業の場合、昇進に漏れた人々の動機付けという問題が大きな課題として残される。

この問題の根元的な解決策は、残念ながら存在しない。痛みを和らげることはできても、どこかで諦めてもらい、他の目標に向かってがんばってもらう、という方向付けを与える以外には対応法はない。ところが、目の前の問題を解決しようとして、昇進者を若干増やすためだけのポストが作られたり、そのための組織ユニットが新設されたり、中間的な階層が新設されて五ランクだったのがいつの間にか八ランクまで増えたり、といった経済合理性から離れた方策がとられるケースも存在する。このような非合理的な方策の積み重ねによって、長年の間にヒエラルキーの中にムダな階層・ムダなポストが増えていく可能性がある。

そもそも管理階層は直接生産に携わるのではなく、直接生産活動を行っている人々の調整を職務としている。それ故に管理の仕事に携わる人々の数が増えれば、その分だけムダが増えることになる。しかし、価値を直接創造していないまでも、現場の生産活動をスムーズに導くために必要不可欠な管理職ポストを減らすことはできない。ところが、この必要不可欠な管理職ポストをめぐる競争があるが故に、必要不可欠ではない管理職ポストが新たに創造されてきて、必要のないムダなポストまで出現してくる。こうなると、組織の効率性は明確に低下する。

「価値を創造していないが省略できない活動」のことを第一種のムダ、「価値を創造しておらず、すぐにでも省略可能な活動」のことを第二種のムダという。長期雇用を重視する組織では、ヒエラルキー構造の中にこの第二種のムダが増えていく可能性がある点が問題である。しかも問題がさらに複雑になるのは、いったん皆が組織に慣れてくると、この第一種のムダと第二種のムダが簡単には区別できなくなるところにある。一見ムダなように見えて実は有益であるとか、一見役に立っていそうでまったくのムダであるということが、社会システムではしばしば観察される。しかも複雑なシステムであると、省いた後、何年もたってから事故が起こるといったことも起こりうる。

このような問題が発生するために、ヒエラルキーを設計する際に気をつけるべきポイントの一つは、若干の問題があってもポストを簡単には増やさないこと、できるだけシンプルなヒエラルキーを維持することである。新しい問題が出現するたびにその対応を担うポストを作っていくというヒエラルキーの漸進的改良はいつしか複雑な組織を形成し、第一種のムダか、第二種のムダかを判断できない状況を作り出してしまうのである。

## Ⅵ　水平関係とその他の追加的措置

標準化とヒエラルキーという組織の基本モデルを適切に設計することで、多くの状況に対応することが可能である。しかし、基本モデルでは十分に目的が達成できない場合や、基本モデルをシンプルなものにとどめておくためには、水平関係や「その他の措置」を追加的に使用する必要が出てくる場合がある。

図6―1を見ていただきたい。標準化とヒエラルキーの基本モデル以外の措置が、まず情報処理負荷削減の措置と情報処理能力拡充の措置の二つに分けられている。ここでいう「情報処理」とは、事前に用意されていた標準化によっては調整できない例外的な事態に対応するために組織内で行われるコミュニケーションと思考を指す。情報処理の負荷が増えると、ヒエラルキーがパンクする。単純なヒエラルキーでは情報処理負荷に耐えられないほど、予想外の出来事が発生するようになった場合には、ヒエラルキーにかかる情報処理負荷を減らすか、ヒエラルキーに何かを追加して情報処理能力を拡充するか、いずれかの手段をとらなければならない。

図6－1　組織設計の選択肢

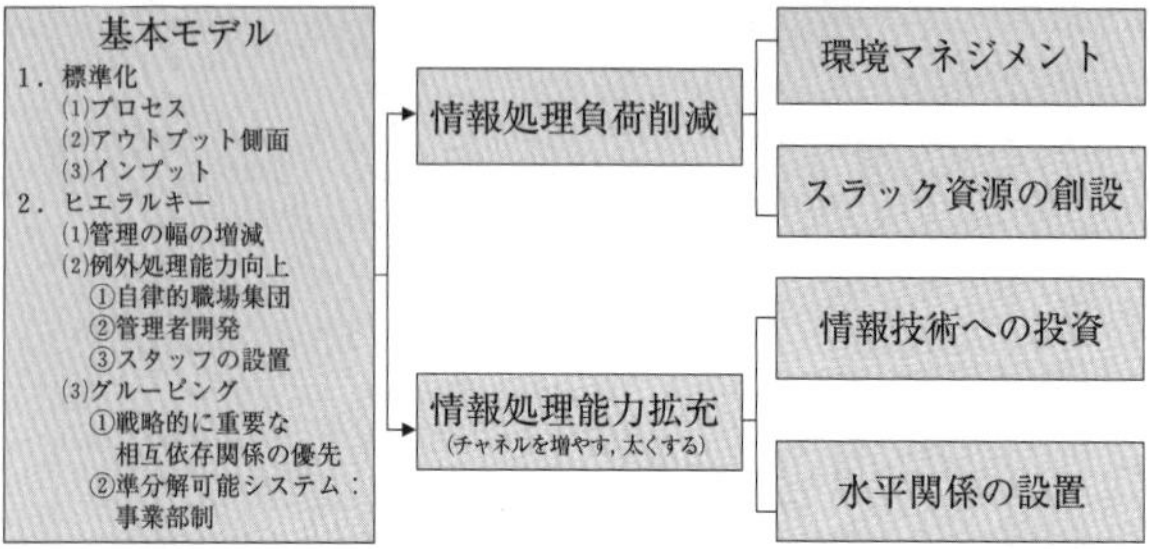


情報処理負荷を削減する方法には、①環境マネジメントと②スラック資源の創設の二つがあり、情報処理能力を拡充する方法には、①情報技術への投資と②水平関係の設置がある。本章のメインテーマは、この最後の水平関係の設置であるが、その議論に入る前に、初めの三つの追加的措置に簡単に触れておこう。

## 1　環境マネジメントとスラック資源の創設

### (1)　環境マネジメントと戦略的選択

本来であれば自分で行うはずだった事前の標準化作業と事後的な例外処理を自社で引き受けることをせずに、他の経済主体に押しつけることができれば、自社組織の処理するべき問題が減るので、その分だけ組織にかかる情報処理の負担が減ることになる。

たとえば部品納入業者に出荷前の全数検査を担わせ、しかも、もし不良部品による完成品不良が出現した場合には、それによって発生する追加出費をすべてその部品納入業者に負担させる、という契約を結ぶことができれば、完成品を生産している会社が担当しなければならない問題が少なくなることは明らかである。もちろん完成品メーカー側が楽になった分だけ、部品納入業者が負担しなければならない問題は多くなる。

自分が環境に合わせるのではなく、環境の側が自分に合わせてくれるのであれば、組織は楽ができる。たとえば需要の季節変動が激しく、その増減に合わせて生産計画・要員計画を立て、その計画が外れた場合の問題処理を行うのは大変な作業である。だが、もし需要が落ち込む季節に広告費を増やして需要を喚起し、需要が加熱している季節に広告を控えることで需要変動の波を安定させることができれば、組織が処理しなければならない問題を減らすことが可能である。

予約制を顧客が受け容れることも、環境の側がこちらに合わせてくれている一例である。歯医者や病院など事前の予約をとらないとサービスを受けられない組織もある。予約制を採用したり、来院した患者を何時間も待たせたりすることが可能であれば、病院側は来院患者数の予測を立てて、それに合わせた要員計画を作る必要がなくなる。

環境がこちらに合わせてくれるのは、こちらにパワーがあるからである。完成品メーカーが部品納入業者に様々な負担を転嫁できるのも、病院が患者を待たせられるのも、それらの組織が市場で強力な地位を得ているからである。しかし、何らかのコストを支払い、リスクを負うならば、弱小の部品納入業者の側も強力な完成品メーカーに影響を及ぼすことができる。

たとえば完成品メーカーの部品調達部長が定年退職する時に、部品納入業者の役員ポストを提供する、という方法がある。これを組織論の専門用語では政治的吸収（co-optation）といい、一般には「天下り」と呼ぶ。政治的吸収とか天下りという言葉を用いると、役員ポストをワイロのように渡して便宜を図ってもらう、というイメージが強くなるが、そのような短期的な交換はそれほど大きな問題ではない。むしろ重要なポイントは、二つの会社のキャリアがつながる、という点である。

自分の先輩や自分自身、あるいは自分の後輩たちが将来的に転出する可能性のある会社は、徐々に「外部の会社」ではなくなっていく。自分たちのキャリア期待の中に組み込まれるということは、まさに一つのコミュニティになっていくという側面がある。一つのコミュニティになってしまえば、あまりにも厳しい要求が突きつけられる可能性は減少し、問題が生じても交渉の余地が残されたり、事前に警告情報を流してもらえるようになったりする。このような状況まで持ち込むことができれば、その分だけ、組織が処理しなければならない問題の深刻さが緩和されるであろう。

ただし、これにはコストとリスクが付きまとう点には注意が必要である。役員報酬というコストは大きなものではないが、役員ポストを一つ提供することで、そこに天下った人が「完成品メーカーでこれが常識だった」と言って完成品メーカーの慣行を強制し始めるかもしれない。また、「完成品メーカーはそのようなことを許すはずがない」などという脅威をちらつかせて部品納入業者内で強い権力を行使していく可能性もある。タダでは楽にならないのである。

なお、そもそも環境マネジメントを行う必要がないほど、例外事象が生じにくい楽な環境部分を選択するという手もありうる。楽な環境に陣取れば、組織で複雑な問題を解決する必要などないからである。しかし、あらゆる会社にとって「楽な環境」であれば、通常は他の組織も参入してくるので利益を稼ぐことができなくなってしまう。だから、自分にとっては「楽」だが、他社にとっては楽ではない環境を選び取る必要がある。

自分にとっては不確実性が低いが、他社にとっては不確実性が高い環境とは、言い換えるなら、自社従業員は熟練しているが、他社従業員にとっては熟練していない環境のことである。つまり、自社の独自能力が確立している環境のみに直面していれば、組織設計で悩む必要はずいぶん減少するのである。逆に、独自能力をもたない市場環境に直面している場合、どれほど組織デザインを工夫しても組織は混乱してしまう可能性が高い。

### (2)　スラック資源の創設

スラックとは「ゆるみ」とか「たるみ」のことである。組織ユニット同士が緊密に結びつけられているよりも、若干「ゆるみ」が設けられている方が、調整の仕事は楽になる。そもそも調整自体が不要になったり、調整を行う時間的余裕が与えられたり、ということになるからである。しかし、「ゆるみ」を導入するにせよ、ギリギリの目標を狙うのを諦め、目標水準を低めるにせよ、調整の仕事が楽になる代わりに、コストが上がったり、製品のパフォーマンスが低下したりというマイナスも発生する。

たとえば工程間在庫をゼロにするよりも、若干量許容する方が、工程内のどこかでトラブルが発生した場合の調整は楽である。短期的には工程間在庫を取り崩しながら他の部署が生産を続けることができるからだ。しかし、工程間在庫の増加は運転資本の増大につながり、コストが増える。そればかりか、工程間在庫が増えすぎると皆の作業が混乱したり、広いムダなスペースが使われたりする。これもコストである。

顧客への納期目標を「ゆるめ」に設定したり、製品性能の目標値を低めに設定したりすることも、同様の効果をもたらす。目標を高くすると、厳しい事前の計画と標準化作業が必要であり、事後的にもギリギリの調整が必要であるが、目標を下げれば、組織にかかる負担をずいぶん減らすことが可能になる。

この場合も、目標を低くすることで最大限の効果を達成することを諦めた分だけ、逸失利益が発生する。納期が早ければ、より高い価格で売れたかもしれないし、より多くの需要を見込めるかもしれない。製品性能の目標値をもっと高く設定しておけば、より高価格で売れたり、大量に需要が発生したりするであろう。これらの「あり得たシナリオ」から得られたはずの利益を失う、というコストを支払っているのである。

事業部制組織を採用することも、スラック資源を活用している組織化だといわれることがある。なぜなら、機能別組織であれば共有できていたはずの人事担当者や企画スタッフなどを、事業部ごとに分割して配置しなければならないとか、非常に高給取りの事業部長を複数用意しなければならないからである。こういったスラック資源を活用することによって発生するプラスとマイナスを、それを活用しなかった場合のプラス・マイナスと、多面的かつ長期的に比較考量して組織デザインを決めていく必要がある。

## 2　情報技術への投資

環境マネジメントとスラック資源の創設が、情報処理負荷を引き下げる効果をもつ措置であったのに対して、情報技術への投資は組織のもつ情報処理能力を拡充する方策の一つである。情報技術への投資が組織デザインに及ぼす影響について考えるために、(1)経営情報システム（MIS）や戦略的情報システム（SIS）など、主として意思決定に必要な情報を蓄え、流通させるシステムと、(2)ERP(企業資源計画)パッケージ、(3)メールとイントラネットについて簡単に触れることにする。

### (1) 意思決定のための情報システム

意思決定に必要な経営情報を一括して蓄積したデータベースを構築し、様々な角度からそのデータを分析できる情報システムがあれば、意思決定を行う経営管理者にとっても、末端の従業員にとっても例外処理を簡略化できるはずである。このようなシステムは一九七〇年代には経営情報システム(MIS:Management Information System)と呼ばれていた。

その後、コンピュータとソフトの進歩と共に、この情報システムはますます便利になっていく。たとえばMISの後には意思決定者が自分でコンピュータ端末を操作してデータを引き出し、自ら分析を進めながら意思決定を行えるようにするシステムが開発され、意思決定支援システム(DSS:Decision Support System)と呼ばれるようになった。さらにこの情報をトップ経営管理者ばかりでなく、広く組織内の人間に共有できるように設計されたものが戦略的情報システム(SIS:Strategic Information System)と呼ばれ、八〇年代に広まった。

これらの情報システムは、例外的な事態が発生した場合に意思決定者が直面する情報収集と分析の負荷を大幅に削減してくれるはずである。ヒエラルキーの情報処理能力を上げるために

**図6－2　情報システムのヒエラルキー補強効果**

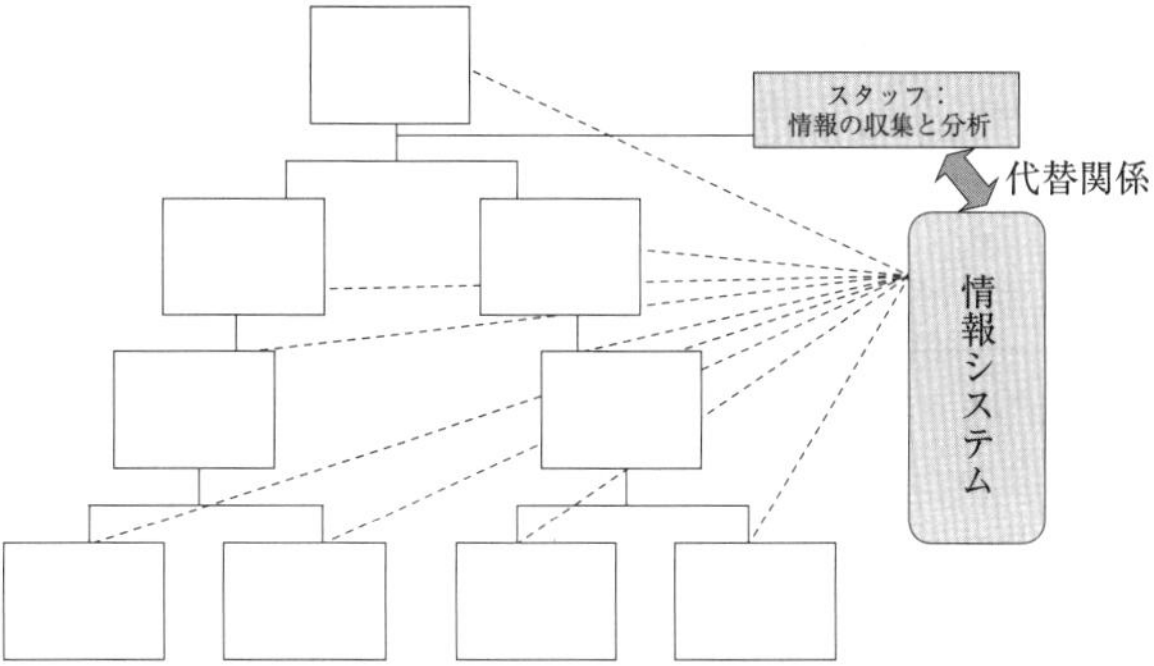


設置されたスタッフの機能を、情報技術によってある程度負担することを可能にしている、と考えることもできるであろう。また、情報システムが存在しなければ、部下から問題の報告を受けたり、部下に問い合わせを行ったりするというタテ方向のコミュニケーションが大量に発生していたはずである。その意味では上司も部下も自分の目の前にあるパーソナル・コンピュータ（昔なら端末）のキーをたたくだけで必要な情報を入手することが可能になったということは、それまでヒエラルキーに沿って上下に流れていた情報をわざわざ人間が流す必要がなくなるという意味で、タテ方向の情報チャネルを太くしているという効果があると考えられる。

　この効果を視覚的に直観で理解するべく、図6—2には情報システムのもつヒエラルキー補強効果を図示してある。通常のヒエラルキーを形成する樹形図以外にも、情報システムを中心としてもう一つ別の情報チャネルがヒエラルキーを形成していることが図から読み取れるはずである。人的なヒエラルキーを補強する情報技術による情報チャネルのヒエラルキーが、形成されるのである。それ故、この種の情報技術の使い方を「垂直的情報チャネルの強化」であると位置づける論者もいる。

## (2) 企業資源計画パッケージ

意思決定のサポートばかりでなく、企業内で従業員たちが遂行している事務処理作業を情報技術を通じて自動化し、同時にその情報を蓄積して意思決定のサポートにもリアルタイムで対応する情報技術が近年発達している。ドイツのＳＡＰ（エスエーピー）社が開発したＲ３と呼ばれるＥＲＰ（企業資源計画：Enterprise Resource Planning）パッケージがその典型である。誤解を恐れずに簡単に説明するならば、ＥＲＰパッケージとは〈事務作業の流れ〉を自動化するとともに、包括的なデータベースをリアルタイムで作成してくれるものである。

たとえば、図６―３に簡略化された企業資源計画パッケージのイメージが描かれている。まず顧客から注文を受け、その商品をその顧客向けに出荷するという操作をパソコン画面に向かって営業マンが入力する。この操作が行われると、倉庫に出荷の指示が届き、顧客に商品が出荷されると同時に自動的に請求書が発行される。また、出荷された時点で現在の在庫数量が書き換えられ、もし在庫数量が一定水準を下回れば追加生産の指示が出されて生産計画が変更に

図６－３　企業資源計画の簡略例

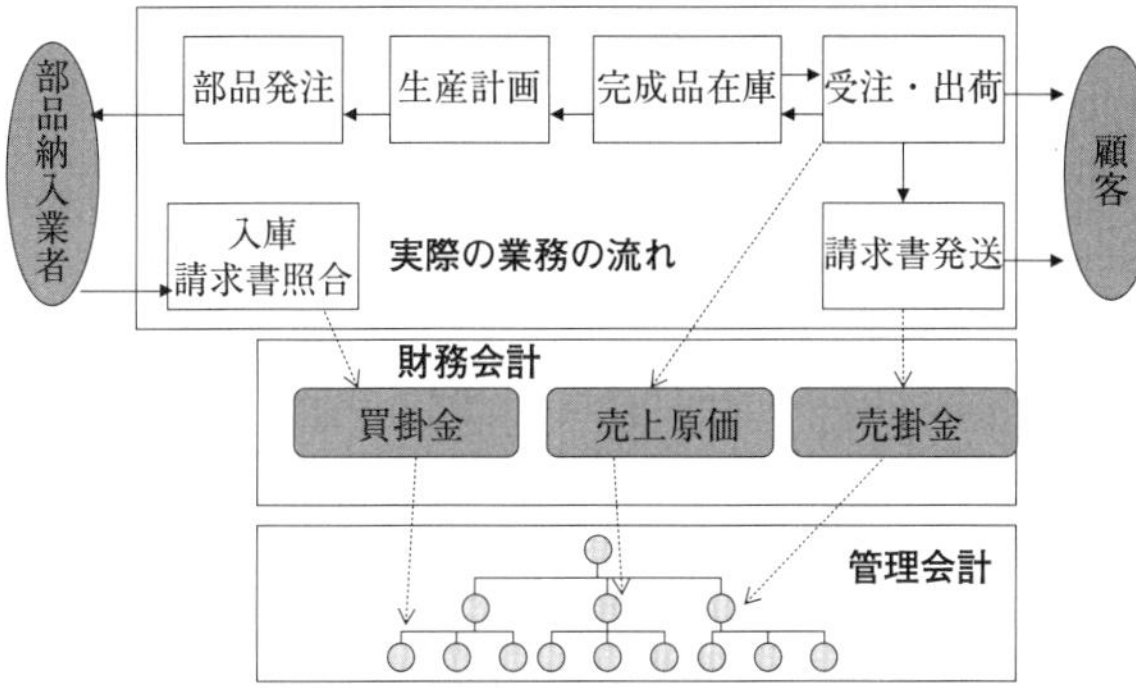


なる。この生産計画の変更に伴って、部品が追加発注される。

この一連の作業は、一昔前まではカーボン・コピーで転写する伝票によって管理されていた。そしてその伝票に記入したり、バインドしたり、他部署に届けるといった伝票処理の作業は、事務員の仕事であった。この事務員の一連の事務作業の流れが、情報技術によって自動化されるのである。

さらに、ＥＲＰはここで自動化した管理業務の流れに合わせて発生するカネの流れを仕分けし、財務会計データを自動的に作成してくれる。さらにはその財務会計データを各組織ユニットに割り振り、各組織ユニットの管理会計データへも容易に変換してくれる。モノの流れに沿った事務作業の流れを自動化するばかりでなく、その後の管理業務に関しても多数の自動化が進められている。

ＥＲＰパッケージが組織の情報処理特性に及ぼす影響に

ついては、今後の実証研究の蓄積を待たなければ確たることを主張できないが、ここでは原理的に予想されることを簡単に述べておこう。ＥＲＰパッケージのポイントは、①〈事務作業の流れ〉の統合的自動化と②リアルタイムの統合的情報システムである。②については、ＳＩＳと同様に意思決定をサポートする情報が人的コミュニケーションを介さずに入手しやすくなることを意味する。それ故、基本的には人的なヒエラルキーの情報処理能力を情報技術によって補強するという効果として認識しておけばよいだろう。

①、すなわち、〈事務作業の流れ〉の統合的自動化がもたらす可能性のある効果は、もう少し複雑である。この〈事務作業の流れ〉の統合的自動化とは、それまで人間が遂行していたプログラム（標準化された処理プロセス）をコンピュータに担わせる、という変化を意味している。それ故、これはヒエラルキーの補強というよりも、標準化を推し進めた結果としての事務の自動化である。

事務作業が自動化されれば、従業員の側の不熟練・不注意に起因する例外事象の発生を減少させることが可能である。営業マンの入力ミスまでは減らせないだろうが、他部門への連絡ミスやどこかの書類の山に埋もれて納期遅れになった仕事といった問題は減るであろう。また、ＥＲＰは職場でやる気をなくしたり、諍《いさか》いを起こしたりすることはない。それ故、内勤の事務員たちの「感情のもつれ」を解決する、というような調整を行う必要も少なくなるであろう。

事務員の数が減れば、その分だけ管理職ポストも減り、内向きの調整（感情問題の処理）を行う管理者の必要性も低下するはずである。しかしだからといってヒエラルキーを構成する管理職の仕事が重要でなくなるとか、不要になるということはないであろう。なぜなら、事務処理を人間が担っていれば処理してくれていたはずの微妙な判断の部分は情報技術が処理してくれるわけではないからであり、しかもいったん例外事態が発生した時に、統合的なシステムの全体について考えられる視野の広さがなければ、その問題を解決できなくなるからである。

ヒエラルキーを構成する経営管理者の数は減るかもしれないが、その人たちに要求される視野の広さ、問題の理解力はさらに高度化する可能性があるだろう。

### (3)　メールとイントラネット

メールとイントラネットが組織に及ぼす効果についても、これらのものに対する今後の社会的習熟とその実証研究の成果を待たないと確実なことはいいにくい。しかし、すでに多くの読者がメール（e-mail）とイントラネットの世界に生きているはずだから、これらが組織に対して及ぼす影響について実感できそうなことを簡単に述べておこう。

メールに関して指摘しておくべき重要なポイントは、非同期のコミュニケーション手段だという点であろう。電話や直接的な接触では、自分と相手の両方の時間が合う場合に初めてコミュニケーションが実現される。しかし、手紙やファックス、メールは一方が送信する時に他方が暇である必要はない。だから、コミュニケーションを行おうとする場合に同期化する必要のない、非同期のコミュニケーション手段なのである。

非同期のコミュニケーション手段は、双方が同時に暇である必要をもたないので、非常に実現しやすい。しかも、手紙やファックスに較べるとメールは明らかに送信に必要な手数が少なく簡単である。簡単であるが故に、これまで結びつくことの難しかった人々の間で、コミュニケーションが成立してくる可能性が高まることが予想される。たとえば、「元上司の同僚の先輩」といった比較的遠いヒトと簡単な紹介を通じて話し合うことが可能になる。その意味では、インフォーマルな調整を行うことの可能なヨコと斜めのネットワークが広がる可能性がある。

また、メールもイントラネットも、比較的多くの社員にメッセージを伝えることを容易にする、という点は明らかであろう。これまで書類が回覧されていたのに代わり、メールで一斉に配付可能になり、社長メッセージをイントラネット上に公開しておくことで誰でも社長の考え方にアクセスできるようにすることも可能になる。また、何かの問題が発生した場合には、メーリング・リストを作ることで、皆で情報を共有しながら迅速に問題解決に立ち向かうことも可能になる。広く、自由な情報共有を促進し、ヒエラルキーとは別の情報チャネルが多数、低コストで増設される、という効果をもつことが予想される。

しかしながら、低コストで簡単に利用できる情報チャネルというのは、意味のない情報も大量に流れるチャネルに堕する可能性も高い。内容の乏しい情報や真偽のほどが明確でない情報など、以前であれば発信するか否か迷ったはずのものを、ほとんど無反省に「一応お知らせしておく」ということになる可能性が高い。この場合、情報チャネルは再びパンクしてしまう。その結果、メールをまじめに読まないという習慣が形成されたり、特定人物から来たメールしか読まない、という習慣が形成されたりする可能性がある。メールがどのように使われ、どれほど信憑性をもつ情報チャネルになるのか、今後の社会的成熟と実証研究の結果を待ちたい。

## 3　水平関係の創設

情報技術への投資が情報処理能力を拡充する方策であったのと同様に、ここで検討する水平関係の創設も組織の情報処理能力を拡充するものである。ここでいう水平関係とは、メインのヒエラルキーを横切る人的情報チャネルの総称である。組織における水平関係には多様なものがあり、また多様な呼称が使われているけれども、ここでは大きく分けて二つ、細かく分けると五つのものについて解説を加えていくことにしよう。

初めの三つは純粋に水平的な関係であり、通常のヒエラルキーを上下に流れる情報を直接水平方向に流す仕組みである。残りの二つは「水平関係」とはいっても、より正確には、通常のヒエラルキーに加えてもう一つ別のヒエラルキーを構築することを意味している。後に詳しく説明するが、プロダクト・マネジャーは通常の機能別組織のヒエラルキーに製品別のヒエラルキーを付加するものであり、マトリクス組織は二つの同等のヒエラルキーが同時に作動する組織のことである。

Ⅰ　純粋な水平関係
(1)直接折衝
(2)調整担当職の設置
(3)連絡会・研究会
Ⅱ　ヒエラルキーの追加
(4)プロダクト・マネジャー
(5)マトリクス組織

これら五タイプの水平関係を解説するうえで、まず図6―4のような組織を想定することにしよう。この組織は全社的にはXとYとZという三つの事業部から構成される事業部制組織である。それぞれの事業部の内部構造は機能別組織になっていて、それぞれ二つずつの主要な製品を開発・生産・販売していると考えておこう。このような仮想的な組織内のX事業部に焦点を当てて、各種の水平関係について議論を進めていく。会社全体として見れば複数の事業部から構成される事業部制組織ではあるが、ここで注目するのはその中の一事業部である。X事業部そのものの組織形態は機能別組織であり、開発・生産・販売という三つの機能別に分かれてAとBという二タイプの製品を産出している。

このX事業部の直面するB製品の市場で、競争相手が非常に魅力的な新製品を開発し、市場に導入したと想定しよう。この競合他社の新製品は多くの顧客の心をつかみ、X事業部の既存顧客まで奪い始めている。X事業部では通常一年に一回の頻度で主たる製品系列のモデル・チェンジを行ってきた。それ故、通常の製品開発については標準化が進んでおり、毎年同様のスケジュールが組まれている。しかし、競合他社の新製品は、この標準化された製品開発とは別に緊急の対策を必要とするものである。

市場の競争度が高まるほど、製品Aの研究開発→生産→販売という作業の流れが緊密に連動する必要がある。各機能部門内部の相互依存関係よりも、製品・市場を中心とした相互依存関係が重要になってくる。このケースでは、とりわけ販売と研究開発の間の相互依存関係が重要であろう。競合製品に対抗するための新製品について、コンセプトと導入時期等を決める必要があるからである。研究開発と販売という二つの組織ユニットが、製品Bの市場で生じた予期

部の仮設例

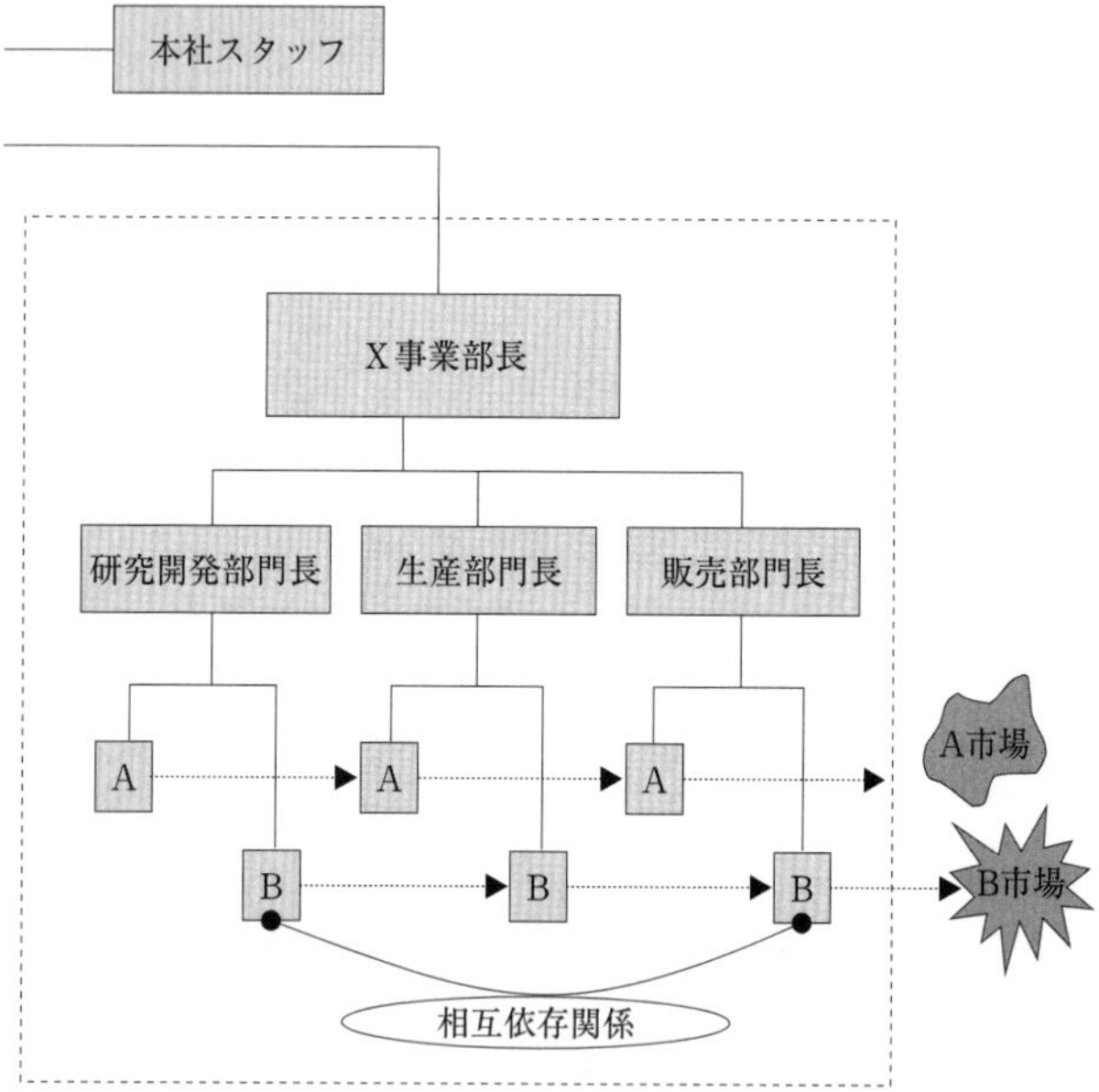


せぬ厳しい競争に対応するべく、組織的な問題解決活動が始められる。以下では、このような想定の下で、どのような水平関係が用いられるかを考えていくことにしよう。

## (1) 直接折衝

あらゆる水平関係の中で最もシンプルで最も実用的なものは、担当者同士が互いに直接連絡をとりあって問題を解決し、調整を行うものであろう。たとえば図6―4に見られるケースでは、製品Bの販売担当者と研究開発担当者が

図6－4　事業

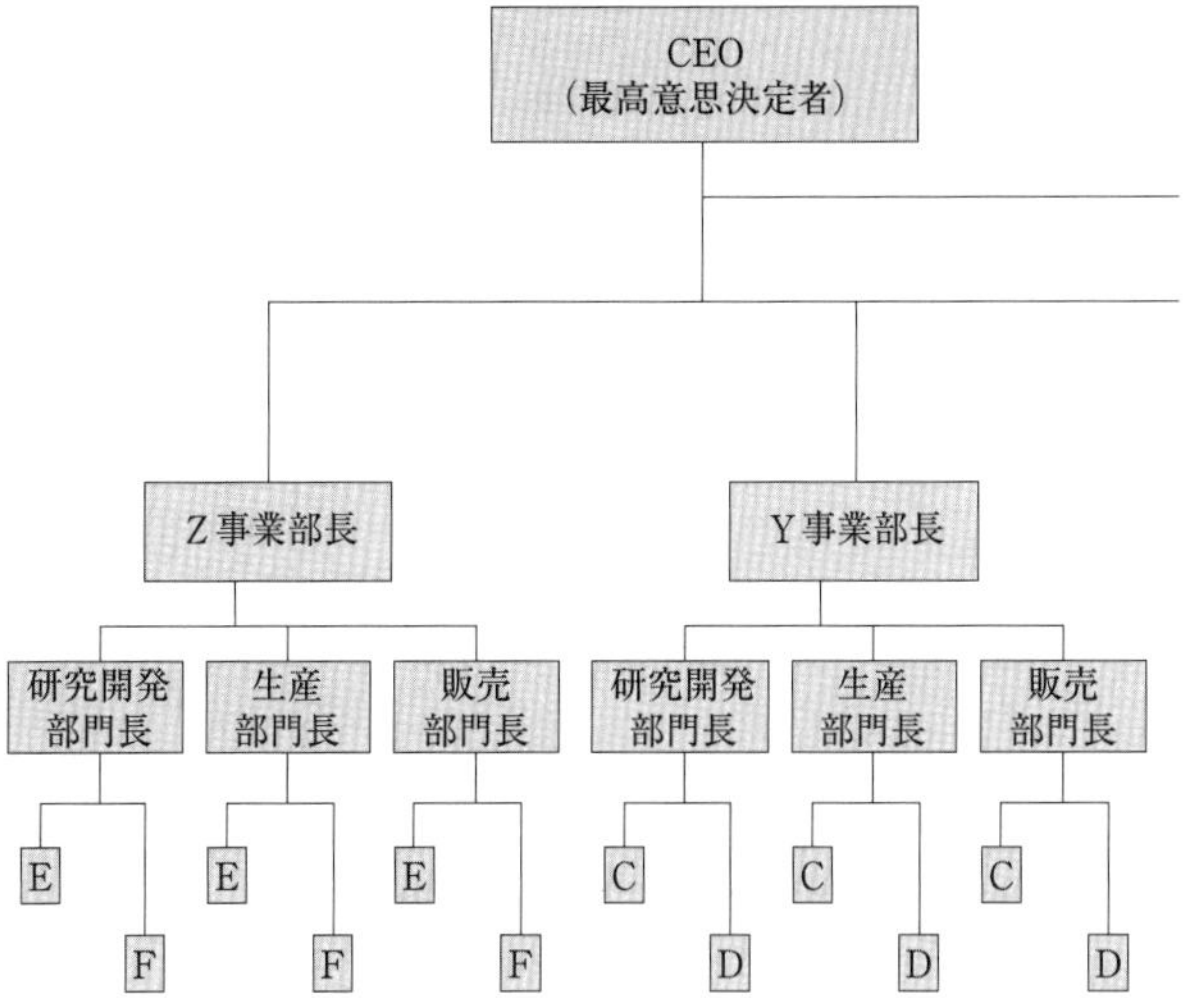


直接話し合って、緊急に開発するべき製品のコンセプトと発売時期を決定すればよい。直接的な折衝でおおよその部分を決めてもらえれば、ヒエラルキーを使った意思決定の必要性が削減できるから、その分だけヒエラルキーは他の情報処理（たとえば長期の戦略）に時間を費やすことが可能になる。

　本来、直接折衝は通常の集団において自然発生する調整手段である。その意味ではヒエラルキーや標準化よりも、身近な調整手段であり、ヒエラルキーが作られた後ではそれを補完する役割を果たすことになる。

直接折衝は、現場で問題を実体験している担当者同士が直接相談して決定を行うので、担当者たちが普通の責任感をもち、普通の知力をもっていれば、非常に現実味のある（実行可能性と実際の効力が高い）解決策が「自然」に生み出される。組織デザイナーが設計する必要がないので、形式的な規則化が行われることもなく、組織を柔軟なものにとどめておくことが可能だというメリットもある。

しかし直接折衝が「自然」に生み出されるためには、組織のメンバーたちが互いに直接連絡をとりあえるようになっていないとならない。直接折衝が生じるためのインフラが形成されている必要がある。

直接折衝を「自然」に生み出すためのインフラは、その整い方に従って次の四段階に分類することが可能であろう。

①強い関係：調整するべき相手と直接の知り合いである
②弱い関係：調整するべき相手と直接の知り合いではないが、知人を介して到達可能である
③名簿：知人を介しても到達できないが、社員名簿などで電話番号やメール・アドレ

スが分かる
④無関係：以上のいずれも存在しない

社内に強い関係が多数張りめぐらされるように事前にインフラを整えるには、多数の人々が互いに知り合える機会が多数必要である。たとえば階層を超えて人々が知り合いになれるような研修を組むとか、頻繁に人事異動を行うなどの工夫が必要である。研修も人事異動も、仕事を離れたり、慣れない仕事で生産性が落ちたりするから、少なからぬコストがかかる。事業部の従業員数が多くなるにつれて、そのすべての人が完全結線で結ばれるようにするというのは、非常にコスト高になっていくはずである。

これに較べれば、弱い関係が事業部内に張りめぐらされ、直接すべての人を知っているわけではないが、一人か二人の紹介を経ればすべての人と連絡をとれる、というインフラを整える方が簡単である。同期入社を集めた集合研修を十年に一回行うとか、三年に一度人事異動を行うといった程度の工夫で、知人の知人というネットワークを十分に張りめぐらせることは可能である。ある人物から、その最も疎遠な人物へと、知人を介してたどり着くためのステップ数ができるだけ少ないコンパクトな組織が形成されるように人と人が「自然」に出会える機会をうまく設定することが重要である。

ついでながら、たとえば営業部と工場の生産計画部の間を計画的に異動するキャリアを形成すると、単に互いの部門に知人が増えるというばかりでなく、分業による異質化の作用が弱まり、調整が容易になるという副産物が得られる。組織内の機能としては、営業と生産計画という二つに分かれているものの、人々のコミュニティとしては過去と未来を共有する集団が形成され、互いに相手の立場を理解し合うことが容易になるからである。キャリアの共有は、知人のネットワーク形成と運命を共にするコミュニティの形成という二つの効果を持つのである。

「知人の知人」というネットワークが張りめぐらされていない場合でも、所属部署別の社員名簿やメール・アドレス・リストなどのディレクトリーが社員に配付されていれば、担当者同士が連絡をとりあう可能性が残される。このディレクトリーすら用意されていない場合、社員は独自に自分で調整相手の担当者を探さなければならないから、直接折衝が「自然」に発生する確率はずっと小さくなるはずである。

集合研修や人事異動を通じて知り合いのネットワークを形成し、「自然」に直接折衝が発生して、あらゆる問題が解決できるのであれば、組織デザイナーの仕事は非常に楽である。しかし、直接折衝は、あまりにも頻繁に発生する問題処理には不向きである、という欠点を抱えている。直接折衝は、「自然」に発生してくるのだから、調整の必要を感じた担当者が他部署の折衝相手を探してくる。誰でもスピーディに、効率よく、効果的な解決策を求めるであろうから、できるだけ自分の知り合いを選ぶか、相手部署でも有能な人材を折衝相手に選ぶであろう。

したがって、部門をまたいで調整を必要とする問題が多発するようになると、自然に有能な人材のところに直接折衝の依頼が殺到することになる。このような有能な人材は需要が多いのだから、社外の労働市場であれば賃金が上がる。賃金が上がれば、その人の労働力を節約しようというインセンティブが作用し、その人にくだらない仕事を持ち込む人は減るであろう。

しかし、社内の場合には、忙しい人の賃金はすぐには上がらない。過労死しなければ、将来的に昇進によって報われる日も来るかもしれないが、それまでの間、その忙しい有能な人材の労働力を皆が節約しようとはしてくれない。だから、重要な仕事も重要でない仕事も、その有能な人材のところに持ち込まれることになる。本来、ムダな作業をやらせてはいけないボトルネック資源であるはずのところに、ムダな作業が大量に流れ込むので組織全体のパフォーマンスも自然に低下してしまうことになる。

有能な人に仕事を持ち込まないまでも、できるだけ話しやすい相手に調整の相談に行くという傾向もしばしば観察される。この場合には、あらゆる問題を本来調整するべき相手ではなく、親しい間柄の人との調整で解決しようという傾向が出てくるので、組織全体にとって最適ではない解決策が追求されてしまう場合もあるだろう。本当になすべきことを追求するのではなく、最も動かしやすい組織内ネットワークで解決できる課題を追いかけるようになるという問題である。

以上のような問題が発生しなかったとしても、製品・市場の不確実性が高まり、相互調整の仕事が増えると、担当者たちの本来の仕事を遂行する時間がなくなり、調整の仕事ばかりに時間を取られるようになる。本来は設計図を描かなければならない人が打ち合わせばかりに追われたり、販売計画を立てなければならない人が内部調整に追われる、ということになり、本来の仕事がいっこうに進まなくなる。こうなると、組織内では「調整を専門に担う役職を作るべきだ」という意見が多く聞かれるようになるはずだ。

## (2) 調整担当職(リエゾン)

本来の上司たちが意思決定するべき重要な問題ならともかく、それ以外の簡単な調整は、調整担当職を置いて、その職に就いた人に任せればよい、という考え方は多くの組織で見られる。ここでいう調整担当職というのは、特別の権限や予算をもたず、また責任も負わされていない情報交換任務に当たる役職のことである。カタカナではリエゾンという。ちなみに軍隊の連絡将校もリエゾン・オフィサーという。

たとえば、最も簡単な仕事としては、調整を行うべき当事者たちの会合時間を設定する事務局の仕事がある。忙しい営業マンと開発技術者が互いにスケジュール調整を行うのは面倒だから、調整役の人がすべてを処理してくれるとたしかに楽になる場合がある。また会合の効率を高めるために、事前に解決するべき問題について情報を収集し、整理し、発信しておくことも調整担当者の仕事になるだろう。さらには、会合そのものを不要にするべく、情報収集・分析の結果から問題解決の原案まで提示し、メールで合意を取り付けるということも起こりうるであろう。

たしかに優れた人材がこのような調整の機能を担ってくれるのであれば、当事者たちが仕事の合間に無理して直接折衝を行うよりも効率的・効果的に問題解決が行われるに違いない。そしてそれが効率的・効果的に作用していれば、本来のタテのヒエラルキーに流される情報量は抑制され、ヒエラルキーは本当に重要な意思決定の仕事に集中できるはずである。しかしながら、調整担当職にはマイナス面も多い。

まず、そもそも近年の情報技術の発達によって、基本情報の共有についてはメーリング・リスト等で容易に達成可能になってきており、一人の人間を情報共有のためだけに配置する意義が薄れつつある。しかも、調整担当職は場合によっては、組織全体にとっては必ずしも望ましくない結果を生み出しかねない。なぜなら、不確実性の高い環境下で皆が忙しく仕事を遂行している時には、第一線で仕事に没頭している人たちは調整担当職の行動をチェックしなくなるので、調整担当職が発揮できる権力が過度に大きくなる可能性があるからである。

たとえば、調整担当職が会合を設定する場合、時間設定を操作することで出席者を選ぶことができる。会合の際の資料や原案を作成させると、それらが最終決定に大きな影響力をもつことになる。情報提供活動についても、「実は営業部門ではこのようなことが生じておりまして……」といった秘密の噂話・裏話を話して回ることでかえって部門間の関係を損ねる場合もある。

調整担当職について最も注意すべきポイントは、図6―5に見られるように、二つの組織ユニットの間に事業責任をもたない個人が存在するという、その位置づけである。実は、二つのものの中間にあること（between-ness）、またその位置で媒介者としての役割を果たすことは、奇妙な権力を獲得する第一歩である。調整するべき部門間を互いに直接会いに行かせないように計略をめぐらし、その両者の対立を煽ることで、その中間に位置する人間の利用価値がますます高まるからである。

このようにして、組織全体のパフォーマンスを犠牲にして自分自身の組織内における価値を高め、達成感を獲得していく、ということが生じる可能性がある。本来、調整の必要があった部門間を、さらに互いに遠ざけてしまうという問題が調整担当職を置くことで発生する可能性がある。

この問題を解決する方法は、基本的には二つある。まず第一に、直接折衝しないで媒介者を置くが故に発生する問題なのだから、できる限り直接対面状況で意見交換する機会を設けるこ

**図６－５　調整担当職と連絡会・研究会**

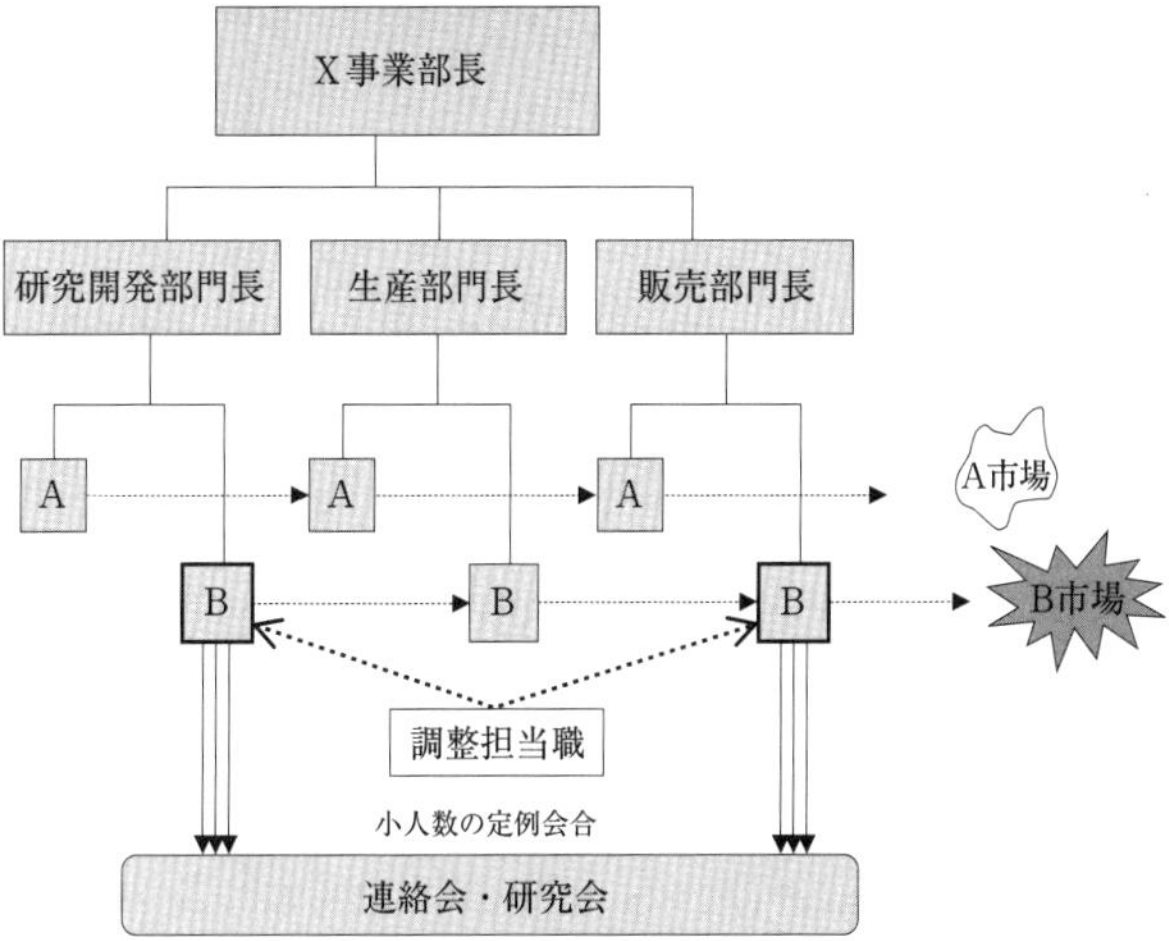


とである。直接折衝を毎日行わないまでも、週に一回とか、月に一回といった頻度で小人数の会合を開き、互いに直接意見を言い、それを聞く機会を設けることで、互いに遠く離れすぎないようにすることが可能になる。

二つ目の解決策は、調整担当職に応分の権限と責任を与えることである。プロダクト・マネジャーや事業部長など、B製品の市場における経営成果に責任を負わなければならない立場に置かれれば、自分自身の組織内の存在価値を高めることと組織の業績向上を追求することとが矛盾する可能性は低くなる。事業の成果そのものが、自分自身の存在価値そのものになるはずである。それ故、応分の権限と責任を付与された管理職として調整を行うようにすることで、媒介者の権力がX事業部の業績を低下させる危険性を回避することができるはずである。

## (3) 連絡会・研究会

媒介者が奇妙な権力行使を始めるのを避ける一つの手は、複数の人が定期的に直接会って話し合いをすることである。○○戦略研究会とか、○○戦略会議や連絡会など、呼び方はいろいろありうるが、基本的には、小人数のメンバーが集まって定期的に会合をもち、情報交換・意見交換・懸案事項の検討を行う、ということである。以下、簡便のため連絡会と呼んでおこう。

もちろん、この連絡会も、あまりにも頻繁になれば機能しなくなるが、直接的意見交換を続けることによって、相手の立場を互いに了解しあうようになり、いざという時に比較的簡単に調整が可能になるというメリットがある。しかも、直接会って意見交換しているので、相手がどう考えているのかということを若干誤解している場面があっても、比較的短期間で修正可能であり、媒介者の奇妙な権力行使を難しくするというメリットもある。

この連絡会がうまく機能していれば、ヒエラルキーを通じて処理される問題の数は抑制され、組織全体としての情報処理能力は高められる。また、ヒエラルキーを通じたタテの調整活動が行われる際にも、連絡会によって事前に情報共有が進んでいれば上司による調整も手数がかからないものになるはずである。

もちろん連絡会も万能ではない。そもそも事前に読みきれなかった例外が多発する場合には、手際よくスピーディに意思決定して解決していく必要があるが、連絡会にはそこまでのスピードは出せない。継続的に会合を開いているから、懸案事項を継続して議論することも可能であり、座長にもある程度のインフォーマルな権力は発生するが、それでも意思決定権限までは与えられていない。それ故、例外事象が頻発し、スピーディに解決していくのには連絡会は不向きである。スピードを出すためには、意思決定の権限をもつ管理者が必要である。

また、連絡会はしばしば形骸化する。過剰なほど人数が増えたり、不要になっても連絡会が存続してしまうことで、実質的に機能しない会合へと堕落するのである。たとえば、連絡会に参加したメンバーがそこで得られた情報の重要性に感動し、「これほど大事な情報が得られるなら、あの人も呼んだ方がいい」と主張し始める。このような提案に応えていくと、いつの間にか連絡会を構成する人数が増えてしまい、ホンネで語ることのない、形式的な会議に変質してしまう。連絡会がいかに効果的であっても、その効果は参加人数が少なく、ホンネの議論ができるから生まれているのであることには注意しなければならない。

また、この種の会合が組織内で設立されるのも、廃止されるのも、本当に必要な時期とはズレるのが一般的である。たとえば図6−6には、組織が連絡会を必要とする程度を縦軸に、時間の経過を横軸にしたイメージ図が描かれている。連絡会を設立するには、まず初めに皆を説

図６－６　連絡会の存続期間

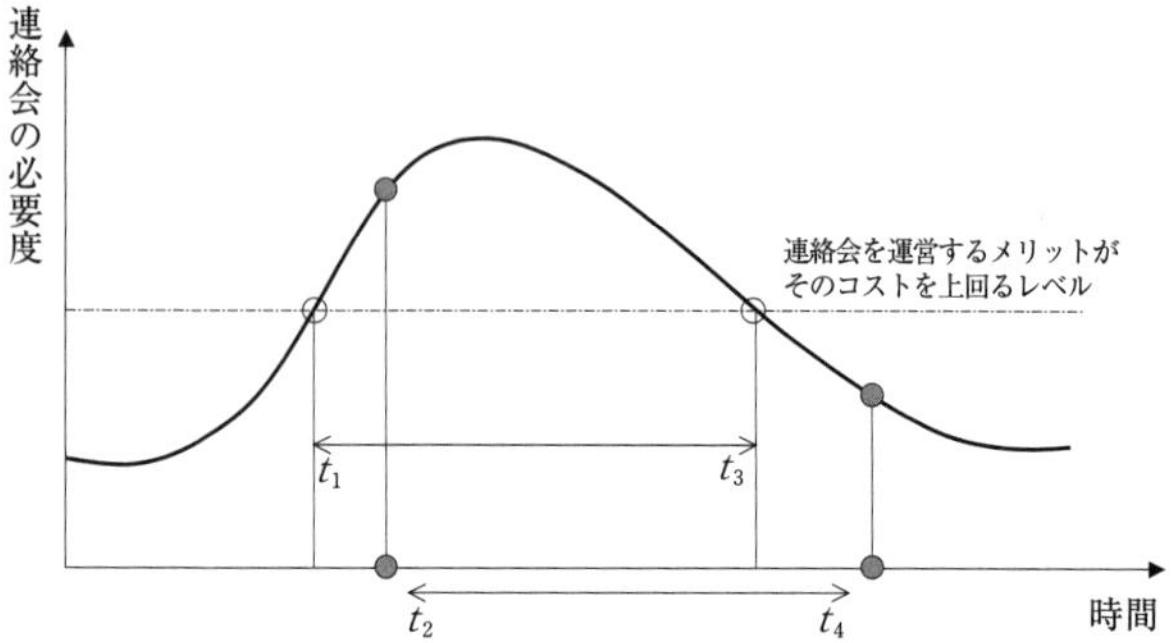


得するコストや会合の基本骨格を決める労力が必要である。だから、本当に連絡会が必要になる$t_1$の時点では連絡会は設立されず、必要性が認識されてからある程度の時間が経過した$t_2$時点で初めて設立される。

　また、この種の会合は、一度スタートすると組織全体から見ると本当は不要であっても、参加者たちの社交の場になっていたり、設立時の目的とは異なる目的を追求し始めたりして、なかなか廃止されなくなる。それ故、当初の部門間調整の視点から見たら廃止するべき$t_3$時点を超えて、たとえば$t_4$時点まで存続することになる。

　深刻なのは、この$t_3$時点から$t_4$時点までの期間である。毎回何らかの情報交換を行い、参加者たちは自分たちで十分に意味のある議論をしていると考えてはいるが、実際には必要のない会合になってしまっている期間だからである。このような場合、その会合で話し合ったこと、それに基づいて考えたことが適切であったのか、あるいは有用であったのかが環境からのフィードバックによっては分からなくなる。

実際には不要な情報でも、その会合でしか得られない稀少な情報を手に入れた人は、その情報が重要だと思い込むことがある。しかし、組織のパフォーマンス向上と関係のない情報のやりとりが行われる会合は、実質的な意義を失い、儀式として存続していくことになる。儀式として行われる会合は、奇妙な権力の温床になって組織のパフォーマンスにマイナスの影響を及ぼす可能性が高くなるので、注意が必要である。連絡会を設立する時に、小人数にとどめ、存続期間の見直しを常に心がける必要がある。

### (4)　プロダクト・マネジャーと四つのパワー

プロダクト・マネジャーとは、図6―7に見られるように、特定の製品あるいはブランドについて、その研究開発から生産、販売、マーケティング計画等のすべての側面の調整を行う役割である。ブランド・マネジャーと呼ぶ会社もある。また製品開発プロジェクトなど、常設ではなく一時的に作られているプロジェクトで全体を調整する場合もあり、この時にはプロジェクト・マネジャーと呼ばれる。

呼称ばかりでなく、実態についても多様である。プロダクト・マネジャーの中には、アドバイスを提供して皆を調整し、予算枠も人事権も持たない、弱いプロダクト・マネジャーから、

**図6－7　プロダクト・マネジャー**

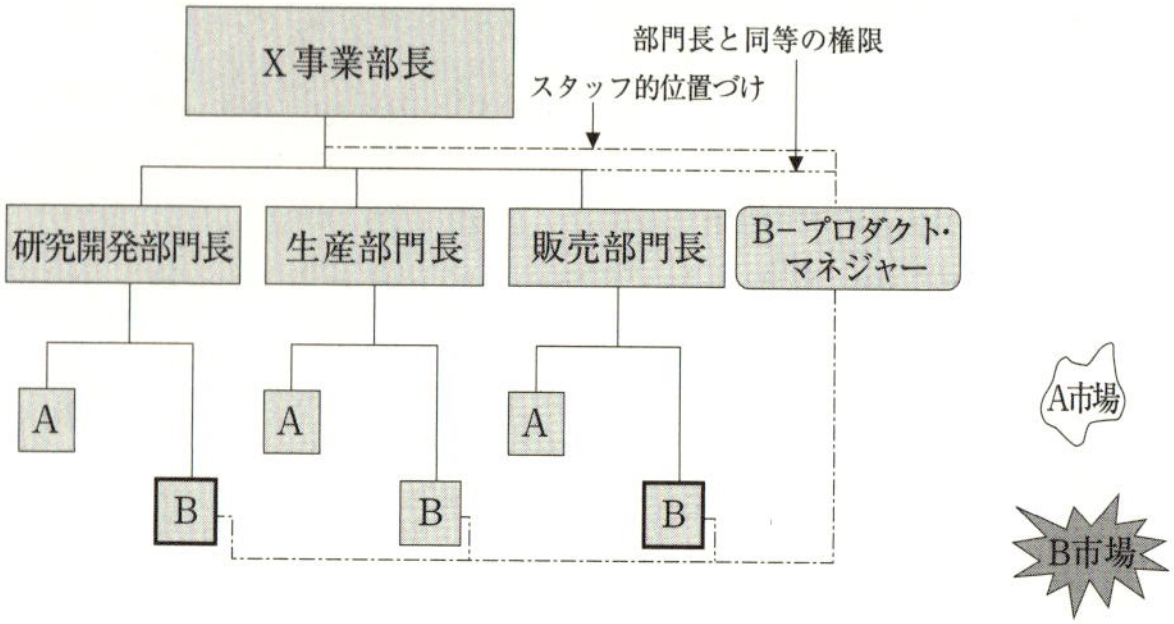


予算枠・人事権共に機能部門長のそれを上回るほどのものを任され、強力な権限をもって皆を調整していく強いプロダクト・マネジャーまで存在する。近年の新製品開発プロジェクトの研究では、弱いものを軽量級《ライトウエイト》プロダクト・マネジャー（LWPM）と呼び、強いものを重量級《ヘビーウエイト》プロダクト・マネジャー（HWPM）と呼ぶ。また、各担当者が自分の本籍地である機能部門を一時的に離れて新製品開発プロジェクトに参加し、その専属となる場合には、プロジェクト・マネジャーのもつ権限と影響力はHWPMよりもさらに強くなるはずである。

実際には多様なプロダクト・マネジャーが存在するが、プロダクト・マネジャーと呼ばれるからには、少なくとも、その製品に関して、①関係者に情報を提供し、②調整のための原案を作成して選択肢を示し、③特定の選択肢に向けてコンセンサスを形成していく、という機能を果たさなければならない。機能部門を超えて特定の調整案へとコンセンサスを形成していくうえで行使できる権限に応じて、プロダクト・マネジャーの設計は多様に工夫できる。

プロダクト・マネジャーが行使しうる権力（＝パワー）の大きさについて考えるべく、表6－1に組織内で行使されるパワーのタイプが分類されている。ある人が他の人に対して及ぼす影響力（パワー）のうち最も分かりやすいのは、おそらく賞罰のパワーであろう。プロダクト・マネジャーの言う通りに動けば、その分だけボーナスがもらえるとか、昇進の可能性が高まるというプラスの誘因が与えられる場合もあれば、言うことを聞かなければ減給になったり、昇進の道が閉ざされるというマイナスの誘因が与えられることもあるだろう。この両方をまとめて、ここでは賞罰のパワーと呼んでいる。より具体的にいえば、予算配分を決める権限や、人事考課の権限をプロダクト・マネジャーにもたせれば、プロダクト・マネジャーの賞罰パワーが高まり、それを与えなければ賞罰パワーを発揮しにくい、ということになる。

このような賞罰のパワーは誰にでも分かりやすく、組織の現実を反映しているように考える人も多い。しかし、実際の組織運営上は賞罰のパワーは権力行使の一カテゴリーに過ぎない。そもそも調整業務を遂行するたびごとに、毎回、プラス・マイナス両様の誘因を与えて社員を動かしていくというのは、組織運営のやり方として稚拙である。これなら組織など作らずに、外部の会社を使うアウトソーシングを行っていればよい。カネのインセンティブで相手にこち

**表６－１　プロダクト・マネジャーの設計パラメータ：４つのパワー・ベース**

| 権力基盤 | 軽量級ＰＭ | 重量級ＰＭ<br>独立プロジェクト・リーダー<br>マトリクスの事業責任者<br>事業部長 |
|---|---|---|
| 賞罰パワー | ×持たない<br>△ただし，トップに近いので擬似的に保有しているかのように見せられるケースがある | ◎人事権<br>◎予算配分権 |
| 正当パワー | ×トップ・マネジメントに対するスタッフ的位置づけなので，助言機能のみ<br>△ただし，トップに近いので擬似的に保有しているかのように見せられるケースがある | ◎正当な命令系統の上位者の位置づけ |
| 情報パワー | ◎市場と技術に詳しい | ◎市場と技術に詳しい |
| 同一化パワー | 個人に依存 | 個人に依存 |
| 報酬システムとの結びつき | 業績の公示<br>～ボーナス・給与とのリンク | 利益責任・降格・昇格 |

らの言う通りに動いてもらうというのは、本来、市場の論理であって、組織のメリットを生かしたやり方ではない。

組織が市場よりもスムーズに調整活動を成し遂げることができる理由は、上司の命令がほぼ「自動的」に受容され、遂行されるところにある。部下たちが、上司の命令を受けるたびに、「今回の命令は自分にとって得か損か」と考えていては、組織はスムーズに動くはずがない。命令を出す正当なポジションに就いている人が命令を出しているから、何の疑いもなく、その人の命令に従う、という権力が用意されて初めて組織はスムーズに動くのである。このような権力を正当パワーという。

より具体的にいえば、命令系統の中の上位

者として位置づければ正当パワーを与えることになる。社長直属のスタッフ的な位置づけであれば、正当パワーは弱く、部門長と同等あるいはそれ以上の位置づけにすれば正当パワーが強くなるはずである。

ただし、予算も人事考課権もないスタッフ的な位置づけのプロダクト・マネジャーでも賞罰パワーと正当パワーをまったく保有しないわけではない。公式組織上はたしかにそれらをもっていないのだけれども、実際の組織運営上はこの種のパワーを行使出来る可能性が高い。

なぜなら、社長に近いとか、社長に直接会って話ができる、という位置づけが重要だからである。社長と現場の担当者の中間に介在することで、「社長に報告します」という発言や「社長の意向はこうです」という発言が可能になる。これらの発言を駆使することで、インフォーマルに正当パワーと賞罰パワーに相当するパワーを構築できるのである。それ故、たとえスタッフ的な位置づけではあっても、空間的にも組織的にも社長に近い場所に置くことで、ある程度のパワーを付与することが可能である。

さて、賞罰パワーと正当パワーがなかったとしても、まだ行使できるパワーの源泉がある。その典型の一つは人間的な魅力である。カリスマ的なリーダーであるとか、「この人の下であれば働きたい」と思わせる魅力のあるリーダーは、カネや地位とは関係なく、多くの人々を動かすことができる。これを組織論では同一化《アイデンティフィケーション》パワーという。リーダーと一心同体だと思うことで発生するパワーだからである。

また、リーダーが知識・情報をもっているから、だからリーダーの言う通りにする、というパワーもある。これを情報パワーとか専門知識のパワーという。たとえばわれわれが医者の言う通りに養生したり、弁護士のアドバイス通りに行動したりするのは、相手の専門知識が明らかに優れているからであろう。同様に組織内でも、外国の市場とか特定の製品・市場分野、技術などについて詳しい知識をもっている人は、周りから一目置かれ、その人の言うことに皆が従う可能性が高い。

組織論では、この情報パワーが重視される。なぜなら、直面している問題に一番精通している人が意思決定に影響力を行使する場合に適切な解が得られると考えられるからである。だから、必要な情報のある現場に近いところへ他のパワーベースも与えるという権限移譲が望ましいと主張されるのである。弱いタイプのプロダクト・マネジャーが行使すると想定されているパワーは、この最後の情報パワーである。製品Bの技術や顧客、競争相手、代替品、コスト構造などについて非常に広範で深い知識・理解をもつプロダクト・マネジャーの出してくる原案は、通常、担当者たちにとっても説得力をもち、またその直接の上司である機能部門長にも説得力をもつはずである。この情報パワーを武器にして、調整の原案を作り、またその原案近辺にコンセンサスを形成していくのが、有能な軽量級プロダクト（ブランド）・マネジャーである。

この情報パワーに、賞罰パワーや正当パワーを公式に付与し、また非常に人間的な魅力の豊富な人材を充当することで、重量級のプロダクト・マネジャー、さらにそれよりもなお強力なマネジャーを創出することが可能になる。

なお、プロダクト・マネジャー自身の業績評価と報酬システムの連動についても、多様な設計が可能である。最も軽量級のプロダクト・マネジャーであれば、期間成績の開示を行うのみということも考えられる。たとえばPOSデータによって毎週のように市場シェア変動のデータが明らかになる食品やトイレタリー等のプロダクト（ブランド）・マネジャーの場合、その週間シェアや四半期ごとのシェアの増減を社内報に掲載したり、社内の目立つところに掲示するだけでも十分に賞罰を与えることになる可能性がある。コア人材の長期雇用を前提として考えると、多くの社員が同一のコミュニティで過ごすことになるので、そのようなコミュニティ内では社内の人々の耳目が集められるだけでも十分に重い責任を負っている意識を形成できる場合がある。

もちろんこのような社内の注目という責任の引き受け方以外にも、プロダクトの業績に合わせてボーナスや給与を増減させるというような実利・実害のある報酬システムを構築する方法もある。また、たとえば、一年間にわたって市場シェアを低下させた場合にはプロダクト・マネジャーを解任されるというように、昇格・降格と厳しく連動させるというケースもありうるだろう。権力の与え方と、業績評価と報酬システムとの連動のさせ方の組み合わせ次第で、プロダクト・マネジャーをリスク愛好的に傾けたり、リスク回避的に傾けたり、といった微妙な設計が可能になる。

この業績評価と報酬システムとの連動は非常に重要である。この部分が、調整担当職とプロダクト・マネジャーを分ける決定的なポイントだからである。調整担当者は、二つの部署の中間に入ることで、自分の存在感を高めるために、情報の流れを恣意的にコントロールするというような、組織全体にとって望ましくない行動をとる可能性がある、と先に言及した。

しかし調整担当者が研究開発部門と販売部門の対立を引き起こし、かえって調整を複雑化してしまうと、その製品の市場競争力が低下してしまう。調整担当者が、製品の競争力を犠牲にしてまで、自分の存在感を高めるためのエゴイスティックな行動をとれる理由の一つは、業績評価が厳しく行われておらず、評価と報酬システムがリンクされていないことである。それ故に、プロダクト・マネジャーが組織の業績にとってプラスに機能するようにするためには、厳格な業績評価と報酬システムとのリンクが不可欠なのである。

図6－8　マトリクス組織

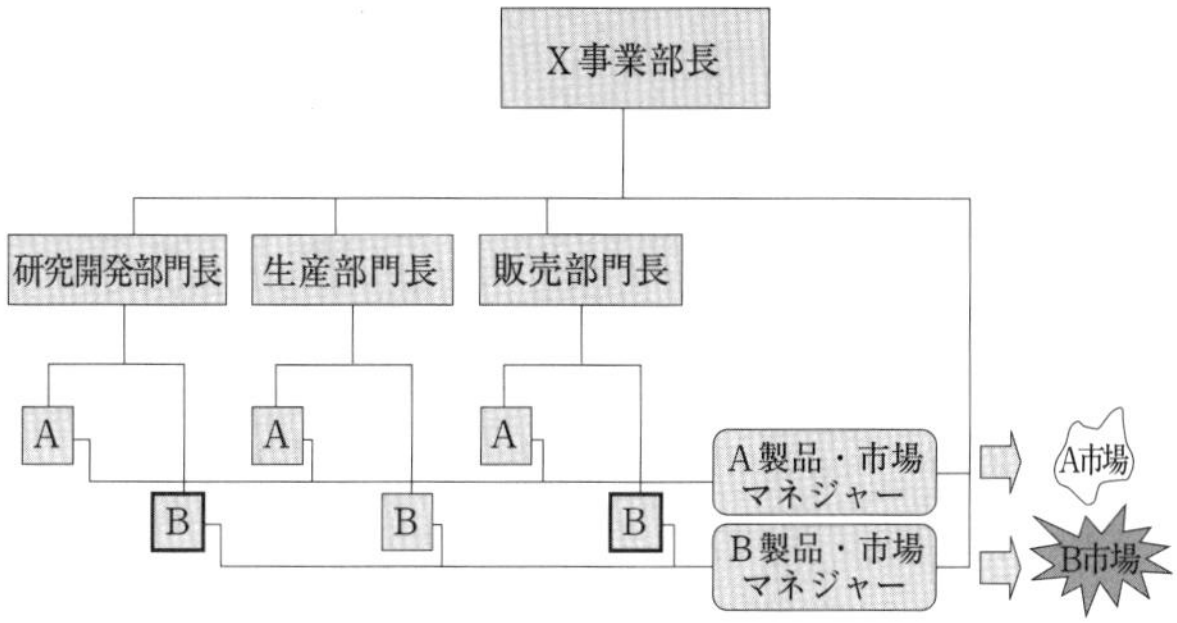


## (5) マトリクス組織

プロダクト・マネジャーの権限を機能別部門長とほぼ同程度に強化し、しかも単一製品のみでなく、X事業部のすべての製品にわたって製品・市場への適応に責任をもつマネジャーを置くと、図6－8に見られるようなマトリクス組織が出来上がる。

数学のマトリクス（行列）が行と列から構成されるように、マトリクス組織もヨコの系統（行）とタテの系統（列）という二つの命令系統をもつ組織である。マトリクス組織は、その意味で二つのヒエラルキー（命令系統）を併せもつ組織のことである。

ついでながら、世の中には、マトリクス組織は水平関係の発達した組織であり、ヒエラルキーと無縁の組織であるかのように誤解している人がいる。しかし、実際にはマトリクス組織は機能別のフォーマル・ヒエラルキーに対抗して、製品・市場別のフォーマル・ヒエラルキーを対置する組織であり、ヒエラルキーに満ちあふれた組織であると考えることも可能である。

言葉の真の意味でヒエラルキー関係とは異なる原理となりうるのは、直接折衝と連絡会であって、プロダクト・マネジャーやマトリクス組織ではない。また、すでに触れたように、直接折衝と連絡会は真の意味での水平関係ではあるが、そのまま放置すれば最も有能な人間たちに大量の負荷がかかることになるので、組織の規模と複雑性がある程度のレベルを超えた場合には、直接折衝と連絡会などの純粋な水平関係に組織運営を依存することは難しくなる。

だからこそ、機能別のヒエラルキーを製品別ヒエラルキーで補強したり、機能別のヒエラルキーの影響力の強さを製品別ヒエラルキーによって緩和したりする必要が出てくるのである。

通常、各機能部門はその機能部門の保有する資源を有効活用したり、蓄積したりすることを重視する。たとえば生産部門は高額な製造装置の稼働率を高めることを重視し、そのために少ない段取り替えで製造装置を動かし続けることができるように、製品特徴があまりにも多様化することを嫌う。

研究開発部門は、自分たちの保有する強い技術の蓄積・発展に結びつく製品開発プロジェクトには前向きに対応するが、他社競合品の技術を後追いすることを嫌うだろう。他社技術の後追いでは、技術者の時間を分散投資することになり、強みのある蓄積の有効利用にならない可能性があるからである。

市場に近い販売部門も、同様の問題を抱えることがある。すでに流通チャネルとの強い関係を保有している場合、たとえ競争相手の商品が新しいチャネルを用いて急速に売上を成長させていても、既存のチャネルを有効利用することに努力を集中させてしまうことがある。

こういった機能部門別の組織があわせもつ傾向と、製品・市場への適応を重視する立場は、対立することがある。なぜなら、製品・市場への適応を重視する場合、他社製品が急速に売上を伸ばしているのであれば、早急にその製品への対応を行わなければならないからである。研究開発部門が好む技術開発ではなくても、生産部門が嫌う製品特徴の変更であっても、販売部門の嫌がる新規チャネルの活用であっても、製品・市場への適応を重視したら「やらねばならぬ時」がある。

こう書いてくると、企業の競争は製品・市場で行われ、そこで勝利しない限り企業の業績は上がらないのだから、どのような場合でも常に現在の製品市場からの要請を優先するべきではないかという考え方をもつ人もいるかもしれない。しかし、いま目の前にある製品・市場への適応がすべてに優先するとは限らない。なぜなら、目の前の製品・市場への適応を強調しすぎると非常に短期的な視野に陥る可能性があるからである。

たとえば、競争相手の製品のすべてに追随することが事業運営上本当に適切であるのか否か判断に迷う場合は少なくない。競争相手に追随することで、たしかに短期的には市場競争を対等に戦うことが可能になるかもしれない。しかし、この他社追随が繰り返されると、研究開発部門は疲弊し、自らの固有技術の蓄積が不可能になり、自分たち独自の製品を主体的に開発できないような受け身の集団に堕してしまう可能性もある。

蓄積を優先しすぎれば短期の市場競争で生き残れず、かといって日々の市場競争に対応しすぎれば蓄積が不可能になり、長期の市場競争で敗北する。機能部門がもつ長期蓄積の志向性と製品・市場の短期的要請は、いずれもある程度までは適切なものであり、両者をバランスさせていかなければならないものなのである。

マトリクス組織は、まさにこのバランスを組織構造的に実現しようという意図の下に設計されたものである。マトリクス組織を採用すれば、今回は製品・市場への適応を優先するべきか、それとも機能部門における蓄積や資源の有効利用を優先するべきか、という問題が機能部門長と製品・市場マネジャーの間の組織内コンフリクトとして表出されるはずだからである。

マトリクス組織の問題点は、まさにこのコンフリクトの解消方法にある。たしかにマトリクス組織は、バランスをとるのが困難な二つの課題を組織構造に体現させ、コンフリクトとして表出させる仕組みではあるが、その解決まで保証しているわけではない。構造的に表出されるコンフリクトを解消できて初めてマトリクス組織は機能するのである。

コンフリクトに対する対応には、一般に、①問題直視（confrontation）、②強権（forcing）、

③妥協（compromise）、④問題回避（avoidance または問題糊塗（smoothing））がある。問題直視は当事者同士が双方共に徹底的に主張を展開して対決し、問題を議論することである。双方の固有の視点から問題を徹底的に議論して解決策を探っていく方法なので、うまくコンフリクト解消が達成された時の組織成果はすべてのコンフリクト解消法のうち最高であると言われている。ただし、機能部門長と製品・市場マネジャーが互いに「成熟した大人」であれば、主張するべきことを徹底的に主張したうえで、またいつも通りの協力関係に戻ることが可能であるが、この二人のマネジャーが「後腐れなく言うべきことを言う」という関係を築けない場合には、問題直視は実行可能ではない。

機能部門長と製品・市場マネジャーの二人の間で問題直視によるコンフリクト解消が不可能だとしても、その両者を統括する事業部長が二つの軸の間のコンフリクトを見て、事業部長としての判断を下し、命令を出せば、コンフリクトは解消可能である。これを強権による解決という。強権によるコンフリクト解消は、機能部門長にも製品・市場マネジャーにも一時的に不満が出るかもしれないが、権限と責任を併せ持つ事業部長の判断なのだから正当性も確保でき納得性も高いはずである。

事業部長が自分の部下である機能部門長と製品・市場マネジャーのコンフリクトに首をつっこむのは「格好悪い」と思う場合には、事前に、機能部門長と製品・市場マネジャーのパワーに若干の優劣をつけておくべきであろう。たとえば、最終的には機能部門長の権限と責任が製品・市場マネジャーのそれを上回るように設計しておけば、コンフリクトを強権的に解消するのは事業部長ではなく、機能部門長ということになる。

「機能部門長と製品・市場マネジャーのパワーがほぼ同等の場合にマトリクス組織という」と説明してきたのは、まさにこの種の微妙なパワーバランスのとり方も考慮する必要があることを意識してのことである。本当に両者が対等のパワーをもつように設計すると、多くの問題が膠着状態に陥り、事業部長の介入するべき事態が多発する可能性がある。それ故、通常はどちらかを主軸とし、他方のパワーを若干劣るように設計している会社が多いように思われる。

残りの二つ、すなわち妥協と問題回避はそのままでは問題解決につながらない。問題回避とか問題糊塗は、問題があることを分かっていても、それを議論するのを先延ばしにしたり、あたかも問題がないかのように振る舞うことであり、本質的な問題の解決にはならない。

また妥協は、機能部門長と製品・市場マネジャーの間で「この前はオレが譲ったのだから今度はお前が譲れ」という組織内の事情による解決が行われるので、競争相手との競争とか顧客の満足度を高めるという意味で妥当性の高い解決策が選ばれるとは限らない。

バランスは大事であるが、あくまでも競争や顧客との関係から見たバランスであって、社内の内向きのバランスが重要なのではない。

職能部門長と製品・市場マネジャーの間で妥協や問題回避が行われる場合、組織全体としては問題解決が行われないことになる。それ故、実際に実務を処理しているミドルの問題は解決していない。顧客からのクレームが絶えず、生産現場の混乱が収まらず、若手技術者たちの不満は募るばかり、という状況がそのまま放置されているからである。

コンフリクトが存在する場合、それを根本的に解決するか、もしくは問題を誰かに押しつけるか、という二つの選択肢しかない。問題を根本的に解決する方法は問題直視と強権しかないのだから、それ以外は自分の目の前から消えた問題が他の場所で噴出しているだけである。たとえもし機能部門長と製品・市場マネジャーの間で対立が存在しないかのように見え、自分たちはうまくやっていると思っている場面でも、実際の現場には混乱が多発し、不満が鬱積しているという場合がある。

このような局面では、ミドルたちが上司からの命令を待たずに、あるいは上司から命令をある程度無視して、独自に問題解決活動を開始する場合がある。現場に近いミドルたちが導き出すのだから、実効性の高い優れた解決策が採用される可能性が高いが、同時に機能部門長や製品・市場マネジャーのやるべき仕事をインフォーマルに解決する作業にミドルが従事することになるので、ミドルの仕事が膨大に増えることは間違いない。

問題直視も強権も期待できない組織でマトリクス組織を設計すると、問題解決のほとんどをミドルが行い続けることになる。しかも、機能部門長以外に製品・市場マネジャーのポストまで創設したので、ミドルが組織を動かすうえで配慮しなければならない上位階層の人数が増えてしまう。それ故、マトリクス組織を設計する場合には、問題直視と強権を実行できる管理者がそろっていることを見極めておく必要がある。

### (6) 小さな事業部(ビジネス・ユニット)への解体

X事業部の内部に見られた機能別組織は、B製品とA製品の両方について、それぞれ製品・市場マネジャーを置き、その権限を機能別部門長のそれと同程度に設定することでマトリクス組織になった。今度はその製品・市場マネジャーのパワーをさらに高めていった場合には、何が起こるのかを考えてみよう。

いま、製品・市場の不確実性がさらに高まり、それへの対応が機能部門別の蓄積や資源の共通利用よりもはるかに重要になったとしよう。この場合には、A市場とB市場への適応を最優先することになり、製品・市場別の組織ユニットがX事業部内に作られることになる。図6－9には事業部内に、新たに小さな二つの事業ユニット(ビジネス・ユニット)が作られている様子が示されている(もちろん非常に大きなX事業本部の中にA事業部とB事業部が設定されると考えてもよい)。

**図６－９　小さなビジネス・ユニットへの分割と機能別コーディネータ**

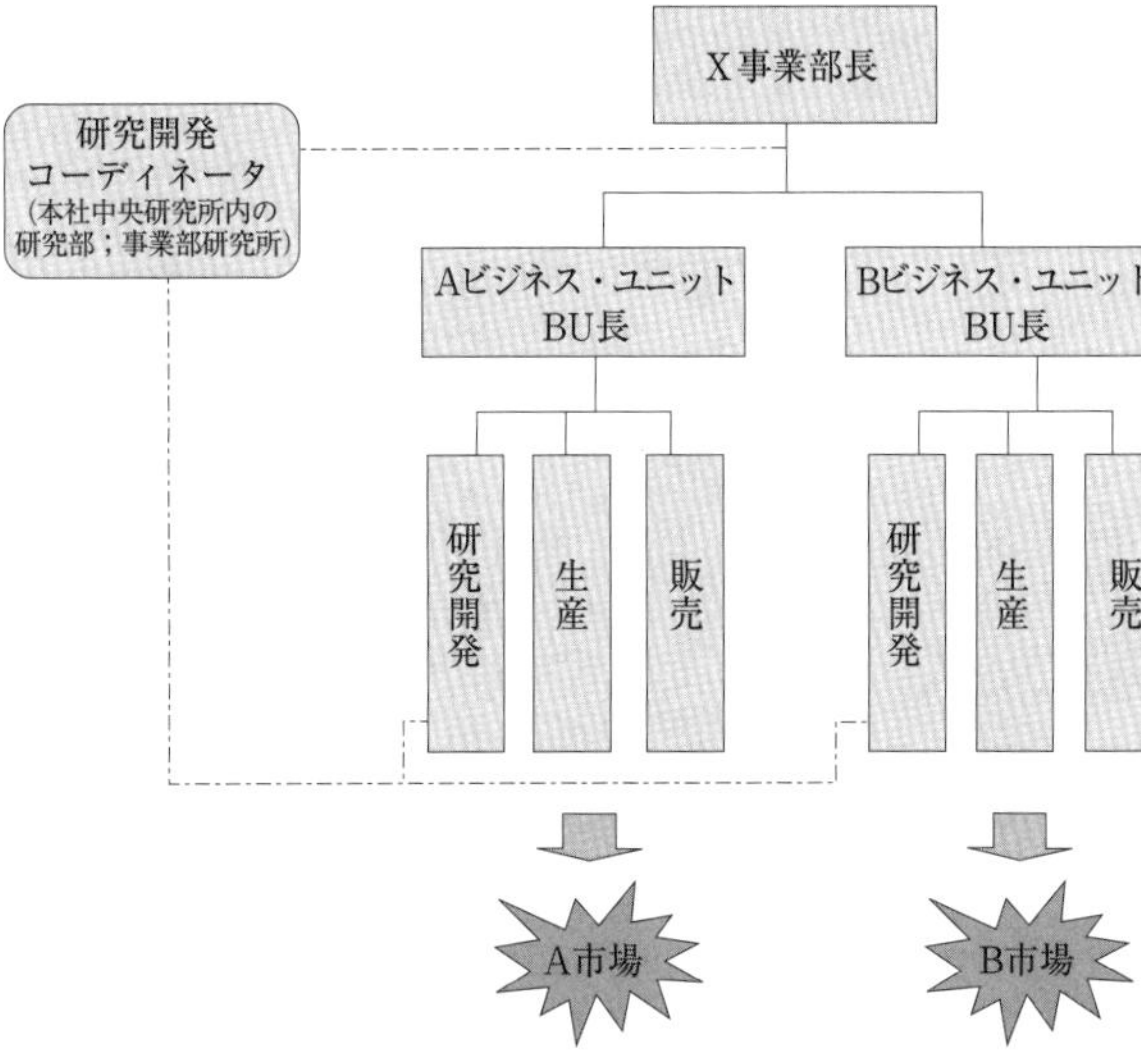


製品・市場へのスピーディな適応が重要な場合、このような個別の製品・市場別に小さなビジネス・ユニットを形成していくという組織化にメリットがあるだろう。「創って、作って、売る」という作業の流れをスピーディに回し、組織の全メンバーが製品・市場への適応へと意識を傾けることができるからである。

個別の製品・市場への適応を重視すると同時に、個別の機能に関して蓄積や資源の共通利用を若干考慮したいという場合には、プロダクト・マネジャーの機能部門版を考えればよい。これを機能コーディネータと呼んでおくことにしよう。多様な事業部、ビジネス・ユニットにまたがって経営資源の蓄積や共通利用に配慮して調整を行う役割である。

図6―9には、小さなビジネス・ユニットに分けられた組織に、研究開発の領域のみ事業部全体を調整する研究開発コーディネータが描き込まれている。現行の想定では事業部になっているので、研究開発コーディネータの具体的なイメージがわきにくいかもしれない。しかし、全社的に見ると、各事業部の研究開発部門は、その専門とする技術領域ごとに本社中央研究所内の特定の研究室（部・所）と緊密な関係をもっていることが多い。この本社中央研究所内の研究室が長期蓄積という点や、技術の共有という観点から事業部の枠を超えた研究開発活動の調整を行っているケースは多い。

この機能コーディネータを考えるうえで解釈の難しいケースに、Ⅰ章でも言及した一部事業部制がある。歴史的には機能別組織を出発点として、徐々に営業部が事業部という名前に変更されたものの、工場長（生産部門長）と研究所長（研究開発部門長）が残されている組織がある。この組織はいったい、事業部制組織に近いものなのだろうか、それとも機能別組織に近いのだろうか。

この問いに対する答えは、一部事業部制の中における権力分布を確認しなければ分からない。すなわち、図6―10(a)に見られるように、事業部長もしくは事業本部長のパワーが強く、ＢＵ長のパワーが研究開発部門長や生産部門長のパワーと大きくは異ならない場合には、この一部

## 図6－10　一部事業部制は事業部制か機能別組織か

(a) 事業（本）部長のパワーが強い場合の一部事業部制
＝事実上の機能別組織

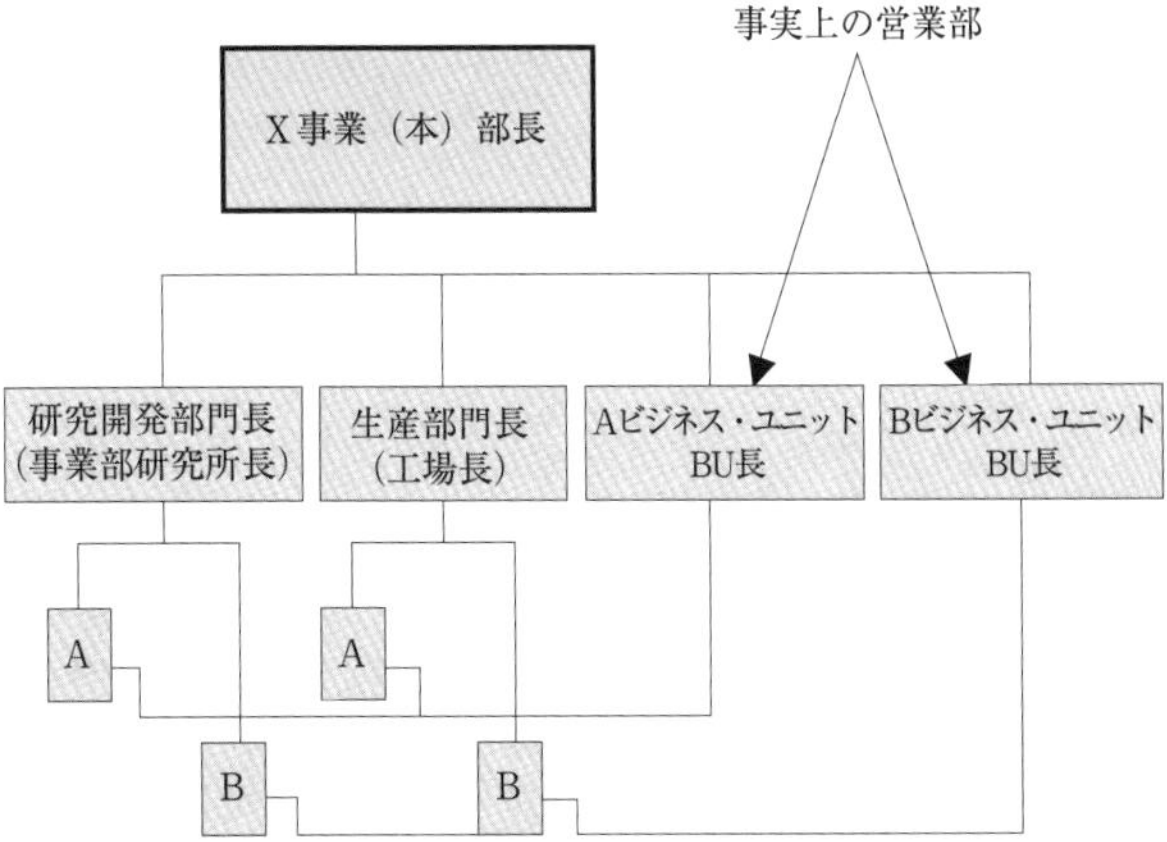


(b) 事業（本）部長のパワーが弱く，BU長のパワーが強い場合の
一部事業部制＝事実上の事業部制＋機能コーディネータ

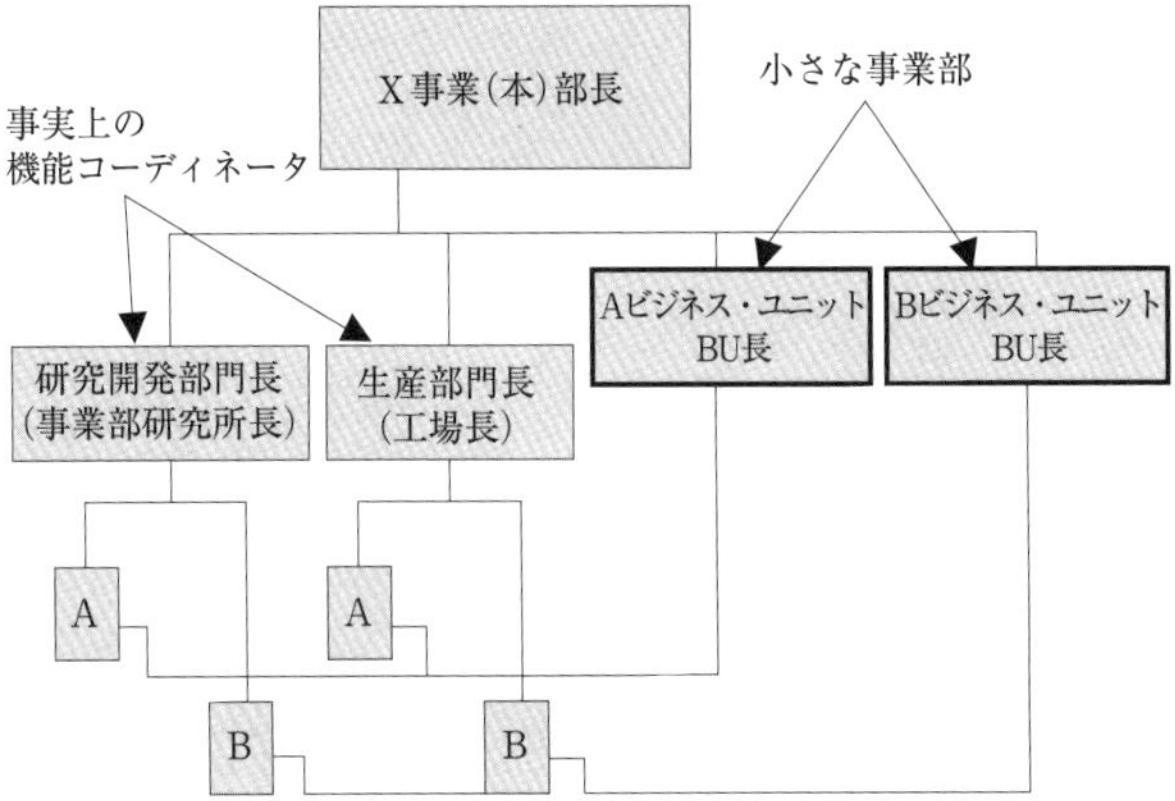

事業部制は機能別組織の一亜種として捉えるべきであろう。この場合にはBU長とは名ばかりで、実質上は少々発言力を強めた営業部長がその実態である。

また、同図の(b)に見られるように、事業部長もしくは事業本部長の権力が弱く、各BU長に大幅に権限委譲が行われていて、BU長のパワーが他の機能部門長のそれよりも著しく強い場合には、小さな事業部（BU）からなる事業部制組織の一種であると捉える方が適切であろう。この場合、各機能部門長は実質的には機能コーディネータである。この後者の一部事業部制は、一見、プロダクト・マネジャー制と類似しているように見えるかもしれないが、プロダクト・マネジャー制の下では、基本的に事業（本）部長と機能部門長のパワーが大きいのに対して、この一部事業部制の下ではBU長のパワーの方が相対的に強い点が大いに異なっている。

プロダクト・マネジャーやマトリクス組織、一部事業部制などの組織を全体として相対的に位置づけるために、図6―11が描かれている。この図では、縦軸に機能部門長と製品・市場マネジャーの相対的パワーが描かれている。左端には機能部門長のパワーが100％、右端には逆に製品・市場マネジャーのパワーが100％の場合が示され、その間に左から右に行くにつれて徐々に製品・市場マネジャーの相対的パワーが増すように描かれている。マトリクス組織を挟んでプロダクト・マネジャーが左側に、その反対側に機能コーディネータと一部事業部制が位置づけられている。

**図6－11　多様な組織形態の相対的位置づけ**

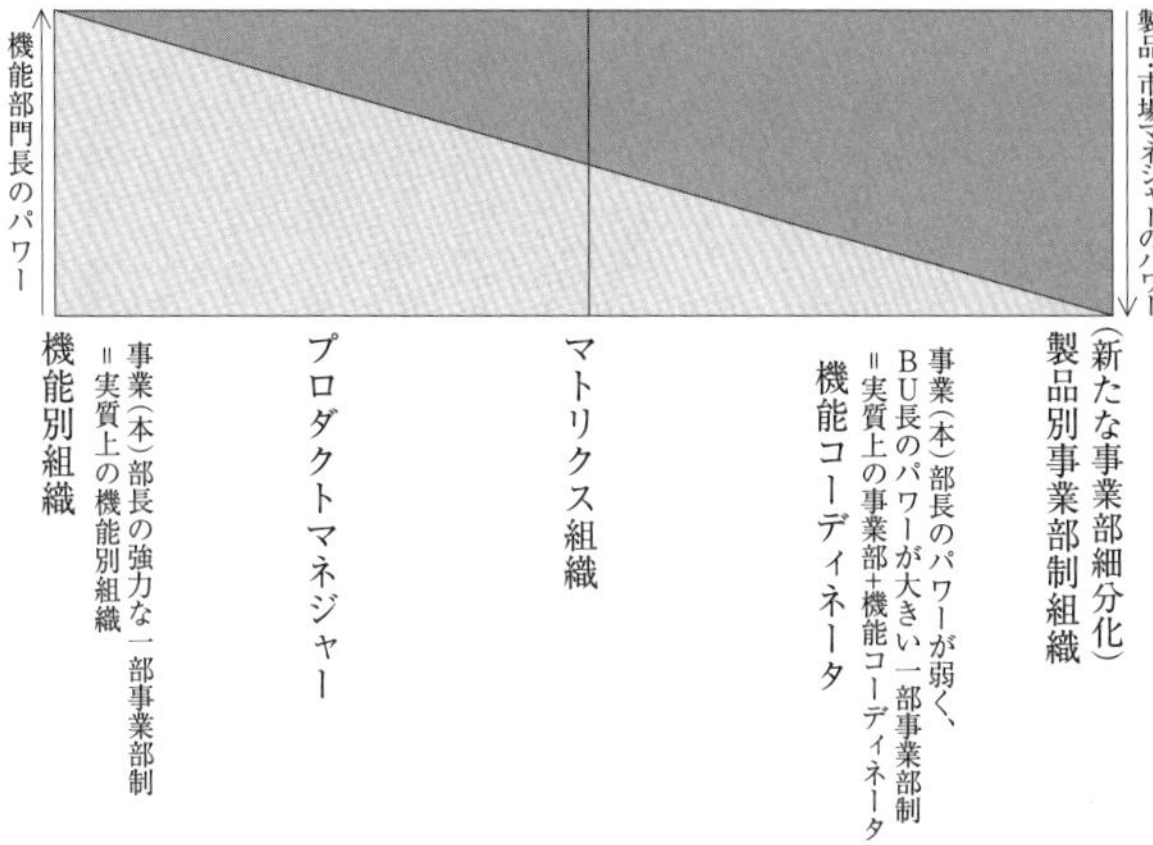


（出所）Galbraith（1977），p.179より一部修正して掲載。

これまでの解説ではX事業部という、一つの大きな機能別組織からスタートして、徐々に製品・市場への適応の重要性を高めていく、という説明の仕方を採用していた。もちろんこれは説明の便宜上であり、同じように事業部から出発して徐々に図の左側に向かう設計も可能である。事業部制からスタートし、徐々に機能部門の調整が必要になるにつれて、機能コーディネータのパワーを高め、マトリクス組織が出来上がり、さらに機能部門別の組織へと至る連続体になっているのである。

事業部制や小さなビジネス・ユニット別の組織を採用している場合、次のような状況が発生すると機能の調整が必要になる。

**①技術の連動**　背後にある技術が連動して変化しており、個々の製品・市場別に対応するべきで

はない場合には機能別の調整の必要性が高くなる。たとえばデジタル・ビデオ・ムービーが8ミリ・ビデオ・テープを使わなくなり、ＳＤカードのようなフラッシュ・メモリーを使用するようになると、静止画を撮るためのデジタル・カメラとムービーは類似した技術を使用することになるだろう。このような場合、ムービーとカメラを別々のビジネス・ユニットに分けておいても、両者を調整する必要が出てくるはずである。

**②技術・知識の蓄積**　製品・市場の短期的な変動に左右されずに、長期的に共通に蓄積するべき技術や知識がある場合、機能別に調整する必要性が高まる。製品・市場の軸は、短期的な市場の変動に敏感すぎる反応を要求する可能性がある。短期の変動に追随ばかりしていては、五年後の技術蓄積などがおろそかになる可能性もある。このような恐れがある場合、製品開発ばかりでなく、長期の技術開発に責任を負う機能コーディネータが必要になるだろう。

**③市場の連動**　異なる製品がシステムを形成し、一人の顧客が複数の製品をまとめて購入したり、徐々に同一ブランドで製品をそろえていく可能性がある場合や、一つの製品の顧客が年齢増加と共に他の製品の顧客へと自然に移動していく場合、異なるビジネス・ユニット間で連動した製品開発やマーケティング活動が必要になる。たとえば、ステレオとテレビとか、プリンタとファックスとコピー、テレビとパソコン（ブロードバンド）など、それまでバラバラに別の製品・市場として考えていればよかったものが、一つのシステムとしてまとまり始めた場

合や、初心者が入門デジカメを買い、その後徐々に力量を上げてハイアマチュアとなって高機能デジカメを買う、というような顧客の移動が起こる場合がこれにあたる。

**④生産の連動**　一見多様に見える製品も、コストダウンのため、背後では同じ標準部品を共有して使用し、同じラインで混合して流している場合もある。この時は製造部門における相互依存関係が極めて重要であり、生産機能の調整が重要になる。

以上のような状況と、個別の製品・市場への適応とが同程度に必要であれば、図6－11の真ん中にあるマトリクス組織が設計され、どちらか一方が重要になれば、右側あるいは左側に重心を移した組織形態を工夫する、というのが組織デザイナーの仕事なのである。

## (7)　マトリクス組織に関する若干の注意

ここまでの仮設例では、X事業部という一つの大きな機能別組織を中心に置いて機能別統合の問題と製品・市場への適応の問題のバランスをいかに形成するかという問題を考察してきた。それ故に、いくつかの点でマトリクス組織を設計する際に選ぶことのできる重要なパラメータが他にもある点に言及しないできた。ここまでの解説で抜け落ちてきた他の設計パラメータについて、若干の解説を加えておこう。

まず第一に、これまでは事業部レベルでマトリクス組織を形成する、という議論に縛られてきたが、実際には事業部を超えたレベルでマトリクス組織を形成することもできる。図6―12には、全社レベルで形成されたマトリクス組織の例が示されている。マーケティング本部長・生産本部長・研究開発本部長（中央研究所長など）を置き、各事業部長と同程度のパワーを与えることで、このような全社レベルのマトリクス組織が出来上がる。

このマトリクス組織は、図6―8に見られた事業部レベルでのマトリクス組織と比較すると、①直属の上司は全社のCEOであるのか事業部長であるのか、②二人のボスに仕えるのは事業部内の機能部門長であるのか、それとも担当者（課長）であるのか、といった相違がある。

第二の設計パラメータとして、地域などの他の軸も使用可能であることを指摘しておかなければならない。本章の想定では製品・市場への適応と、機能部門の統合という二つの要請を主要な組織設計上の軸として扱ってきたが、地域を同程度に重要な軸として選択できるケースは稀ではない。外食チェーンやコンビニ、ビール等の飲料メーカーなど地域ごとに異なる消費行動がみられるとか、鮮度管理の必要性から生産拠点を地域別に設ける必要がある場合は、関東・関西・九州などの地域別に事業を分割して運営しているケースが見られる。また、国際的な事業展開を行っている場合にも、極東・北米・ヨーロッパ・アジア・中国等の地域別の軸が重要な役割を果たしているケースもある。

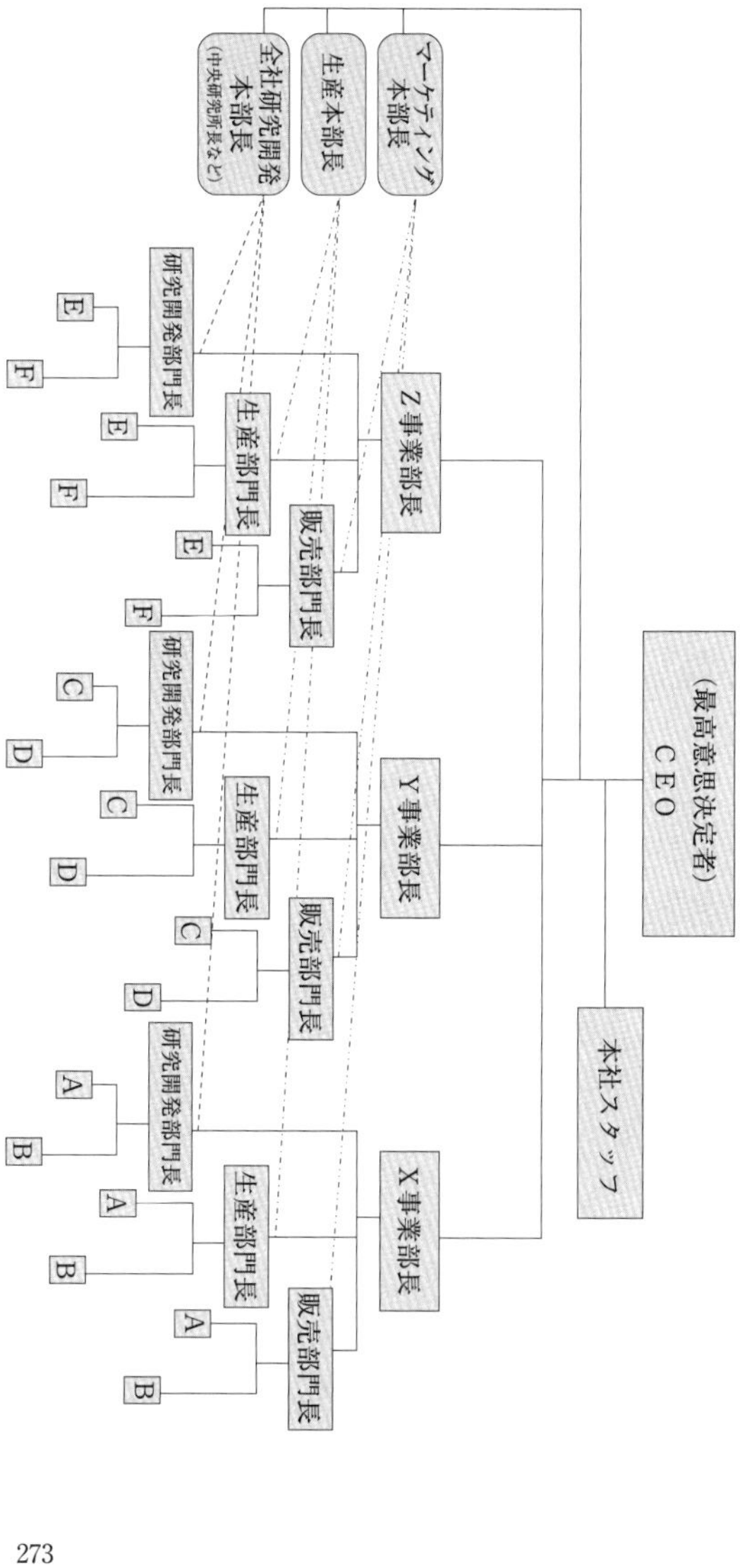


図6－12　全社レベルのマトリクス組織

**図6—13　製品分野と地域によるマトリスク組織の仮設例**

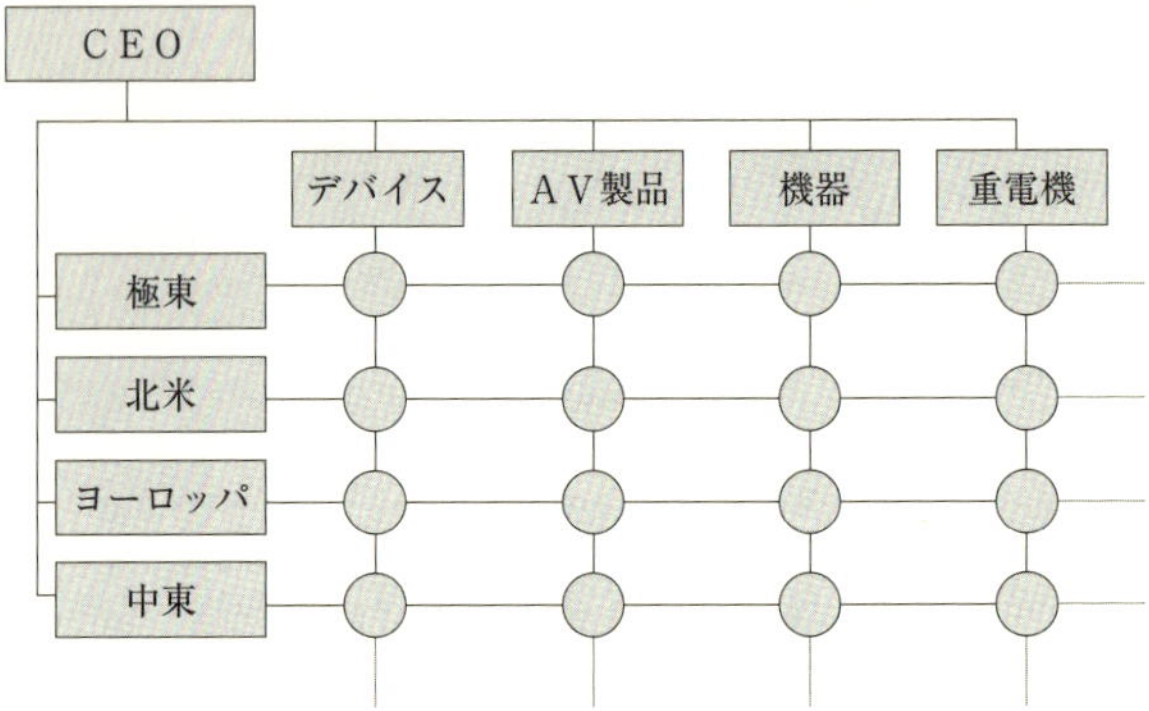


こういった場合、製品別と地域別という二つの軸でマトリクス組織を設計する可能性がある。図6—13にはグローバルな総合電機メーカーを念頭に置いて、国際的な地域別と製品別のマトリクス組織を形成した仮設例が示されている。

もちろんこれ以外にも、組織を設計する軸は多様にありうる。大口顧客については顧客別に組織を設計し、小口については地域別にするとか、市場セグメント別にするといった多様な工夫が可能である。筆者は直接見たことはないが、たとえばビジネス・モデルの類似性に基づいて組織化を行ったり、製品ライフサイクルの長さや段階に応じて部門を作ったり、と多様な可能性が残されている。

この点でSBUという組織形態がマトリクス組織の一種であることに言及しておくことには意味があるだろう。SBUとは戦略的事業単位（Strategic Business

Unit）のことである。もともと事業部制組織とは、短期的な業務的意思決定を事業部に権限委譲し、ＣＥＯをはじめとする本社機構は中長期の戦略的意思決定を行うという垂直分業が行われた組織である。それ故、各事業部は日々のオペレーションに強く志向し、どの事業部にどの程度の資源配分（投資等）を行うか、という問題を本社が決定することになっている。

しかし、資源配分を行う対象が事業部全体と一致しているとは限らない。事業部の一部の製品はもはや投資対象ではなく、一部の製品分野のみが投資対象として魅力がある、ということはしばしば経験される。また、投資対象が事業部の枠を超えて分布している場合もある。事業部は現時点における短期的なオペレーションの効率性を中心に考えて形成されているため、戦略的な視点から「長期的にはこの製品群をひとまとめにして育成していこう」という製品群のくくり方は行われていないのである。

たとえば二〇〇四年現在の時点では、まだ携帯電話とプリンタは別の市場向けの製品であり、事業部としては携帯電話事業部とプリンタ事業部に分かれていても不思議ではない。しかし、携帯電話にメガピクセルのデジタル・カメラが付加され、さらに二百万画素・三百万画素と画素数が増大していくと、もしかすると、携帯電話で撮影された画像をプリントしたいというニーズが生まれてくるかもしれない。このように予想するのであれば、現在は別々の事業部に所属しているけれども、携帯電話とプリンタは将来同一事業を構成する投資対象として同じ戦略

図６－14　SBU組織

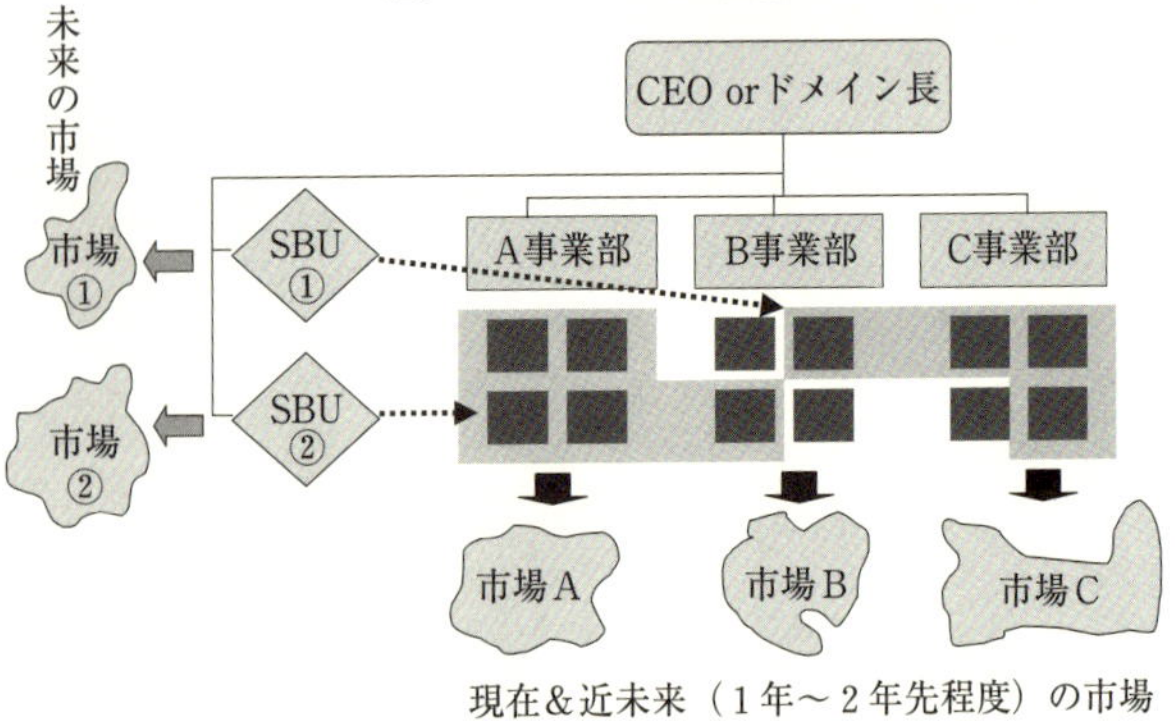


シナリオの中で考える必要が出てくるかもしれない。この時、日常のオペレーションとは別に戦略的な視点からくくられた事業単位として、事業部の枠を超えて戦略事業単位が定義されることになる。それ故、ＳＢＵ組織とは、図６－14に見られるように現在の製品・市場に志向した事業部（ＢＵ）と、将来の製品・市場に志向したＳＢＵの二つの軸によって構成されたマトリクス組織の一種なのである。

なお、マトリクス組織を解説するうえで、二つの軸を用いる二次元のマトリクス組織までを紹介するにとどめたが、理論的には、機能と製品・市場と地域という三つの軸を用いた三次元のマトリクス組織や四次元、五次元のマトリクス組織を考えることも不可能ではない。しかし実際のところ、二次元のマトリクスですら、フォーマルな形態としてうまく機能しているというケースを多くは聞かない。フォーマルな組織形態が複雑でエレガントになりすぎるばかりで、実際の組織的問題解決がスピーディになるとは限らず、むしろ多くの問題を抱える可能性があることに注意を促しておこう。

## 4　終わりに

実際に複雑で不確実な環境に適応している組織では、事前には予想できないような例外が発生する。簡単な例外であれば、既存のヒエラルキーで処理できるのだが、複雑なものが多発するようになってくると、既存のヒエラルキーはパンクしてしまう。それ故に、例外的な問題が発生するたびに、相異なる複数の要請をバランスさせるような解決策を考え、実行していく組織デザインが必要になる場合がある。本章では、そのための水平関係の設定に関して主として議論を進めてきた。

とりわけマトリクス組織が有名な組織形態であるが故に、また、マトリクス組織をめぐる議論が組織内で行われる調整に関して非常に重要な示唆を提供するため、本書では、できるだけ丁寧にマトリクス組織を解説してきた。しかし、インフォーマルにはマトリクス的に動いている日本企業が多いといわれる一方で、実際にフォーマルにマトリクス組織が設計され、長期的にうまく動いているという例を筆者は残念ながら知らない。筆者の浅学寡聞故かもしれないが、ブランド・マネジャー制度や一部事業部制、小さな事業部制の成功例に較べれば、おそらくフォーマルなマトリクス組織がうまくいっている例は少ないのではないかとも思われる。

もし実際にフォーマルなマトリクス組織がうまく作動しないのだとすれば、おそらくその理由は組織形態そのものが複雑でエレガントだからではなかろうか。そもそも同等のパワーをもつ二人のボスが存在するシステムは、ボスたちの間で嫉妬が発生しやすい。二人のボスのうち、どちらの言うことを聞くのかは、どちらの人が尊敬され、どちらの人が組織内で偉いと思われているかを明確に表出してしまう。自分の部下だと思っていた人が他の人の命令に従っていたりすると、自分の力を誇示したくなるボスが出てきても不思議ではない。命令一元化の原則（どの部下も複数の上司から命令を受けてはならない）を唱えたアンリ・フェイヨールも、その原則を主張する最大の理由として嫉妬を挙げている。

公式には同等のパワーをもつ二人のボスという設定は、命令の優先度がフォーマルに確定せず、それ故にこそ部下が誰の命令を聞いているかが、部下たちの感情をストレートに表出すぎることになり、組織内で嫉妬に基づく対立が多発する種をまいてしまうことになる。

しかも機構が複雑でエレガントであるために、かえって組織内での適切な振る舞い方が曖昧になるという問題もあるだろう。本来的には組織内での問題解決活動は、人間が話し合い、頭で考え、決定することで遂行される。組織形態そのものが問題を解決してくれることはない。

複雑でエレガントな組織を設計してしまうと、「最後に決めなければならない人」が誰であるのか不明確になり、かえって組織内の意思決定が遅くなるのかもしれない。

特にマトリクス組織の場合、機能部門別にも製品・市場別にもマネジャーが存在するため、多数の管理者が生み出されてしまう。管理職ポストが多くなれば、そのポストに就いている人々の間の調整が複雑になり、さらにその調整役を置いた方がよいという意見まで提出され、組織はさらに複雑化していくということも起こりうる。それほどまでに複雑になると、かえって何も決定できない組織になってしまう可能性がある。

どこまでをフォーマルな組織デザインで解決するべきかという問題は、真剣に考える必要がある。たとえばマトリクス組織を採用せずに、小さな事業部制組織をフォーマルには採用して、その他の部分はインフォーマルな調整に任せるという手もある。あるいは数年間は小さな事業部制組織を採用し、その結果として生じてきた問題を機能別組織とプロダクト・マネジャー制の組み合わせによって次の五年間で解消し、また小さな事業部制組織に戻るというダイナミックなバランスのとり方もありうるだろう。

さらに、日頃から直接折衝で徹底的な議論ができるようなコア人材のコミュニティ形成に尽力し、いざという時に問題直視や強権による意思決定を行っても、関係を傷つけないようにしておくという人材マネジメントの努力によって組織デザインの問題を補強することもできるだろう。

　すべての問題を組織デザインで解こうという考え方は、まったく動かない組織を生み出し、企業を混乱に陥れる可能性がある。多様な方法の組み合わせを考えるべきだと思われる。組織デザイナーは視野を広くもつと同時に、多様な手段を節操なく組み合わせる折衷主義者の志向性をもたなくてはならない。

# 終章　結びに代えて

## 1　まとめ――調整手段のポートフォリオとしての組織デザイン

様々な経済性を求めて分業が行われる。しかし分業を行うと、各人の活動を調整し、各人の努力が最終的な組織のアウトプットにまとまるように統合しなければならない。人々の活動を調整し、最終アウトプットへと統合していくために多様な工夫が施される。この分業と調整の工夫が集積されたものが組織デザインである。

調整手段は事前の調整手段と事後的な調整手段の二つに大きく分かれる。これら多様な調整手段をうまく組み合わせて問題を処理していく構造を作り出すことが組織デザインの基本である。つまり、組織デザイナーの仕事とは、その時々の環境や従業員の特徴などに合わせて、適宜、多様な調整手段のポートフォリオを構築改変し続けていくことなのである。

## (1) 事前の調整手段——標準化

事前の調整手段とは、皆の努力があたかも「自然」に調和して組織全体のアウトプットが生み出されるように、事前に行われる工夫の総称である。たとえば、事前に決められた通りの手順に従って各人が行動すれば「自然」に統合が達成されるように処理プロセスを標準化し、それをマニュアルに体系化しておく、という方法がその典型であろう。

組織がすでにその仕事を長年続けていて、組織メンバーも各人の作業に習熟してくれれば、非常に複雑な作業を事前に標準化できるが、まだ十分に経験を積んでいない場合には、事前に何をするべきかを詳細に規定できない場合も珍しくない。しかも競争が激しい場合や、顧客の変化がスピーディな場合など、事前には予想できなかった事態が多数発生する。このように不確実性が高い場合には、事前に詳細な作業手順を規定しておくことが難しいであろう。

事前に詳細な作業手順を規定できないのであれば、その次善の策として、各人の目標到達地点だけを明らかにしておく、という調整方法がありうる。具体的な作業の進め方自体は各人に任せ、皆がそれぞれの到達地点さえ達成すれば組織全体のアウトプットが完成するように組織目標を分割して規定しておくのである。目標やインターフェースなど、アウトプット側の標準化を行えば、作業手順の標準化が事前に難しかったとしても、組織は「自然」に統合を達成できる場合がある。

しかし、組織の暫定的な目標そのものも環境変化に合わせて頻繁に修正しなければならないとか、組織目標は変わらないまでも、各人への目標のブレークダウンのやり方は変えていかなければならない場合もあるだろう。環境の不確実性が高い場合には、目標等のアウトプット側の標準化を進めることも難しいかもしれない。

このような場合には、組織メンバーの考え方や仕事の進め方が標準化され、互いに調整するのが容易になるように、社会全般で共通化されているプロフェッショナルに仕事を任せたり、社内で従業員を教育したりする方法が有効かもしれない。これがインプットの側の標準化である。これは事前に準備しておく調整手段ではあるが、実際の機能としては、事後的に行われる調整活動をスムーズにするという効果を発揮するものである。

組織の側に蓄積された経験が少ないにせよ、実際の顧客や競争相手が予想外の行動をとるにせよ、組織が対処しなければならない例外的な事態が増えるにつれて、組織は処理プロセスの標準化ばかりでなく、アウトプット側面の標準化やインプットの標準化を取り入れていく。

実際の組織デザインにおいては、これらの標準化のうちのいずれか一つに依存するのではなく、複数の標準化を適宜組み合わせていく、という点には注意が必要である。どれか一つの工夫だけですべての機能を発揮させるのは難しいからである。

すべての事前準備をマニュアルや目標設定だけで処理するには、事前に「未来を読みきる」

作業が非常に難しくなる。また、インプットの標準化をとことん進めると、非常に高価なプロフェッショナルを多数雇用してコスト高になりすぎたり、社員教育にカネがかかりすぎたり、場合によっては社員が金太郎飴のように同質化しすぎたり、といった問題が発生しうる。どの標準化も、使用量に応じて毒にもクスリにもなる。一種類に過度に頼らずに、多様な工夫をポートフォリオで考えることで、全体としての効果を高めるように設計する必要がある。

### (2) 事後的な調整手段——ヒエラルキーと水平関係

一つの工夫に頼りすぎないという意味では、事前準備のみに頼りすぎないことも重要である。事前には誰が問題を解決するのか、どういうルートで情報のやりとりをするのか、ということだけ決めておいて、実際にどのような解決策をもって調整するのかの決定を、問題が実際に生じた後で事後的に行うという解決策も組織デザインのポートフォリオに加えておくべきであろう。

事前に用意された標準化によっては解決できない例外事態に事後的に対応するための基本は、ヒエラルキーを形成することである。第一線の活動を担う人々が直面した例外的な事態をいかに解決するべきか、とりわけ相互依存関係にある部署間でいかに活動を調整するのかという問題を共通の上司によって解決する、と決めておくのである。

単純なヒエラルキーは非常に有効な事後的調整手段であるが、万能ではない。例外事態が多発したり、その例外処理に含まれる相互依存関係の複雑さが増すにつれて、単純なヒエラルキーで受動的に問題を処理するということは難しくなっていく。同じヒエラルキーを採用しつつ、こういった問題に対応する手が二つある。一つはヒエラルキーが処理できる例外の数を増やしていくという方法、もう一つはヒエラルキーが処理しなければならない相互依存関係を単純化していく、という方法である。

ヒエラルキーの例外処理能力を高めるためには、例外処理工程のボトルネックである経営管理者の能力にかかる負荷を減らしてやればよい。例外処理プロセスの中で最も重要なサブタスクに経営管理者を集中させ、それ以外の情報収集や分析、伝達等をスタッフや秘書に任せればよいのである。こうしてライン・アンド・スタッフ・オーガニゼーションの形が出来上がる。

また同じヒエラルキー構造でも、事業部制のように、組織ユニット間の相互依存関係の強さが小さくなるようにグルーピングすることで、事後的な調整活動を容易にすることが可能である。とりわけ一つひとつの事業部を小さく切り分け、相互依存関係の緊密なものをできる限り近くにグルーピングすることで、ヒエラルキーの例外処理作業を簡略化することが可能である。

例外の数が増え、そこに含まれる相互依存関係の複雑さが高まるにつれて、ヒエラルキー以外の解決法をポートフォリオの中に含めなければならなくなってくる。図7―1には、これら

図７－１　調整手段のポートフォリオとしての組織デザイン

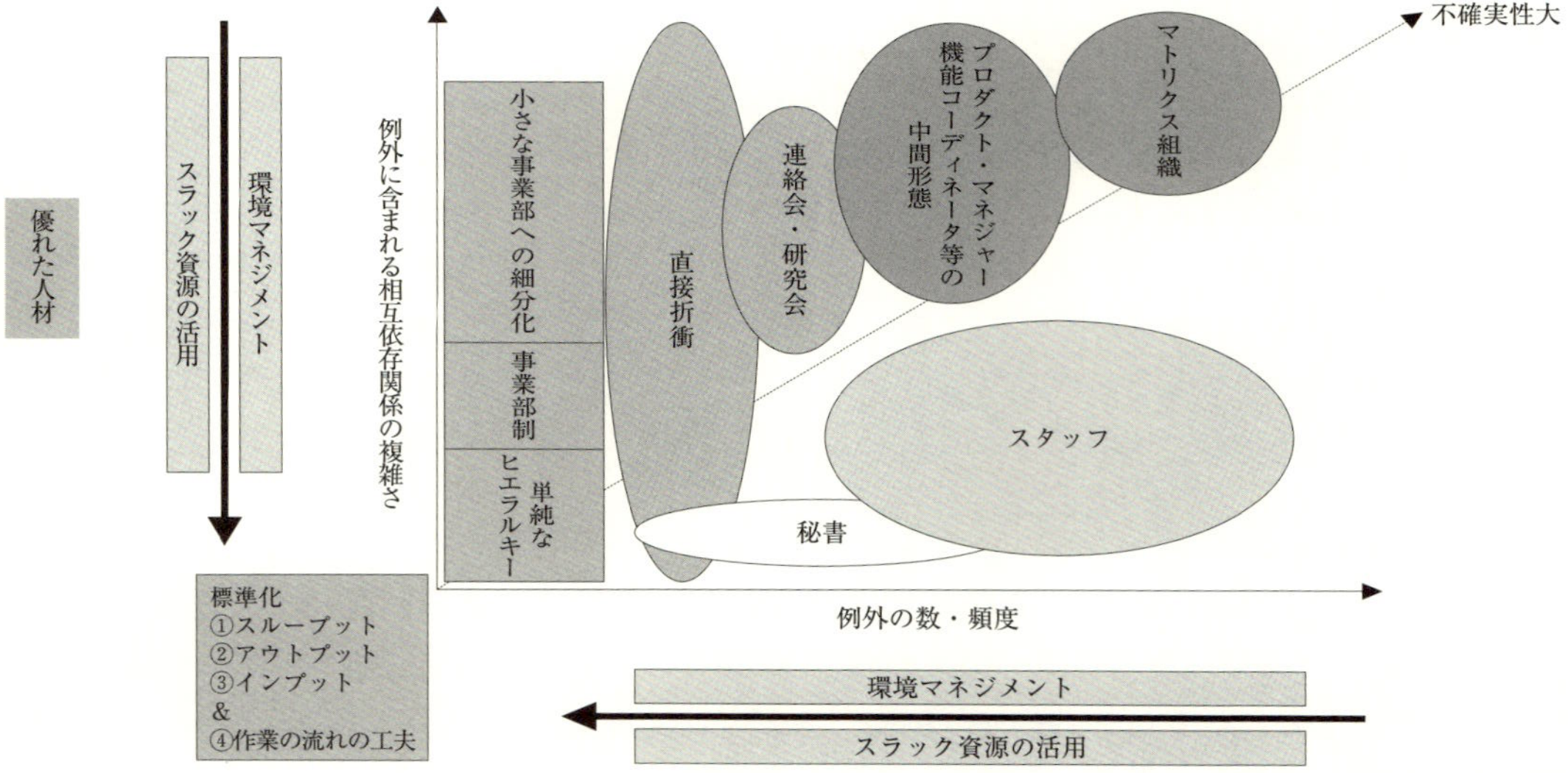

多様な調整の工夫が描き込まれている。ヒエラルキーの修正のみでは処理できないほど不確実性が高まれば、多様な水平関係を構築していく必要が出てくるであろう。

多様な水平関係のうち、最も万能性の高いものは、担当者同士が互いにその都度話し合う直接折衝であろう。これは担当者同士が、問題の出現するたびに連絡をとりあって解決活動を行うので、非常に複雑な問題を解決することも可能であろう。しかしながら、あまりにも例外の数が増えてくると、担当者本人たちの本来の仕事が進められなくなり、また最も有能な人間に大量の仕事が押しつけられるという問題が発生しがちになる。複雑な問題にも対応可能なものの、例外の頻度が増えていくことには対応できないので、図中では縦長の楕円で表わされている。

例外の数が増えてきた場合には、問題発生の機会ごとに対処するのではなく、むしろ直接的な当事者たちが定期的に会合を開き、常に情報共有を心がけておく連絡会・研究会の運営が適切かもしれない。直接折衝ほどの柔軟性をもたないが、定期的な会合における直接的な対話によって事前に問題を解決する素地が作られているというメリットも連絡会にはある。

しかしさらに複雑な調整を必要とする問題が発生すると、いよいよ公式のポジションを設けて、影響力を行使してもらうことが必要になるかもしれない。このような場合に使われるのが、プロダクト・マネジャーや機能コーディネータ等である。これらは、情報パワーをもって影響力を行使する場合から、ある程度の予算や人事考課の権力を付与されている場合まで、多様な形態がありうる。

製品・市場に向けた調整の必要性と、機能部門内の調整の必要性がちょうど拮抗するような場合には、製品・市場マネジャー側のパワーと機能部門長側のパワーがほぼ同程度に設計され、マトリクス組織が成立する。やや複雑でエレガントであるために、フォーマルなマトリクス組織を実際に運営するのは難しいけれども、インフォーマルな組織まで含めて考えるとマトリクス的な組織運営が実際に成立しているケースは少なくない。

### (3) その他の工夫――環境マネジメントとスラック資源

調整のための事前の仕組みと事後的な仕組みをポートフォリオで組み合わせるだけでは、十分に機能する組織にならないケースもある。あまりにも競争の激しい環境に直面している場合など、すべてを組織デザインで処理しようと考えることがそもそも間違っているという可能性もある。そのため、例外の数が少なくなるように、あるいは例外が起こったとしても比較的簡単な調整で済むように、自社にとって「手に負える環境」を選んだり、あるいは環境を手懐《てなづ》けたりする必要も出てくる。これが環境マネジメントである。

標準化の進め方を工夫し、作業の流れをスピードアップすることも環境マネジメントに貢献することも、ここで指摘しておく必要があるだろう。作業の流れが高速のサイクルで回るようになると、遠い未来の環境まで予測・計画する必要がなくなり、比較的に近い将来までを考えればよいようになる。組織の動きを速めると、環境の速さについていけるようになるので、体感される環境の不確実性は低くなる。

環境の選択と、環境への積極的な働きかけという環境マネジメントの問題は、結局のところ戦略の問題である。戦略が間違っている場合、ある程度のところまでは従業員の優秀さと組織の工夫で乗りきれるが、ある程度を超えるとそれらの努力では挽回不可能になる。根本的な戦略のミスをカバーできるほど組織デザインは万能ではない、という点を忘れてはならない。

またこれらすべての組織デザインのポートフォリオがうまく機能するか否かは、人材の質に大いに依存している点も忘れてはならない。現場の人材が簡単な問題をミスなく処理できるか、重要な問題を上司に間違いなく報告しているか、という基本的な部分が組織を実際に機能させる重要なポイントである。

経営管理に携わる人材も、現場で起こっていることを深く理解し、問題の本質を捉え、迅速・果敢な意思決定を行えなければ、そもそもヒエラルキーも水平関係も機能するはずがない。人材の枯渇を補えるほど組織デザインが万能ではないという点も忘れてはならない。逆に、人材が十分に仕事に慣れてくれれば、組織内で発生する例外事態は少なくなり、それに対応する組織構造も簡素なもので済むようになる。その意味では、組織デザインは人材の育成・蓄積の変化を見ながら時々手を加えて簡素化していく必要があるものなのである。

組織デザイナーが多様な調整手段のポートフォリオを通じて組織問題を解決するように、経営者は戦略と組織と人材をうまく組み合わせて、企業経営の問題を解決しなければならない。すべてを戦略で処理することもできないし、人材育成があらゆる問題を解決してくれるわけでもない。そしてもちろん、組織デザインは万能ではない。戦略・組織・人材のどれか一つに問題のすべてを押しつける経営は、おそらくどこかで破綻するに違いない。

戦略家や組織デザイナーや人事担当者は、自分だけですべての問題を解決できると考えてはならない。どのような専門領域も、処理できる問題には限りがあり、その限界を知ることで初めて健全な企業経営が可能になるはずである。

### (4)「最新の組織デザイン」という幻想

しかし実際には、組織に過剰な期待が寄せられることがある。企業内で何か問題があると、あらゆる問題の根源に組織があり、その組織デザインを変革することで、あらゆる問題が解決するはずだというのである。そのため、多くの企業人が理想の組織デザインを探し求めて、新しいコンセプトを追い求めてきたように思われる。過剰な期待があるために、新しいコンセプトが提唱されるたびに多くの企業人が注目し、また数年で多くの企業人が絶望し、再び新しい組織デザインのコンセプトを追い求めるようになる。

こういった「最新の組織デザイン」という幻想を追いかける現象の根源には、あらゆる問題を組織デザインで解決できるという過剰な期待がある。

たとえばスピーディな組織、あるいは新しい言い方をすれば、アジャル（agile：敏捷）な組織を作るために、タテのヒエラルキーを破壊して、ヨコの直接折衝を促進しなければならない、という見解がしばしば組織論では登場する。有機的組織とかホロンとかフラットな組織など、言い方はその都度変わるが、組織をめぐる議論では常にこの基本テーマが流れていると言っても過言ではないほど、組織をめぐる流行の言説には進歩が見られない。

もちろんヒエラルキーにも弱点はあり、直接折衝にもよい点がある。だから局面によっては、円滑な組織運営のためにヒエラルキーに依存する部分を弱めて、直接折衝を強調する必要があることも当然である。実際、企業組織内に、あるいは組織間でヨコの連結を行うインフォーマル・ネットワークが発達していることは、実務上でも重要であることは間違いない。

しかしながら、どのような局面でも常にヨコの直接折衝を強調し、タテのヒエラルキーを破壊すればよいというものではない。

実際、単純なヒエラルキーは、よき人材を得れば効果的である。多くの企業組織において、

「組織が重い」とか、「組織が遅い」という問題に直面している場合、その原因はヒエラルキーそのものにあるというよりも、むしろ、「決めるべき上司が決めてくれない」というところにあるケースが多い。

言葉遊びに堕することなく、具体的に自分の組織の「重さ」の原因を考えてみて欲しい。もし現時点における自社組織の重さが、「上司の命令が厳しく、部下たちはただ上司の言いなりになるばかりで、部下たちの自主性が生かせない」という権力構造から発生しているのであれば、権限移譲には意味がある。

しかし、「口を出したいが責任はとりたくない」という人々が多数存在し、それ故に何も決まらず、何も動かない、という状況故に自社組織が重くなっているのであれば、権限移譲には効果を期待できない。この場合には、決断力のある経営管理者を育成し、その人たちに権限を集中する方が適切である。決断力のある経営管理者が育成されていれば、単純なヒエラルキーは驚くほど速く問題を解決することができるはずなのである。

もちろん組織を構成する人々にとって、「よい組織とはどのようなものであるのか」という組織観は移り変わる。民主的であることがよいことだと信じている人々から成る組織では、理由も言わずにただトップダウンで命令を送りつける上司が長期にわたって高業績を達成できる可能性は高くない。なぜそれをやらなければならないのか、ということを説明し、納得してもらうような努力は上下関係でも確実に必要になるであろう。しかし、ヒエラルキーを通じた命令の伝え方など、時と共に変化するだろうが、単純なヒエラルキーという構造上の強みが消えるわけではない。

また、企業規模が大きくなれば、管理の幅を一定に保つ限り、あまりにも背の高いヒエラルキーが形成されてしまう。そうなれば、意思決定伝達のチャネルが長くなりすぎ、ヒエラルキーが機能しなくなる。

この場合、管理の幅を広げて、よりフラットなヒエラルキーを目指す必要があるだろう。管理の幅を広げるためには、各組織ユニットを同じ基準で評価できるように、事業部や事業本部、カンパニーなどに分けなければならない。しかし、これもヒエラルキー構造を否定するものではない。あまりにも高くなりすぎたヒエラルキーの背を低くすることも必要であろうし、あまりにも多数の管理職ポストが作られて中ぶくれになったヒエラルキーを単純な形に戻すことも必要であろう。しかし、これらはすべて単純なヒエラルキー構造を形成することを意味しているのであって、ヒエラルキーを破壊することを意味しているのではない。

理想の民主的な企業組織という幻想を追うのを放棄して、冷静に考えてみれば、むしろヒエラルキーを単純なものに維持しておくこと、また重要なポストに決断のできる人材を配置することの方がずっと重要だということが自ずと明らかになるはずである。その意味で、組織デザインに過剰な期待を抱かないことが、現状を冷静に分析し、現実的な組織デザインを生み出せるようになる第一条件なのかもしれない。

## 2 残されたデザイン問題――若干の補正要因

本書では主として日々の仕事を遂行する組織のデザインについて解説を加えてきた。現場で日々の仕事を遂行し、その仕事の中で発生する例外的な問題を処理していく組織をイメージしてきた。しかしながら、組織デザインは日々の仕事を処理する効果・効率を左右しているばかりではない。組織デザインは、組織メンバーの直面する作業環境と仕事生活をある程度規定する。つまり、組織メンバーの経験することや考えること、出会う人々が組織デザインによっておおよそのところ決まってくるのである。

人間が仕事を通じて学び、人との出会いを通じて学ぶのだとすれば、組織デザインは仕事の処理効率ばかりでなく、人材育成にも大きな影響を及ぼすはずである。また、日々直面する問題に応じて人は新たな課題を思いつくであろうし、仕事を通じて出会った人々とネットワークが形成され、そのネットワークを通じてシナジーが生み出されることを考えれば、組織デザインは戦略形成にも甚大な影響を及ぼすものと考えられる。人材育成と戦略形成の問題まで考えると、処理効率という点で最適化された組織デザインを若干補正する必要が出てくる。この点について、最後に若干の注意を施して本書を締めくくることにしよう。

## (1) 人材育成への配慮

「コア人材の長期雇用を重視する」ということは、基本的に、経営管理職に就く人材を内部で育成・昇進させていくことを意味する。当初からごく少数のエリートのみをコア人材と定義すれば、その人たちに入社当初から経営管理の仕事を与えることが可能であろうが、ある程度の数のコア人材を採用する場合には、その人たちにまず現場の仕事に就かせる必要が出てくるであろう。

通常は、ある程度の数のコア人材にまず「現場」に近い仕事を与え、数年以上の期間にわたって競わせながら複数の上司による評価を加え、育成しながら選抜する、という人事考課・人材育成を行うことになる。最終的な評価次第で現場の管理者になるのか、より上位の経営幹部になるのかは分かれるが、組織の経営管理業務を担う人々をまずは現場に近い場所へと配属する必要がある。

組織デザインが従業員の直面する仕事環境を規定するのだとすれば、現場に近い場所から徐々に上位の経営幹部へと昇進していくコア人材たちは、日常的に経験すること、考えること、出会う人を組織デザインによって決められてしまう。コア人材が長期的に大きく育つか否かが、実は日常的なオペレーションを処理する構造によって大きく左右される可能性がある、ということである。

日常的な仕事環境が長期的な人材育成にどのような影響を及ぼすのかという点については、実のところよく分かってはいない。十分な研究の積み重ねも存在しないし、実証研究しようとしても、十―二十年という時間をかけて人が成長する間には仕事環境以外にも家庭環境や友人関係など多数の要因が作用するので、明確な解答を得ることはほぼ不可能であろう。

それ故、直観的な議論しかできないのだが、おそらく、現場に近い場所から考える仕事を取り上げすぎてしまえば、上位の経営管理者へと成長していく人材の育成は難しくなるのではなかろうか。したがって、あらゆる現場ではないものの、一部の現場には「考える余地」を与えておく必要があるだろう。その意味では、日常のオペレーション遂行にとって最適であると思われるよりも、ほんの少し垂直分業を緩和するとか、垂直分業の緩和された部署を作る、といった修正を組織デザインに施さなければならない。

あるいはまた、若い頃に事業全体を見渡す仕事を任されると人材育成が進むと考えてみよう。この場合、失敗しても組織全体の命運が危機にさらされることのないように、非常に小規模の事業部を形成しておくことが望ましいかもしれない。本来のオペレーションの効率性を考えれば、大規模な事業部にしておいた方がよいのかもしれないが、人材育成を考えれば、小さな事業部を形成し、独自の生産設備を持たせるというムダを覚悟する必要があるかもしれない。同様に本来は辣腕の事業部長一人で仕事が処理できるけれども、人材育成のためにあえてブランド・マネジャー制を導入し、若い人々に一つの製品のマーケティングと生産と開発のすべてを視野に入れる経験を積ませる、という修正が行われる場合もあるだろう。

ただし、人材育成のためにオペレーションの効率を下げすぎると、市場競争で敗北してしまうかもしれない。適度な敗北はよいとしても、負け戦の連続では、人々はやる気をなくし、皆で責任をなすりつけあうことに夢中になってしまい、結果的に経営管理の仕事に就く人材が育たなくなる可能性もある。それ故、まず初めに効率的な組織デザインを突き詰めたうえで、最後に人材育成について配慮してデザインの補正を行う、という順序の方が適切であるように思われる。

人材育成を重要だと思う気持ちの強い企業ほど、効率的な組織の中で仕事を行い、勝ち戦を経験することによる人材の「自然」な成長を忘れがちである。人材育成への配慮は最後に「補正」として加えられるものであることを強調しておきたい。

## (2) 戦略形成への配慮

組織デザインは、社員が日々直面する仕事生活の環境をある程度決めてしまうのであるから、コア人材が課題だと認識することも決めてしまう。多くの日本企業では、コア人材が「当社の課題」だと認識したものが組織内の様々な部署で表出され、それらの解決に向けた努力が全社的な戦略を生み出しているケースが多い。戦略企画スタッフが戦略を策定して現場に実行させるというのではなく、現場に近いところから市場競争や顧客の変化、技術の変化などを基礎として徐々に中期の戦略が創発してくるのである。

この日本企業の実態は、米国の戦略論の教科書とは幾分異なっているので少し解説を加えておこう。経営戦略論と組織デザイン論の教科書では、通常、図7－2の上段のような思考順序を経ることが想定されている。すなわち、まず戦略を策定し、しかる後に組織デザインを決め、その組織デザインに適切な人材を配置（スタッフィング）していく、というものである。

しかしながら、このような教科書的思考順序が可能である背景には、主として米国において、ビジネススクール等の社外の教育システムが整っており、しかも企業間を移籍する労働市場が流動的であるという社会制度的条件が存在する。必要な人材が外部からある程度調達可能であれば、戦略企画スタッフが合理的な戦略を策定し、それに合わせた組織を設計しても問題は起こりにくい。

図7－2　組織デザインと戦略，人材の思考順序

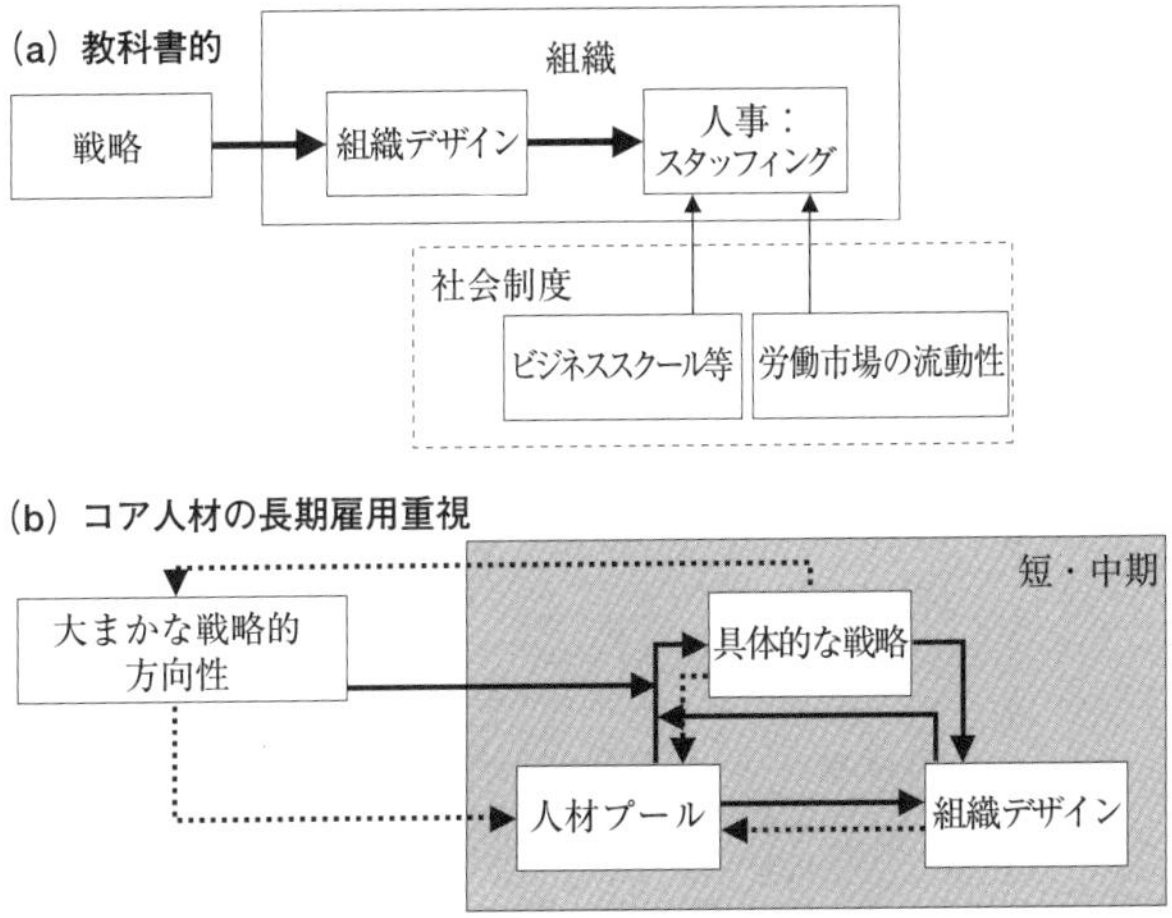


しかし、社外の教育システムが十分に整っておらず、しかも労働市場の流動性が十分に確保されていない場合には、この種の戦略企画スタッフによる合理的な戦略策定と組織デザインは機能するのが難しくなる。なぜなら、戦略を実行する適切な人材が確保できないのであれば、どれほど優れた戦略を策定したところで絵に描いた餅に過ぎないからである。それ故、少なくとも現時点において、いつでも利用できる十分な人材プールが社会全体に用意されているわけではない日本の現状を考えれば、日本企業がコア人材の長期雇用と内部育成を重視するのは合理的である。

　コア人材の長期雇用と内部育成を重視する企業の場合、図7－2(b)の実線矢印に見られるように、短・中期的には既存の人材プールに属す

る人々が日々の組織デザインの中で経験していることをベースにして、短・中期の具体的な事業戦略と戦術を形成する。そしてこの具体的な事業戦略・戦術を既存の人材プールで遂行するのに適切なように、身近な組織デザインのカイゼンを施していく。

もちろん、社内の人材プールに依存して戦略を策定していると、戦略が内向きのコンセンサス形成に引っ張られて非合理的になる危険性がある。このような内向きのコンセンサス形成が戦略を非合理的なものに引きずってしまうのを避けるために、トップは大まかな戦略的方向付けを行う必要がある。既存の人材が生み出す事業戦略が、ある程度同じ方向へと努力を集中するように、また常に現状を超えたチャレンジを生み出すように、ある程度明確な方向性を示し、志を高く保つような戦略的方向性が打ち出されるのである。

より長期的には図7－2(b)の破線矢印で示された関係が重要になってくる。すなわち、実際に遂行される具体的な戦略と、それを遂行するための組織デザインが人材を育成するとか、あるいはトップの打ち出している大まかな戦略的方向性がコア人材の日頃の意識を方向付け、OJTや自己啓発のあり方を決めて人材育成を方向づけるなどの関係である。

また、トップ自らが考える大まかな戦略的方向性は、まったくの白紙から描かれるわけではない。トップは、コア人材が創発させてくる具体的な戦略と、それが実現してきたものを材料として戦略的方向性を思考する。通常の日本企業における戦略と組織と人材の関係は、このように米国の教科書よりも複雑なのである。

図7―2における組織デザインの影響は明白である。短期的には既存のコア人材が抱く問題意識を左右することで、どのような具体的戦略が創発されるのかを規定し、また長期的には具体的な戦略を創発する人材の育成に影響を及ぼす。すでに人材育成については前項で述べてあるので、ここでは短・中期的に、コア人材の創発する具体的な戦略に組織デザインが影響を及ぼす、という点に議論を絞っておこう。この点を考慮に入れるのだとすれば、日々のオペレーションの効率性を追求した組織デザインに対して、どのような補正を施す必要が出てくるのだろうか。

まず第一に指摘するべきポイントは、現場で日々のオペレーションを遂行しながら戦略を創発するミドルに思考時間を与えるようにすることである。「現場を知らない人が作る戦略は絵空事になりがちであり、現場を知りすぎた人が作る戦略は現在の仕事から一歩も抜け出さない」という危険性があると考えられるのであれば、日々の仕事から完全に離れた戦略スタッフにも、日々の仕事に埋没したラインのミドル・マネジャーにも、適切なバランスのとれた戦略を創発することは難しい。それ故、優秀なコア人材には自社戦略の問題を深く考える機会を与える必要があるだろう。そのためには、作業の流れの設計からすると最適な状態、すなわち一定の仕事量負荷が継続的に処理されていくという状況ではなく、繁閑の波がある程度存在してもよいということになるだろう。

また、全社的な視点から見て適切な戦略が創発してくるためには、戦略家が多様な情報を摂取する必要があると考えられる。この場合、多様な情報が過剰に集まるポストを意図的に設計する必要が出てくるかもしれない。ヒエラルキーがパンクしないようにという意図の下で組織デザインを論じてきたのだが、実際に優れた戦略を創発させるためには、意図的に一部のポストに多様な情報がすべて集まるようにしておくという補正を行う必要があるように思われる。

実際、事業部の商品企画課長や技術部長に全社の技術情報が大量に集中するように組織を設計し、そのポストに就いた人々から新製品や新事業の企画が多数生み出されるようにしている企業も存在する。

また企業が強調したいシナジー効果を生み出すために、ある事業部の技術者と他の事業部の技術者を過剰に相互作用させるべく頻繁に研究会を開催する、という手をとることも考えられる。日常のオペレーションを効率的に処理するよりも、高い水準で濃密にコミュニケーションが行われる部分を意図的に作り出すことで、企業の目指す戦略シナジーを創出する確率が高まるはずである。

企業組織が追求するものはオペレーションの効率性ばかりでなく、戦略の創発や人材の育成など多様である。それら多様な目標を念頭に置き、その時々の環境や目標に応じて、組織デザインに適宜若干の補正を施し、オペレーションの効率性追求を若干犠牲にしながら、他の効果を手に入れられるように舵取りをしていく。組織デザイナーの仕事とは、このように多元的な効果をダイナミックにバランスさせていくために、その都度状況に合わせて多様な手段を折衷主義的に組み合わせいくものなのである。

言い換えれば、組織デザイナーは、純粋な原理主義者のように振る舞うのではなく、一見無節操な現実主義者のように振る舞うのである。だが、実際には、現実に合わせて折衷主義的にならざるを得ないが故に、かえって分業や調整の原理原則を深く理解することが不可欠である。本書がそのような原理原則の理解に若干でも貢献できれば幸いである。

(2nd ed.), MA: The MIT Press, 1981.（稲葉元吉・吉原英樹訳『新版　システムの科学』パーソナルメディア，1987）

Srikanth, Mokshagundam L. and Umble, M. Michael, *Syncronous Management: Profit Based Manufacturing for the 21st Century,* Guilford, CT: Spectrum, 1997.（小林英三訳『シンクロナス・マネジメント　制約理論（TOC）は21世紀を切り拓く』ラッセル社，2001）

Stalk, Jr., George and Thomas M. Hout, *Competing Against Time,* New York: The Free Press, 1990.（中辻萬治・川口恵一訳『タイムベース競争戦略　競争優位の新たな源泉』ダイヤモンド社，1993）

杉田敦『権力　思考のフロンティア』岩波書店，2000.

田島壯幸『経営組織論論考』税務経理協会，1997.

Thompson, James D., *Organization in Action: Social Science Bases of Administrative Theory,* New York: McGraw-Hill, 1967.

上田泰『組織行動研究の展開』白桃書房，2003.

Womack, James P., and Daniel T. Jones, *Lean Thinking,* New York: Simon & Schuster, 1996.（稲垣公夫訳『ムダなし企業への挑戦　リーン志向で組織が若返る』日経ＢＰ社，1997）

*　　*　　*

IT用語については以下のものを参照している

@ITホームページ，http://www.atmarkit.co.jp/index.html

(revised ed.), Boston: Harvard Business School Press, 1967, 1986.
March, James G. and H. A. Simon, *Organizations,* New York: John Wiley & Sons, 1958.
Mintzberg, Henry, *Structure in Fives: Designing Effective Organizations,* Englewood Cliffs, NJ: Prentice-Hall, 1983.
門田安弘「トヨタ生産方式：日本の生産管理システム」伊丹敬之・加護野忠男・伊藤元重編『日本の企業システム　第３巻　人的資源』有斐閣，1993，pp.144-163.
守島基博『人材マネジメント入門』日本経済新聞社，2004.
中岡哲朗『工場の哲学　組織と人間』平凡社，1971.
延岡健太郎『製品開発の知識』日本経済新聞社，2002.
沼上幹『行為の経営学　経営学における意図せざる結果の探究』白桃書房，2000.
沼上幹『組織戦略の考え方　企業経営の健全性のために』ちくま新書，2003.
小倉昌男『小倉昌男　経営学』日経ＢＰ社，1998.
Olson, Mancur, *The Rise and Decline of Nations: Economic Growth,* Stagflation, and Social Rigidities, New Haven: Yale University Press, 1982.
Pfeffer, Jeffrey, *Managing with Power: Politics and Influence in Organizations,* Boston: Harvard Business School Press, 1992.
Pugh, Derek S. and D. J. Hickson (eds.), *Organizational Structure in Its Context: The Aston Programme I,* Westmead, UK: Saxon House, 1978.
三枝匡『Ｖ字回復の経営　２年で会社を変えられますか』日本経済新聞社，2001.
榊原清則・大滝精一・沼上幹『事業創造のダイナミクス』白桃書房，1989.
Simon, Harbert A., *Administrative Behavior* ($4^{th}$ ed.), New York: The Free Press, 1997.
Simon, Harbert A., *The Sciences of The Artificial,* Cambridge

*Ongoing Improvement,* Great Barrington, MA: North River Press, 1992.（三本木亮訳『ザ・ゴール　企業の究極の目的とは何か』ダイヤモンド社，2001）
Goold, Michael, Andrew Campbell and Marcus Alexander, *Corporate-Level Strategy: Creating Value in the Multibusiness Compamy,* New York: John Wiley & Sons, 1994.
Hammer, Michael and James Champy, *Reengineering the Corporation: A Manifesto for Business Revolution,* New York: HarperBusiness, 1993.（野中郁次郎監訳『リエンジニアリング革命　企業を根本から変える業務革新』日本経済新聞社，1993）
Hirschman, Albert O., *Exit, Voice, and Loyalty: Responses to Decline in Firms, Organizations, and States,* Cambridge, MA: Harvard University Press, 1970.
加護野忠男『経営組織の環境適応』白桃書房，1980.
加護野忠男・野中郁次郎・榊原清則・奥村昭博『日米企業の経営比較　戦略的環境適応の理論』日本経済新聞社，1983.
金井壽宏『変革型ミドルの探求　戦略・変革志向の管理者行動』白桃書房，1991.
唐沢穣「第8章　集団ステレオタイプの形成過程」山本眞理子・外山みどり編『社会的認知』誠信書房，1998, pp.177-195.
小池和男『職場の労働組合と参加　労使関係の日米比較』東洋経済新報社，1977.
Kotter, John P., *The General Manager,* New York: The Free Press, 1982.（金井壽宏・加護野忠男・谷光太郎・宇田川富秋訳『ザ・ゼネラル・マネジャー』ダイヤモンド社，1984）
Lave, Jean and Etienne Wenger, *Situated Learning: Legitimate Peripheral Participation,* Cambridge: Cambridge University Press, 1991.（佐伯胖訳『状況に埋め込まれた学習：正統的周辺参加』産業図書，1993）
Lawrence, Paul R. and Jay W. Lorsch, *Organization and Environment: Managing Differentiation and Integration*

# 参考文献


青島矢一「新製品開発の視点」『ビジネス　レビュー』第45巻第1号, 千倉書房, 1997, pp.161－179.

青島矢一・武石彰「アーキテクチャという考え方」藤本隆宏・青島矢一・武石彰編『ビジネス・アーキテクチャ　製品・組織・プロセスの戦略的設計』有斐閣, 2001, pp.27-70.

Babbage, Charles, *On the Economy of Machinery and Manufactures,* London: Charles Knight, 1832.

Braverman, Harry, *Labor and Monopoly Capital: The Degradation of Work in the Twentieth Century,* New York: Monthly Review Press, 1974（富沢賢治訳『労働と独占資本　20世紀における労働の衰退』岩波書店, 1978）

Burns, Tom and G. M. Stalker, *The Management of Innovation,* London: Tavistock, 1961.

Clark, Kim B., and Steven C. Wheelwright, "Organizing and Leading 'Heavyweight' Developing Teams," in Katz, Ralph (ed.), *The Human Side of Managing Technological Innovation: A Collection of Readings,* Oxford: Oxford University Press, 1977, pp.201-214.

Clark, Kim B. and Takahiro Fujimoto, *Product Development Performance: Strategy, Organization, and Management in the World Auto Industry,* Boston: Harvard Business School Press, 1991.（田村明比古訳『製品開発力　日米欧自動車メーカー20社の詳細調査　実証研究』ダイヤモンド社, 1993）

Fayol, Henri (revised by Gray, Irwin), *General and Industrial Management,* Belmont, CA: David S. Lake Publishers, 1987.

Galbraith, Jay R., *Organization Design,* Reading, MA: Addison-Wesley, 1977.

Goldratt, Eliyahu M. and Jeff Cox, *The Goal: A Process of*

## 〈A〉経済・金融

| | | |
|---|---|---|
| 3 | 貿易の知識 | 小峰・村田 |
| 7 | 外国為替の知識 | 国際通貨研究所 |
| 36 | 環境経済入門 | 三橋規宏 |
| 44 | 証券化の知識 | 大橋和彦 |
| 52 | 石油を読む | 藤和彦 |
| 60 | 信託の仕組み | 井上聡 |
| 73 | デリバティブがわかる | 可児・雪上 |
| 77 | やさしい株式投資 | 日本経済新聞社 |
| 78 | 金融入門 | 日本経済新聞社 |
| 79 | 金利を読む | 滝田洋一 |
| 80 | 医療・介護問題を読み解く | 池上直己 |
| 81 | 経済を見る3つの目 | 伊藤元重 |
| 83 | はじめての海外個人投資 | 廣重勝彦 |
| 84 | はじめての投資信託 | 吉井崇裕 |
| 85 | フィンテック | 柏木亮二 |
| 86 | はじめての確定拠出年金 | 田村正之 |
| 87 | 銀行激変を読み解く | 廉了 |
| 89 | シェアリングエコノミーまるわかり | 野口功一 |
| 91 | テクニカル分析がわかる | 古城鶴也 |
| 92 | ESGはやわかり | 小平龍四郎 |
| 93 | シン・日本経済入門 | 藤井彰夫 |
| 94 | 医療と介護3つのベクトル | 池上直己 |
| 95 | 資源の世界地図 | 飛田雅則 |
| 96 | アジアのビジネスモデル　新たな世界標準 | 村山宏 |
| 97 | インパクト投資入門 | 須藤奈応 |
| 98 | 戦後日本経済史 | 日本経済新聞社 |
| 99 | カーボンニュートラル | 野村総合研究所 |
| 100 | 投資のきほん | 日本経済新聞社 |
| 101 | 日本のエネルギーまるわかり | 塙和也 |

## 〈B〉経営

| | | |
|---|---|---|
| 33 | 人事管理入門 | 今野浩一郎 |
| 70 | 製品開発の知識 | 延岡健太郎 |
| 74 | コンプライアンスの知識 | 髙巖 |
| 76 | 人材マネジメント入門 | 守島基博 |
| 95 | メンタルヘルス入門 | 島悟 |
| 106 | ブルー・オーシャン戦略を読む | 安部義彦 |
| 107 | パワーハラスメント | 岡田・稲尾 |
| 110 | ビッグデータ・ビジネス | 鈴木良介 |
| 112 | 職場のメンタルヘルス入門 | 難波克行 |
| 113 | 組織を強くする人材活用戦略 | 太田肇 |
| 116 | 会社を強くする人材育成戦略 | 大久保幸夫 |
| 117 | 女性が活躍する会社 | 大久保・石原 |
| 118 | 新卒採用の実務 | 岡崎仁美 |
| 119 | IRの成功戦略 | 佐藤淑子 |
| 121 | コーポレートガバナンス・コード | 堀江貞之 |
| 122 | IoTまるわかり | 三菱総合研究所 |
| 123 | 成果を生む事業計画のつくり方 | 平井・淺羽 |
| 124 | AI（人工知能）まるわかり | 古明地・長谷 |
| 125 | 「働き方改革」まるわかり | 北岡大介 |
| 126 | LGBTを知る | 森永貴彦 |
| 127 | M&Aがわかる | 知野・岡田 |
| 128 | 「同一労働同一賃金」はやわかり | 北岡大介 |
| 129 | 営業デジタル改革 | 角川淳 |
| 130 | 全社戦略がわかる | 菅野寛 |
| 131 | 5Gビジネス | 亀井卓也 |
| 132 | SDGs入門 | 村上・渡辺 |
| 134 | サブスクリプション経営 | 根岸・亀割 |
| 135 | アンガーマネジメント | 戸田久実 |
| 136 | PDCAマネジメント | 稲田将人 |
| 137 | リモート営業入門 | 水嶋玲以仁 |
| 138 | Q&Aいまさら聞けないテレワークの常識 | 武田・中島 |
| 139 | ビジネス新・教養講座　テクノロジーの教科書 | 山本康正 |
| 140 | 日本企業のガバナンス改革 | 木ノ内敏久 |
| 141 | ビジネス新・教養講座　企業経営の教科書 | 遠藤功 |
| 142 | ジョブ型雇用はやわかり | マーサージャパン |
| 143 | いまなら間に合う　デジタルの常識 | 岡嶋裕史 |
| 144 | KPIマネジメント | 佐々木一寿 |

## 日経文庫案内（2）

- 145 まるわかりChatGPT＆生成AI　野村総合研究所
- 146 量子コンピュータまるわかり　間瀬・身野

### 〈C〉会計・税務

- 1 財務諸表の見方　日本経済新聞社
- 4 会計学入門　桜井久勝
- 41 管理会計入門　加登豊
- 50 会社経理入門　佐藤裕一
- 51 企業結合会計の知識　関根愛子
- 54 内部統制の知識　町田祥弘
- 57 クイズで身につく会社の数字　田中靖浩
- 59 ビジネススクールで教える経営分析　太田康広
- 60 Q&A軽減税率はやわかり　日本経済新聞社

### 〈D〉法律・法務

- 2 ビジネス常識としての法律　堀・淵邊
- 6 取締役の法律知識　中島茂
- 11 不動産の法律知識　鎌野邦樹
- 26 個人情報保護法の知識　岡村久道
- 27 倒産法入門　田頭章一
- 30 金融商品取引法入門　黒沼悦郎
- 32 信託法入門　道垣内弘人
- 35 不動産登記法入門　山野目章夫
- 37 契約書の見方・つくり方　淵邊善彦
- 41 ビジネス法律力トレーニング　淵邊善彦
- 42 ベーシック会社法入門　宍戸善一
- 43 Q&A部下をもつ人のための労働法改正　浅井隆
- 44 フェア・ディスクロージャー・ルール　大崎貞和
- 45 はじめての著作権法　池村聡

### 〈E〉流通・マーケティング

- 44 競合店対策の実際　鈴木哲男
- 48 小売店長の常識　木下・竹山
- 52 消費者行動の知識　青木幸弘
- 54 物流がわかる　角井亮一
- 56 オムニチャネル戦略　角井亮一
- 57 ソーシャルメディア・マーケティング　水越康介
- 58 ロジスティクス4.0　小野塚征志
- 59 ブランディング　中村正道

### 〈F〉経済学・経営学

- 4 マクロ経済学入門　中谷巌
- 16 コーポレートファイナンス入門　砂川伸幸
- 22 経営管理　野中郁次郎
- 28 労働経済学入門　大竹文雄
- 30 経営組織　金井壽宏
- 33 経営学入門（上）　榊原清則
- 34 経営学入門（下）　榊原清則
- 38 はじめての経済学（上）　伊藤元重
- 39 はじめての経済学（下）　伊藤元重
- 40 組織デザイン　沼上幹
- 51 マーケティング　恩蔵直人
- 52 リーダーシップ入門　金井壽宏
- 55 ポーターを読む　西谷洋介
- 56 コトラーを読む　酒井光雄
- 59 日本の経営者　日本経済新聞社
- 61 行動経済学入門　多田洋介
- 62 仕事に役立つ経営学　日本経済新聞社
- 63 身近な疑問が解ける経済学　日本経済新聞社
- 65 マネジメントの名著を読む　日本経済新聞社
- 66 はじめての企業価値評価　砂川・笠原
- 67 リーダーシップの名著を読む　日本経済新聞社
- 68 戦略・マーケティングの名著を読む　日本経済新聞社
- 69 カリスマ経営者の名著を読む　高野研一
- 70 日本のマネジメントの名著を読む　日本経済新聞社
- 71 戦略的コーポレートファイナンス　中野誠
- 72 企業変革の名著を読む　日本経済新聞社
- 73 プロがすすめるベストセラー経営書　日本経済新聞社
- 74 ゼロからわかる日本経営史　橘川武郎

**沼上　幹**（ぬまがみ・つよし）
1960年　静岡県生まれ
1988年　一橋大学大学院商学研究科博士課程修了
同　年　成城大学経済学部専任講師
1991年　一橋大学商学部産業経営研究所専任講師
2000年　一橋大学大学院商学研究科教授
現　在　早稲田大学教授

**著　書**
『液晶ディスプレイの技術革新史』（白桃書房，日経・経済図書文化賞・毎日新聞社エコノミスト賞受賞，1999），『行為の経営学』（白桃書房，2000），『わかりやすいマーケティング戦略』（有斐閣，2000），『組織戦略の考え方』（ちくま新書，2003），『組織の〈重さ〉』（共著，日本経済新聞出版社，2007），『経営戦略の思考法』（日本経済新聞出版社，2009），『ゼロからの経営戦略』（ミネルヴァ書房，2016）などの著書がある。

日経文庫1023
**組織デザイン**

2004年6月15日　1版1刷
2024年9月26日　　26刷

著　者　沼上　幹
発行者　中川ヒロミ
発　行　株式会社日経BP
　　　　日本経済新聞出版
発　売　株式会社日経BPマーケティング
　　　　〒105-8308　東京都港区虎ノ門4-3-12

印　刷　東光整版印刷
製　本　大進堂

ISBN 978-4-532-11023-9
Printed in Japan

---